はじめに

　本書は経理実務でよく使われる勘定科目について、その意味や使い方を解説した本です。本書一冊で経理業務を網羅できるわけではありませんが、少なくとも会計ソフトなどへの記帳業務については、ひと通り対応できるようになるでしょう。

　日々、ビジネスは多様化しています。例えば製造業が全盛期のころは、今のようにITによるサブスクリプションビジネスが浸透することなど想像もできませんでした。勘定科目はビジネスを数字で映し出すためのツールですが、こうしたビジネスの多様化とともに新たに生まれたり、商慣習の変化によって使われなくなったりする勘定科目が出てきます。

　このような変化の時代であっても、基本的な勘定科目について、その意味や使い方を知っていることは重要です。本書で紹介している勘定科目は、どれも基本的なものです。これらの勘定科目の意味や使い方を理解しておけば、もし本書の内容でカバーしきれないビジネスの場面に出くわしたとしても、もっている知識を応用して適切な勘定科目を選択したり、新たに作成したりすることができるでしょう。

　そして、本書を手にとっていただいた方に、1つお伝えしたいことがあります。それは、「仕訳」とは単なる数字の羅列ではなく、ビジネスを数字で表したものであるということです。勘定科目を使用する個別の場面を覚えることは実務上、重要です。しかし、それよりも重要なのは、各勘定科目の考え方を理解することによって、ビジネス上の取引を「仕訳」の形で表現できるようになることです。

　事業の1年の成果を表す決算書も、日々の「仕訳」の数字の積み重ねです。決算書を正確かつ意味のあるものにするためには、毎日の記帳業務でリアルな取引の場面に即し、適切な勘定科目を選択していく必要があるのです。そうした積み重ねが、金融機関や投資家などに対する決算書の信頼性を向上させることにつながります。

　ぜひ本書で紹介している勘定科目の意味を理解して、経理業務に役立てていただければ幸いです。

渋田 貴正

本書の見方

本書は、次の4章で構成されています。
- ●第1章　仕訳と決算書の基本
- ●第2章　損益計算書（P/L）の勘定科目と仕訳
- ●第3章　貸借対照表（B/S）の勘定科目と仕訳
- ●第4章　個人事業主特有の勘定科目と仕訳

とくに第2章～第4章では、下記のように各勘定科目の基本と仕訳例、ポイントなどについて解説しています。

勘定科目の名称
この項目で解説する勘定科目の名称。

損益計算書・貸借対照表の区分
その項目で解説する勘定科目が、損益計算書・貸借対照表のどの部門に含まれるものなのかを表示。

さまざまな仕訳例
「仕訳の基本」以外に、実務でよく登場するもの、使い分けなどのポイントがわかるものなど、さまざまな仕訳例を紹介。

消費税
その勘定科目について、消費税が「課税」か、「非課税」か、「対象外」かを表示。

対象の区分
法人・個人、どちらの事業で使われる勘定科目かを表示。

摘要例
具体的にどういった取引で使われるのかという例。

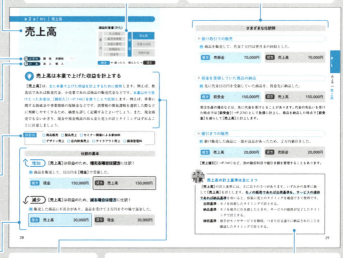

仕訳の基本
基本として、その勘定科目が「増加」するとき、「減少」するときの仕訳例を紹介。

基本解説
その勘定科目の基本的な使用場面や使用時のポイントなどを解説。

ポイント解説
基本解説や仕訳例に関連したポイントを3つのカテゴリーに分けて解説。
プラスの知識：勘定科目や簿記経理に関する＋αの知識。
実務のコツ！：経理実務を行う際に役立つポイントを解説。
ここに注意！：間違いや誤解が生じやすい事柄について解説。

★本書は、2024年6月末時点の情報をもとに構成されています。
★各仕訳例に関して、実務上は普通預金口座で事業資金を管理することが多いため、現金および預金の出入金については原則、普通預金科目を使用しています。ただし、仕訳例の内容によっては、現金科目等を使用しているものもあります。
★解説をわかりやすくするため、各仕訳例において基本的に仮受消費税と仮払消費税を表記していません。ただし、消費税の仕訳についてとくに注意が必要な一部の仕訳例については、税別表記としているものもあります。

勘定科目と仕訳がわかる本　もくじ

はじめに　　　　　　　　　　　　　　　　　　　　　1
本書の見方　　　　　　　　　　　　　　　　　　　　2

第1章 仕訳と決算書の基本

「仕訳」は簿記を動かす重要な手段　　　　　　　　　10
複式簿記は「原因」と「結果」を表している　　　　　12
仕訳の正しいやり方と4つのルールを知る　　　　　　14
損益計算書（P/L）の基本を知る　　　　　　　　　　18
　▶本書で紹介する損益計算書の勘定科目一覧　　　　21
貸借対照表（B/S）の基本を知る　　　　　　　　　　22
　▶本書で紹介する貸借対照表の勘定科目一覧　　　　25

COLUMN 1 会計と税務で勘定科目の考え方に違いがある　　26

第2章 損益計算書（P/L）の勘定科目と仕訳

売上高
売上高　　　　　　　　　　　　　　　　　　　　　28

売上原価
期首商品棚卸高　　　　　　　　　　　　　　　　　30
仕入高　　　　　　　　　　　　　　　　　　　　　32
期末商品棚卸高　　　　　　　　　　　　　　　　　36

販売管理費

- 役員報酬 38
- 給与手当 42
- 雑給 46
- 賞与 48
- 退職金 50
- 法定福利費 54
- 福利厚生費 56
- 退職給付費用 60
- 採用教育費（採用研修費、採用費、研修教育費） 62
- 外注費 64
- 荷造運賃（発送費） 68
- 広告宣伝費 70
- 交際費 74
- 会議費 76
- 旅費交通費 80
- 通信費 84
- 販売促進費 86
- 消耗品費（備品・消耗品費） 88
- 事務用品費（事務用消耗品費） 90
- 修繕費 92
- 水道光熱費 96
- 新聞図書費 98
- 諸会費 100
- 支払手数料 102
- 車両費 104
- 地代家賃 106
- 賃借料 リース料 110
- 保険料（支払保険料） 112

租税公課 　　　　　　　　　　　　　　114

　　寄付金 　　　　　　　　　　　　　　118

　　減価償却費 　　　　　　　　　　　　120

　　貸倒損失 　　　　　　　　　　　　　124

　　貸倒引当金繰入額 貸倒引当金戻入 　　128

　　雑費 　　　　　　　　　　　　　　　132

営業外収益／営業外費用

　　受取利息 　　　　　　　　　　　　　134

　　受取配当金 　　　　　　　　　　　　136

　　支払利息 割引料 　　　　　　　　　　138

　　仕入割引 売上割引 　　　　　　　　　140

　　有価証券売却益 有価証券売却損 　　　142

　　為替差益 為替差損 　　　　　　　　　144

　　雑収入（雑益） 　　　　　　　　　　　146

　　雑損失 　　　　　　　　　　　　　　148

特別利益／特別損失

　　固定資産売却益 固定資産売却損 　　　150

　　固定資産除却損 　　　　　　　　　　156

　　投資有価証券売却益 投資有価証券売却損 　158

税金等

　　法人税等（法人税、住民税及び事業税） 　160

　　COLUMN 2 製造業や建設業で重要な製造原価報告書 　162

第3章 貸借対照表(B/S)の勘定科目と仕訳

流動資産

- 現金　　164
- 小口現金　　168
- 当座預金　　170
- 普通預金　　172
- 定期預金　　174
- 定期積金　　176
- 受取手形 電子記録債権　　178
- 売掛金　　182
- 有価証券　　184
- 棚卸資産(商品、製品、仕掛品、原材料、貯蔵品)　　188
- 前払金(前渡金)　　192
- 立替金　　194
- 前払費用　　196
- 未収収益　　198
- 短期貸付金　　200
- 未収金(未収入金)　　204
- 仮払金　　206
- 預け金 預託金　　208
- 仮払消費税　　210
- 貸倒引当金　　214

固定資産(有形)

- 建物　　216
- 建物付属設備　　220
- 構築物　　222

車両運搬具　　　　　　　　　　　　224

　　工具器具備品　　　　　　　　　　　228

　　一括償却資産　　　　　　　　　　　230

　　減価償却累計額　　　　　　　　　　234

　　土地　　　　　　　　　　　　　　　236

　　建設仮勘定　　　　　　　　　　　　238

固定資産（無形）

　　ソフトウェア　　　　　　　　　　　240

固定資産（その他）

　　出資金　　　　　　　　　　　　　　242

　　敷金　　　　　　　　　　　　　　　244

　　差入保証金（保証金）　　　　　　　246

　　長期貸付金　　　　　　　　　　　　248

　　長期前払費用　　　　　　　　　　　250

繰延資産

　　創立費　　　　　　　　　　　　　　252

　　開業費　　　　　　　　　　　　　　254

流動負債

　　支払手形 電子記録債務　　　　　　 256

　　買掛金　　　　　　　　　　　　　　258

　　短期借入金　　　　　　　　　　　　260

　　未払金 長期未払金　　　　　　　　 262

　　未払費用　　　　　　　　　　　　　264

　　未払法人税等　　　　　　　　　　　266

COLUMN 3　法人税の申告期限を延長した場合は、
　　　　　　見込み納付の税額に注意する　　　269

未払消費税等	270
前受金 長期前受金	274
預り金	278
前受収益	282
仮受金	284
仮受消費税	286

固定負債

長期借入金	290
社債	294

株主資本

資本金	296
資本剰余金（資本準備金）	298
利益剰余金 利益準備金	300
自己株式 自己株式処分差益 自己株式処分差損	302

その他

新株予約権	304

COLUMN 4 繰延資産には大きく2種類がある　306

第4章 個人事業主特有の勘定科目と仕訳

事業主貸 事業主借	308
自家消費	312
専従者給与	314

用語・勘定科目名さくいん	317
摘要さくいん	321

第 1 章

仕訳と決算書の基本

勘定科目について理解するにあたり、まずは仕訳に関する基本的なルールを確認しましょう。事業の1年の成果を表す決算書は、日々の「仕訳」の数字の積み重ねです。勘定科目の適切な選択と正確な仕訳が、決算書を正確かつ意味のあるものにし、信頼生を向上させることにつながります。

第 1 章

「仕訳」は簿記を動かす重要な手段

●勘定科目を知るために、まずは仕訳のしくみを正しく理解する

　本書ではさまざまな勘定科目について、その意味や使い方を解説していきます。間違いのない経理実務を行うためには勘定科目の意味だけでなく、仕訳そのもののしくみを理解することが大切です。仕訳のしくみがわからないまま勘定科目だけを知っているのは、ソフトウェアを買い込んで、それを起動させるパソコンをもっていないようなものです。まずは勘定科目を理解するためのベースとして、仕訳のしくみについて理解しましょう。

　仕訳を行ううえで、そもそも簿記とは何かを知ることが大切です。簿記とは、事業活動の結果を数値化して、分類・記録することをいいます。その分類・記録する方法が仕訳です。簿記はシステムの名称、仕訳はそのシステムを動かすための手段といった具合です。

●正確な業績を把握するうえでは複式簿記が必要となる

　簿記には単式簿記と複式簿記という2つの方法があり、いずれの方法をとるかによって仕訳の方法が大きく異なります。

　単式簿記は、基本的に現金ベースで取引を考える方法です。お金が入れば収益、お金が出ていけば費用ということです。家計簿のような感覚といえます。

　複式簿記は「貸方」と「借方」という用語を使い、取引を二面で捉えていく方法です。正確な業績を把握するうえで、事業活動をお金の動きと切り離して考えなければいけません。例えば、商品を販売して代金は翌月に回収するという場合、代金を回収するまで売上を計上しないというのは事業の姿を正確に反映しているとはいえません。この場合、商品を販売した時点で売上を計上して、代金の回収は売上とは別の話であると考えるべきです。このとき、単式簿記では不可能な「取引を二面で捉える」ということが、複式簿記によって可能となります。

▶ 単式簿記と複式簿記の仕訳例

■単式簿記の場合

日付	摘要	金額	残高
202X/02/01	オフィス用品	-20,000円	5,000,000円
202X/02/03	インターネット料金	-10,000円	4,990,000円
202X/02/05	売上高	50,000円	5,040,000円

例えば、202X年2月1日の取引は、オフィス用品を2万円分購入し、残高が500万円になったということを表しています。続く2つの取引も、いずれも現金の動きのみを表すものとなっています。しかし、モノやサービスの動きと現金の動きにズレがある場合、単式簿記による仕訳ではそのズレがわかりません。

■複式簿記の場合

日付	借方	金額	貸方	金額	摘要
202X/02/01	消耗品費	20,000円	現金	20,000円	オフィス用品
202X/02/03	通信費	10,000円	現金	10,000円	インターネット料金
202X/02/04	売掛金	150,000円	売上高	150,000円	商品売上
202X/02/05	現金	50,000円	売掛金	50,000円	商品売上金回収

複式簿記で記帳することで、売掛金などの勘定科目を使った仕訳により、事業活動の実態を反映した正確な決算書を作成できます。

● 複式簿記による仕訳が「損益計算書」と「貸借対照表」の作成につながる

本書で紹介するさまざまな勘定科目を理解して使いこなすために、複式簿記は必須です。また、複式簿記を利用しないと、事業の実態を適切に表す損益計算書（→P.18）や貸借対照表（→P.22）の作成はできません。そのため、本書では複式簿記の考え方に基づく仕訳例のみを説明しています。

会計ソフトを使用する場合は、自然に複式簿記のスタイルとなります。単式簿記であれば、わざわざ会計ソフトを使用しなくても表計算ソフトや手書きの帳簿で十分です。

基本　「仕訳」は簿記を動かす重要な手段

第 1 章

複式簿記は「原因」と「結果」を表している

●仕訳というツールで「原因」と「結果」を表す

　複式簿記では、あらゆる取引について原因と結果の二面で捉えます。単式簿記であれば、結果はすべて現預金の増減に集約されます。これは原因だけを記録するものです。複式簿記では、仕訳というツールを使用して、あらゆる取引を原因と結果で記録するのです。

　取引を二面で捉えるうえで欠かせないのが、仕訳の借方と貸方という言葉です。言葉そのものに深い意味はありませんので、「借方は仕訳の左側」「貸方は仕訳の右側」と覚えてください。

　例えば、こちらの仕訳を見てみましょう。

| 借方 | 現金 | 50,000円 | 貸方 | 売上高 | 50,000円 |

　詳しくは右ページで説明しますが、[売上高]（→P.28）が増える場合は貸方に、減る場合は借方に仕訳します。[現金]（→P.164）が増える場合は借方に、減る場合は貸方に仕訳します。つまり、この仕訳は5万円の売上が上がって、その結果として5万円の現金が増加したことを表しています。売上高の増加が原因、現金の増加が結果です。

▶ 取引を「原因」と「結果」の二面で捉える

　例 商品を販売して、その代金5万円を現金で受領した。

　　原因　商品を5万円で販売した。　　→[売上高]の増加
　　結果　代金5万円を現金で受領した。　→[現金]の増加

●原因を表す勘定科目の多くは損益計算書に含まれる

あらゆる事業は、何かしらの行動によって成長していきます。例えばモノやサービスの購入などがあって、その結果として資産や負債を増加させていくことで事業が成長するのです。そうした事業活動を表現しているのが、仕訳です。

モノやサービスの購入などの原因を表す勘定科目の多くは、損益計算書（→P.18）に含まれます。 そこで本書は、先に損益計算書の勘定科目を説明してから、次に貸借対照表（→P.22）の説明をしていきます。

▶借方・貸方と損益計算書・貸借対照表

借方・貸方と、損益計算書・貸借対照表の表示方法は一致しています。

損益計算書は費用（左）と収益（右）に分けられます。費用科目が増える場合は借方に、減る場合は貸方に仕訳します。反対に収益科目が増える場合は貸方に、減る場合は借方に仕訳します。

損益計算書（P/L）

費用	売上原価	収益	売上高
	販売管理費		
	営業外費用		営業外収益
	特別損失		特別利益
	税金等		

借方に仕訳
- ●費用の増加
- ●収益の減少

貸方に仕訳
- ●費用の減少
- ●収益の増加

貸借対照表は、資産の部（左）と負債・純資産の部（右）に分けられます。資産の部が増える場合は借方に、減る場合は貸方に仕訳します。反対に負債・純資産の部が増える場合は貸方に、減る場合は借方に仕訳します。

貸借対照表（B/S）

資産	流動資産	負債	流動負債
	固定資産 有形固定資産		固定負債
	無形固定資産		
	投資その他	純資産	株主資本
	繰延資産		その他

借方に仕訳
- ●資産の増加
- ●負債の減少
- ●純資産の減少

貸方に仕訳
- ●資産の減少
- ●負債の増加
- ●純資産の増加

左ページの仕訳例は、収益科目の［売上高］が増えたので貸方に、資産の部の［現金］が増えたので借方に仕訳した、となるわけです。

複式簿記は「原因」と「結果」を表している

第1章
仕訳の正しいやり方と 4つのルールを知る

● 代金後払いで商品を仕入れたときの仕訳で考えてみる

　仕訳のかたちは借方と貸方という非常にシンプルなものであり、だれでもかんたんに覚えられます。「借方は左側」と「貸方は右側」という位置は覚える必要がありますが、お金を借りれば現金が増えるので借方、お金を貸せば現金が減るので貸方と覚えるとよいでしょう。

　いまでは会計ソフトの使用も当たり前となったので、入力サポート機能などを使えば、仕訳のかたちは出来上がるようになっています。しかし、仕訳で重要なのは取引を正確に反映させることです。

　例えば、後払いで商品を仕入れた場合、仕入れの仕訳をするのはお金を支払ったときではなく、商品を仕入れたときです。このときに、お金を支払ったときに次のような仕訳をしてしまうと、取引を正確に反映しているとはいえません。

例　先月、仕入れをした商品の代金1万円を現金で支払った。

| 借方 | 仕入高 | 10,000円 | 貸方 | 現金 | 10,000円 |

　商品の仕入れは、現金を支払うよりも前に発生していたからです。複式簿記の仕訳では、次のように仕訳をするのが正解です。

商品の仕入れをしたとき

例　商品の1万円分の仕入れをした。代金は翌月末支払いの予定である。

| 借方 | 仕入高 | 10,000円 | 貸方 | 買掛金 | 10,000円 |

仕入れの代金を支払ったとき

例　先月、仕入れをした商品の代金1万円を現金で支払った。

| 借方 | 買掛金 | 10,000円 | 貸方 | 現金 | 10,000円 |

　1万円分の商品を仕入れたとき（原因）に、後払いする代金を意味する買掛金（→P.258）が発生しました（結果）。そして、仕入れの代金を支払って買掛金が0円になったとき（原因）に、現金が1万円減少しました（結果）。

　このように複式簿記では、モノの動きやサービスの提供が行われたとき（この仕訳例では商品というモノが動いたとき）と、お金が動いたときで、それぞれの仕訳が必要となります。とくにモノやサービスの動きとお金の動きのタイミングに違いがある場合は、それぞれの時点で仕訳を行うことが必要です。

　決算書の数字は、いきなり出てくるわけではありません。こうした日々の仕訳の数字を集計して、最終的に決算書のかたちになるのです。

●仕訳には4つのルールがある

　仕訳を行ううえで重要なのは、次の2点です。

- ●仕訳をする日付は正確か
- ●仕訳の際の勘定科目は適切か

　正確な仕訳を積み上げることで、正確な決算書が出来上がります。だからこそ、日々の仕訳が重要なのです。とくに本書では仕訳の際の勘定科目についてていねいに解説することで、仕訳、ひいては決算書の正確性を上げることを目的としています。

　また、仕訳を行ううえでは、次の4つのルールに従って行います。

ルール①　発生主義

　費用の計上タイミングは、その費用が発生したときです。これを発生主義といいます。「発生」とは、モノを仕入れたことやサービスの提供を受けたことをいいます。掛け取引などで、モノやサービスの提供を受けるタイミングと、お金を支払うタイミングが違うときに注意が必要です。くれぐれも費用の計上を、お金を支払ったときに行うものだと思ってはいけません。

　お金が動いたときに費用を計上することを、現金主義といいます。日常生活ではお金の動き中心に家計を考えることもありますが、経理の仕事をするうえで現金主義の考え方は禁物です。

■費用の計上は「発生主義」

費用には、仕入れ代金など「売上原価」に含まれるものや、給与手当や消耗品費など「販売管理費」に含まれるものがある。いずれも費用の発生と支払いのタイミングがずれる場合、費用は発生時に計上する。

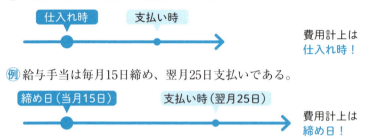

ルール②　実現主義

収益の計上タイミングは、その収益が実現したときです。これを実現主義といいます。「実現」とは、モノやサービスの提供が完了したことをいいます。例えば、1年を通して毎月開催する講座の受講料12万円を売上高に計上する場合に、受講者と契約した時点で12万円の売上高を計上するのではなく、毎月1万円ずつ売上高に計上します。講座を行うごとに収益が実現していく、と考えるわけです。

■収益の計上は「実現主義」

現金商売でもないかぎり、モノやサービスの提供と売上代金の入金はずれることが多い。複数回分の代金をまとめて前受けする場合、収益計上のタイミングに注意する。

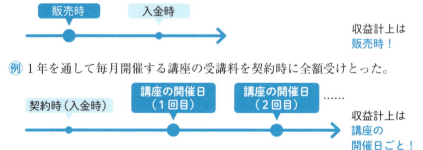

ルール③　費用収益対応の原則

仕入れた商品が決算日（期末）時点で在庫となっていれば、その在庫にかかる

仕入れ額は費用に計上してはいけません。対応する売上がまだ計上されていないからです。このように売上に対応する分の原価だけを費用として計上させることを、費用収益対応の原則といいます。もしまだ売れていない分の仕入れ額まで費用として計上できてしまうと、利益が過少になってしまいますし、利益調整にもつながってしまいます。

■期末時点の在庫は「費用収益対応の原則」で計上

売上原価は、売上に対応する仕入れを指す。期末に残った在庫は売上原価に含めず、在庫（商品棚卸高）として翌期に繰り越す。

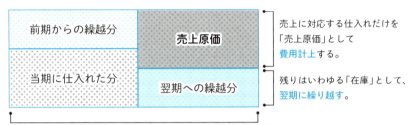

「前期からの繰越分」と「当期に仕入れた分」から、「翌期への繰越分」を差し引いた金額が「売上原価」となる。

ルール④　費用配分の原則

固定資産の減価償却（→P.122）のように、長期に渡り使用する資産の取得金額は、使用期間に応じて費用に配分していきます。これが費用配分の原則です。

固定資産の購入費用は、高額になることも多いものです。その購入費用の全額を一度に費用として計上すると、購入した期の費用だけが膨らんでしまい、その期に本当はどのくらいの利益を上げたのかということがわからなくなります。これも、決算書上の費用の金額を適切に計上するためのルールです。

■固定資産の取得金額は「費用配分の原則」で計上

固定資産とは取得金額が10万円以上で、1年以上に渡って使用される事業用の資産をいう。パソコンなら4年、社用車なら6年などのように償却期間（耐用年数）が定められているので、それぞれの期間で取得金額を配分して費用計上する。

例　事業で使うパソコンを12万円で購入した。

第1章

損益計算書（P/L）の基本を知る

●損益計算書は「収益」と「費用」からなる

　決算書はいくつかの書類が合わさって構成されていますが、そのうち勘定科目が直接関係してくるのは、損益計算書（P/L）と貸借対照表（B/S）です。

　まずは損益計算書から見ていきましょう。損益計算書は、大きく分けて収益と費用という2つの項目から成り立ちます。

収益

　収益とは、売上など儲けたお金をいいます。売上のほかにも、受けとった利息、各種の補助金や助成金なども収益です。

費用

　費用とは、仕入れや従業員への給与、オフィスの家賃、購入した備品代など、事業を行ううえでかかるお金をいいます。

　損益計算書は、会計期間中に発生した収益や費用を1つの表にしたものです。収益から費用を引くことで、その会計期間で生み出した利益（マイナスであれば損失）を計算します。

●損益計算書で表示される利益

　ひと口に利益といっても、事業活動の段階ごとに次ページの①～⑤の種類に分かれます。

18

▶ 損益計算書で表示される5つの利益

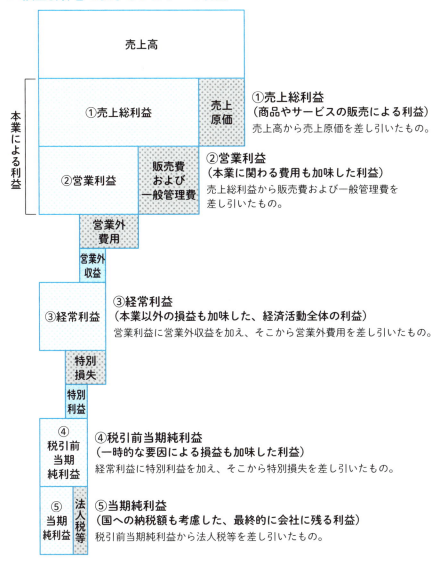

このように損益計算書は、段階に分けて利益を計算します。そして、それぞれの利益を計算するために、収益科目では「売上高」「営業外収益」「特別利益」、費用科目では「売上原価」「販売費および一般管理費」「営業外費用」「特別損失」「法人税等」という分類のもとで、さまざまな勘定科目が登場します。本書でも、その分類に従って解説していきます。

● とくに「販売費および一般管理費」の適切な処理が大切

　中でももっとも多くの勘定科目が登場するのが、営業利益を計算するための「販売費および一般管理費」です。省略して「販売管理費」や「販管費」と呼ぶこともあります。「販売費および一般管理費」は、以下のように区分されています。

勘定科目	区分
役員報酬・役員賞与	人件費
給与手当	
雑給	
賞与	
退職金	
法定福利費	
福利厚生費	
退職金給付手当	
採用教育費	
外注費	販売費
荷造運賃	
広告宣伝費	
販売促進費	
支払手数料	
交際費	営業費
会議費	
旅費交通費	
車両費	
通信費	事務費
消耗品費	
事務用品費	
水道光熱費	
新聞図書費	
租税公課	
修繕費	資産などに関する経費
諸会費	
地代家賃	
賃借料	
保険料	
寄付金	
減価償却費	
リース料	
雑費	

使用した経費の内容ごとに適切な勘定科目で計上することが、損益計算書の信頼度を上げるために重要だ。

▶ 本書で紹介する損益計算書の勘定科目一覧

収益

売上高	売上高	→P.28
	売上返品／売上値引／売上割戻し	→P.141
営業外収益	受取利息	→P.134
	受取配当金	→P.136
	有価証券売却益	→P.142
	有価証券評価益	→P.186
	為替差益	→P.144
	雑収入	→P.146
	売上割引	→P.140
特別利益	貸倒引当金戻入	→P.128
	償却債権取立益	→P.127
	固定資産売却益	→P.150
	投資有価証券売却益	→P.158
	新株予約権消滅益	→P.305

費用

売上原価		期首商品棚卸高	→P.30
		仕入高	→P.32
		仕入返品／仕入値引／仕入割戻し	→P.33
		仕入諸掛	→P.35
		期末商品棚卸高	→P.36
		外注費（原価）	→P.64
		外注工賃／外注加工費 ※製造業の場合	→P.65
		動力水道光熱費 ※製造業の場合	→P.96
		他勘定振替高	→P.34
販売費および一般管理費	人件費	役員報酬／役員賞与	→P.38
		給与手当	→P.42
		雑給	→P.46
		賞与	→P.48
		退職金	→P.50
		法定福利費	→P.54
		福利厚生費	→P.56
		退職給付費用	→P.60
		採用教育費	→P.62
販売費および一般管理費	販売費	外注費	→P.64
		荷造運賃	→P.68
		広告宣伝費	→P.70
		販売促進費	→P.86
		支払手数料	→P.102
	営業費	交際費	→P.74
		会議費	→P.76
		旅費交通費	→P.80
		車両費	→P.104
		通信費	→P.84
		消耗品費	→P.88
	事務費	事務用品費	→P.90
		水道光熱費	→P.96
		新聞図書費	→P.98
		租税公課	→P.114
		修繕費	→P.92
		諸会費	→P.100
	資産などに関する経費	地代家賃	→P.106
		賃借料	→P.110
		保険料	→P.112
		寄付金	→P.118
		減価償却費	→P.120
		リース料	→P.110
		貸倒損失	→P.124
		貸倒引当金繰入額	→P.128
		雑費	→P.132
営業外費用		支払利息	→P.138
		社債利息	→P.294
		割引料	→P.138
		仕入割引	→P.140
		有価証券売却損	→P.142
		有価証券評価損	→P.186
		為替差損	→P.144
		雑損失	→P.148
特別損失		固定資産売却損	→P.150
		固定資産除却損	→P.156
		投資有価証券売却損	→P.158
税金等		法人税等	→P.160

| 第1章 |

貸借対照表（B/S）の基本を知る

●貸借対照表は資産・負債・純資産の3つからなる

　貸借対照表は**資産の部**、**負債の部**、**純資産の部**の3つから構成されています。純資産＝資産－負債なので、資産＝負債＋純資産という関係になります。そこで、**貸借対照表は資産を左側、負債＋純資産を右側に表示します。**

　さらに資産・負債・純資産は、以下の項目に分けられます。これらの内容がわかれば、貸借対照表がどのようなものなのかがつかみやすくなります。

```
┌─────────────────────┬─────────────────────┐
│     資産の部         │     負債の部         │
│  ●流動資産          │  ●流動負債          │
│  ●固定資産          │  ●固定負債          │
│   （有形・無形・    ├─────────────────────┤
│    投資その他）     │    純資産の部        │
│  ●繰延資産          │  ●株主資本          │
│                     │  ●その他（新株予約権、│
│                     │   評価・換算差額など）│
└─────────────────────┴─────────────────────┘
```

資産の部

　資産とは、**現金や預金などのプラスの財産**です。日常生活でも「金融資産」といった言葉でプラスの財産を表しますので、イメージがつかみやすいでしょう。現金のほかにも、自動車などの固定資産、未回収の売上代金（売掛金）のような債権も自分の事業にとってプラスの財産ですから、資産になります。

負債の部

　負債とは、**借入金などのマイナスの財産**です。主にいずれ支払わなければなら

ないお金が、負債として決算書に表示されます。未払いの仕入れ代金（買掛金）のような債務も負債です。

純資産の部

純資産とは、資産と負債の差額です。どれだけ資産があっても、将来的に返済しなければいけない借入金などの負債を差し引くとほぼ0円になるというのであれば、実質的な資産としては、ほぼ0円ということになります。まさしく「純粋な資産」として、純資産は資産と負債との差額を表示しています。

●仕訳の左右の関係がそのまま資産と負債の関係に当てはまる

貸借対照表とは、資産・負債・純資産に分類された勘定科目を一覧にしたものです。決算日など特定の時点での会社の財産の状態を表しています。貸借対照表の左と右の関係は、とくに重要です。複式簿記の仕訳に登場する「借方が左側」「貸方が右側」という関係は、そのまま貸借対照表にも反映されています。

仕訳を行う際、資産が増える場合は借方、減る場合は貸方に表示します。一方、負債が増える場合は貸方、減る場合は借方に表示します。その位置関係は、そのまま貸借対照表の左右の関係になっています。慣れれば迷うこともなくなりますが、仕訳の左右がわからなくなったときは、この貸借対照表の形を思い出してみましょう。

●流動資産・負債と固定資産・負債に関する2つの基準を知る

貸借対照表の勘定科目を理解するうえで重要なポイントとして、流動と固定の区分があります。流動資産と固定資産、流動負債と固定負債については、以下の2つの基準に従って区分されます。

①正常営業循環基準

日常的な営業取引の中で発生する資産や負債については、流動資産や流動

負債に分類するというルール。
[対象となる主な勘定科目]売掛金、受取手形、前払金、棚卸資産、買掛金、支払手形、前受金

②**一年基準（ワンイヤールール）**
決算日の翌日から1年以内に入金や出金の期限が到来するものを流動資産や流動負債に分類し、それ以外を固定資産や固定負債に分類するというルール。
[対象となる主な勘定科目]貸付金、未収金、前払費用、借入金、未払金

まずは正常営業循環基準に従って取引を分類し、次に一年基準（ワンイヤールール）を適用します。とくにワンイヤールールによる分類は各勘定科目の説明でも登場しますので、しっかりと考え方を理解しておきましょう。

●重要度が増す貸借対照表

貸借対照表そのものは決算日時点での資産や負債などの状態を表すものですが、損益計算書に比べて理解するにはより簿記の知識が必要です。どちらかといえば、損益計算書のほうが直感的にわかりやすいのではないかと思います。しかし、いまでは毎月の損益把握が重要であった製造業など以外にもさまざまなビジネスが誕生し、国際的にも貸借対照表の重要性が認識されてきています。

また、投資家などが行う企業経営の分析においても、どれだけの資産や資本をもとにいくらの利益を上げているかなど、貸借対照表と損益計算書を組み合わせた指標が主流になっています。

このように貸借対照表の重要性は、以前よりも増してきています。損益計算書に比べて理解が難しいといわれる貸借対照表ですが、決算書を作成したり、企業の数字を分析したりするうえでその理解は欠かせません。そのためにも本書を活用して、どの勘定科目がどのような意味をもつのかということをしっかりと理解しましょう。

▶ 本書で紹介する貸借対照表の勘定科目一覧

資産の部		
流動資産	現金	→P.164
	小口現金	→P.168
	当座預金	→P.170
	普通預金	→P.172
	定期預金	→P.174
	定期積金	→P.176
	受取手形	→P.178
	電子記録債権	→P.178
	売掛金	→P.182
	有価証券	→P.184
	棚卸資産（商品、製品、仕掛品、原材料、貯蔵品）	→P.188
	前払金	→P.192
	立替金	→P.194
	前払費用	→P.196
	未収収益	→P.198
	短期貸付金	→P.200
	未収金	→P.204
	仮払金	→P.206
	預け金、預託金	→P.208
	仮払消費税	→P.210
	貸倒引当金	→P.214
固定資産 有形固定資産	建物	→P.216
	建物付属設備	→P.220
	構築物	→P.222
	車両運搬具	→P.224
	工具器具備品	→P.228
	一括償却資産	→P.230
	減価償却累計額	→P.234
	土地	→P.236
	建設仮勘定	→P.238
無形固定資産	ソフトウェア	→P.240
	ソフトウェア仮勘定	→P.241
投資その他の資産	投資有価証券	→P.186
	関係会社株式	→P.186
	出資金	→P.242
	敷金	→P.244
	差入保証金	→P.246
	長期貸付金	→P.248
	長期前払費用	→P.250
繰延資産	創立費	→P.252
	開業費	→P.254

負債の部		
流動負債	支払手形	→P.256
	電子記録債務	→P.256
	買掛金	→P.258
	短期借入金	→P.260
	未払金	→P.262
	未払費用	→P.264
	未払法人税等	→P.266
	未払消費税等	→P.270
	前受金	→P.274
	預り金	→P.278
	前受収益	→P.282
	仮受金	→P.284
	仮受消費税	→P.286
固定負債	社債	→P.294
	長期借入金	→P.290
	長期未払金	→P.262
	長期前受金	→P.274
	退職給付引当金	→P.60

純資産の部		
株主資本	資本金	→P.296
	新株式申込証拠金	→P.297
	資本剰余金	→P.298
	その他資本剰余金	→P.303
	利益剰余金 利益準備金	→P.300
	任意積立金	→P.301
	繰越利益剰余金	→P.301
	自己株式 自己株式処分差益 自己株式処分差損	→P.302
その他	新株予約権	→P.304

| COLUMN 1 |

会計と税務で勘定科目の考え方に違いがある

　毎年作成する決算書には、さまざまな用途があります。1年間の業績を把握することはどの会社でも同じですが、さらに、上場会社であれば株主のために作成することがメインの役割となりますし、中小企業であれば法人税等の計算のためや金融機関に確認してもらうといったことが主な役割だったりします。

　このような決算書の役割の違いは、勘定科目に特別な意味をもたせることがあります。例えば、交際費（→P.74）という勘定科目は、接待のための飲食代や贈答品の購入費などを計上します。しかし、**法人税法上では、もう1つのルールがあります。資本金100億円以下の法人の場合、法人税の計算においては、交際費として経費に入れられる金額は800万円と飲食費に該当する交際費の50％の金額のいずれか大きい金額となります。**また、接待のための飲食に使用した金額が1人当たり1万円以下の場合、交際費に算入しなくてもよいという法人税法上のルールが設けられています。

　こうした法人税法上のルールがあるため、資本金100億円以下の会社においては、**接待のための飲食費は交際費という勘定科目本来のルールのほかに、支払った金額で交際費にするか、会議費（→P.76）にするかという基準が出てきます。**むしろ、中小企業においては決算書の主目的の1つは税金計算にあるため、交際費にするか、会議費にするかは使った目的ではなく、金額だけで判断するケースも実務上は多いものです。

　このように、税務上の扱いが勘定科目の使用方法を決めることがあります。

第2章

損益計算書（P/L）の勘定科目と仕訳

- ●売上高　　　　　　　　　P.28〜29
- ●売上原価　　　　　　　　P.30〜37
- ●販売管理費　　　　　　　P.38〜133
- ●営業外収益／営業外費用　P.134〜149
- ●特別利益／特別損失　　　P.150〜159
- ●税金等　　　　　　　　　P.160〜161

第 2 章 | P/L | 売上高

売上高

損益計算書（P/L）

費用	売上原価	収益	売上高
	販売管理費		
	営業外費用		営業外収益
	特別損失		特別利益
	税金等		

- 消費税　課税　非課税　対象外
- 対　象　法人　個人

借方 ← 減ったら　増えたら → 貸方

売上高は本業で上げた収益を計上する

　[売上高] は、主に本業で上げた収益を計上するために使用します。例えば、飲食店であれば飲食代金、小売業であれば商品の販売代金などです。本業以外で受けとったお金は、[雑収入]（→P.146）を使うことで区別します。例えば、事業に関する助成金や事業関係の保険金などです。消費税の簡易課税を選択した際などに判断しやすくするため、摘要も詳しく記載するとよいでしょう。また、現金商売でもないかぎり、現金や預金残高の出入金と売上の計上タイミングはずれることに注意しましょう。

摘要例　□商品販売　□製品売上　□セミナー開催による参加料
　　　　□デザイン売上　□店内飲食売上　□テイクアウト売上　□講演登壇料

仕訳の基本

 増加　[売上高] は収益のため、**増える場合は貸方**に仕訳！

例　商品を販売して、15万円を [現金] で受領した。

借方	現金	150,000円	貸方	売上高	150,000円

減少　[売上高] は収益のため、**減る場合は借方**に仕訳！

例　販売した商品に不具合があり、返品を受けて3万円をその場で返金した。

借方	売上高	30,000円	貸方	現金	30,000円

さまざまな仕訳例

▶ 掛け取引での販売

例 商品を販売して、代金7万円は翌月末の回収とした。

| 借方 | 売掛金 | 70,000円 | 貸方 | 売上高 | 70,000円 |

▶ 前金を受領していた商品の納品

例 先に代金15万円を受領していた商品を、得意先に納品した。

| 借方 | 前受金 | 150,000円 | 貸方 | 売上高 | 150,000円 |

受注生産の場合などは、先に代金を受けとることがあります。代金の先払いを受けた時点では［前受金］（→P.274）として負債に計上し、商品を納品した時点で［前受金］を減らして［売上高］に計上します。

▶ 値引きでの販売

例 掛け販売した商品に一部不良品があったため、2万円値引きした。

| 借方 | 売上高 | 20,000円 | 貸方 | 売掛金 | 20,000円 |

［売上値引］（→P.141）など、別の勘定科目で値引き額を管理することもあります。

プラスの知識　売上高の計上基準は主に3つ

［売上高］の計上基準には、主に以下の3つがあります。いずれかの基準に統一して［売上高］を計上します。**モノの販売であれば出荷基準を、サービスの提供であれば納品基準**を用いると、容易に売上のタイミングを確認できて便利です。

出荷基準：モノを出荷したタイミングで計上する。
納品基準：モノを相手に引き渡したときや、サービスの提供が完了したタイミングで計上する。
検収基準：相手がモノやサービスを検収、つまり注文通りに納品されたことを確認したタイミングで計上する。

第2章 | P/L | 売上原価

期首商品棚卸高

- 消費税　課　税　非課税　**対象外**
- 対　象　**法　人**　**個　人**

損益計算書（P/L）

借方 ← 増えたら

💡 期首商品棚卸高は「期首」の在庫の合計額を計上する

［期首商品棚卸高］は、期首の在庫の金額を計上するために使用します。前期末に残った在庫は、当期の［仕入高］に含まれていません。そのため、改めて当期の［仕入高］に計上し直します。その際に使用するのが［期首商品棚卸高］です。利益を計算するうえでは［仕入高］と同じ意味ですが、当期ではなく前期から繰り越されてきた仕入額を特別に［期首商品棚卸高］と呼んでいます。業種によっては［期首製品棚卸高］や［期首材料棚卸高］など、在庫の種類に応じて科目を使い分けます。

| 摘要例 | ☐ 期首商品の振り替え　☐ 前期末商品の振り替え　☐ 期首材料の振り替え
☐ 前期末材料の振り替え　☐ 期首製品の振り替え　☐ 前期末製品の振り替え
☐ 期首仕掛品の振り替え　☐ 前期末仕掛品の振り替え |

仕訳の基本

 増加　前期末の在庫を新たに期首に仕入れたと考えて、［**期首商品棚卸高**］**は借方**に仕訳！

例 期首に前期末の商品在庫10万円を振り替えた。

| 借方 | 期首商品棚卸高　100,000円 | 貸方 | 商品 | 100,000円 |

 減少　前期末に確定した［**期首商品棚卸高**］が減ることはない！

30

さまざまな仕訳例

▶ 期首製品への振り替え（製造業の場合）

例 期首に前期末の製品在庫30万円を振り替えた

| 借方 | 期首製品棚卸高 | 300,000円 | 貸方 | 製品 | 300,000円 |

製造業では、[商品]のかわりに[製品]という勘定科目を使用します。

プラスの知識　売上原価の意味を正しく知る

[仕入高]と分けて、[期首商品棚卸高]や[期末商品棚卸高]（→P.36）を使っているのにはわけがあります。[仕入高]はあくまでその期に仕入れたものだけを計上します。もし仕入れた金額をそのまま売上原価にしてしまうと、売上と売上原価の対応関係がおかしくなってしまいます。

例えば、当期に仕入れた総額が1万1,000円で、うち9,000円分を1万円で販売した場合、棚卸高を計上しないと1万円の売上に対して売上原価が1万1,000円となり、赤字に見えてしまいます。**実際には仕入値9,000円分の商品を販売しているので、1,000円の利益が計上されるべきです。**

このとき、[期首商品棚卸高]や[期末商品棚卸高]を使用することで、売上と売上原価の適切な対応関係をつくり出しています。

この2,000円を[仕入高]ではなく、[期末商品棚卸高]として計上する！

当期に仕入れた総額　1万1,000円

当期の売上高　9,000円分を1万円で販売

● 正しい処理

当期売上高	10,000円
当期商品仕入高	9,000円
期末商品棚卸高	2,000円
売上総利益	1,000円

✕ 誤った処理

当期売上高	10,000円
当期商品仕入高	11,000円
売上総利益	▲1,000円

P/L　売上原価　期首商品棚卸高

第2章 | P/L | 売上原価

仕入高

- 消費税　**課税**　非課税　対象外
- 対象　　**法人**　**個人**

💡 商品などを仕入れたときに使用する

［仕入高］は、商品などを仕入れた場合に使用する勘定科目です。ひと口に仕入れといっても小売業であれば商品、飲食業であれば材料といったように、業種によって仕入れる対象はさまざまです。そのため、勘定科目も［商品仕入高］、［材料仕入高］といったように仕入れる種類によって使い分けます。仕入れた商品や材料などの本体代金以外にも、仕入れにかかった輸送費などの付随費用も［仕入高］として計上します。仕入れ時の付随費用を、誤って［荷造運賃］（→P.68）などの販売管理費に計上しないように注意しましょう。

| 摘要例 | ☐材料の仕入れ　☐商品の仕入れ　☐仕入諸費用　☐関税　☐原料の仕入れ
☐現場材料の仕入れ　☐仕入れ時の輸送費用　☐仕入れ時の購入手数料 |

仕訳の基本

 増加　［仕入高］は費用のため、**増える場合は借方**に仕訳！

例　商品を仕入れて、代金6万円を［現金］で支払った。

| 借方 | 仕入高 | 60,000円 | 貸方 | 現金 | 60,000円 |

減少　［仕入高］は費用のため、**減る場合は貸方**に仕訳！

例　仕入れた商品を返品して、2万円を［現金］で受領した。

| 借方 | 現金 | 20,000円 | 貸方 | 仕入高 | 20,000円 |

さまざまな仕訳例

▶ 材料の仕入れ

例 飲食店の材料を5万円分仕入れて、支払いは翌月末となった。

| 借方 | 仕入高 | 50,000円 | 貸方 | 買掛金 | 50,000円 |

こちらが代金の後払いをする場合、相手科目は[買掛金]（→P.258）を使用します。

▶ 仕入れの返品

例 仕入れた商品が不良品だったために1万円分を返品し、翌月末に返金してもらうことになった。

| 借方 | 未収金 | 10,000円 | 貸方 | 仕入高 | 10,000円 |

日々の仕訳では、[仕入返品]という勘定科目を使うことで、返品した額が帳簿上でわかるようにしておく場合もあります。また、返品に伴って受けとる予定のお金は売掛債権ではないので、相手科目は[未収金]（→P.204）を使用します。

▶ 仕入れの値引き

例 仕入れた商品が不良品だったため、支払予定額から2,000円の値引きを受けた。

| 借方 | 買掛金 | 2,000円 | 貸方 | 仕入高 | 2,000円 |

返品時と同じように、[仕入値引]という勘定科目を使用することもあります。

▶ 仕入れの割戻し

例 大量に仕入れたため、支払予定額から5,000円の減額を受けた。

| 借方 | 買掛金 | 5,000円 | 貸方 | 仕入高 | 5,000円 |

購入した金額や数量によって、支払額の減額を受けることを仕入割戻し（リベート）といいます。不具合などが原因で受ける[仕入値引]とは異なります。

▶ 仕入割引

例 仕入代金を本来の予定よりも1ヵ月早く支払ったため、仕入代金1万円のうち200円の割引を受けた。

借方			貸方		
買掛金		10,000円	普通預金		9,800円
			仕入割引		200円

[仕入割引]は、代金を予定よりも早く支払ったことで、支払額の減額を受けたときに使用する勘定科目です。仕入れたモノそのものに対する減額ではなく、利息的な意味合いが強いため、売上原価には含めずに営業外収益に計上します。

▶ 仕入れた商品の他目的での使用（[仕入高]の使用）

例 仕入れた商品のうち、1,000円分をサンプルとして無料で配布した。

借方			貸方		
広告宣伝費		1,000円	仕入高		1,000円

試用目的などで、仕入れた商品を無料配布することがあります。この場合、その商品は販売されるわけではないので、販売管理費（ここではサンプルとして無料配布するので[広告宣伝費]）に振り替えます。

実務のコツ 試供品（サンプル）の無料配布は広告宣伝費か、販売促進費か

試供品（サンプル）の無料配布をしたとき、仕入れを直接減額するのではなく、[他勘定振替高]という勘定科目を使って[仕入高]を間接的にマイナスすることで、販売管理費に振り替えた金額がひと目でわかるようにすることもあります（→下記の仕訳例を参照）。ちなみに**不特定の者に配った場合は[広告宣伝費]、特定の顧客などに配った場合は[販売促進費]**で処理します。

▶ 仕入れた商品の他目的での使用（[他勘定振替高]の場合）

例 仕入れた商品のうち、1,000円分をサンプルとして無料で配布した。

借方			貸方		
広告宣伝費		1,000円	他勘定振替高		1,000円

仕入れた商品を別の勘定科目に振り替える場合、[仕入高]から直接控除せずに[他勘定振替高]を使用する方法もあります。[仕入高]を直接減らさないため、本来の[仕入高]の総額を把握しやすくなります。

▶ 仕入れによる付随費用の処理

例 商品1万円分を仕入れる際に、配送料として300円を請求された。

借方			貸方		
仕入高		10,000円	買掛金		10,300円
仕入諸掛		300円			

[仕入高]として計上すべき金額には、仕入れの本体価格のほか、仕入れの際にかかった配送料や輸入時の関税などの付随費用も含まれます。このとき、[仕入高]に合算する場合と、[仕入諸掛]を使って別に計上する場合があります。どちらの場合でも、売上原価に含まれれば問題ありません。正確な原価の把握のために、仕入れにかかったコストを間違って販売管理費に計上しないように注意しましょう。

この場合に重要になってくるのが[期末商品棚卸高](→P.36)の計上額です。例えば本体価格1万円のものを仕入れて、付随費用として配送料100円がかかった場合、この仕入れ分を[期末商品棚卸高]として計上する金額は1万円ではなく1万100円です。在庫として計上すべき金額には、付随費用も含めるのです。

プラスの知識　仕入高の計上タイミングは入荷時か検収時か

[仕入高]の計上タイミングも[売上高]と同様にお金ではなく、モノの動きを中心に考えます。主に次の2つの計上基準があります。

入荷基準：入荷したタイミングで計上する。
検収基準：入荷後、商品の検収が完了したタイミングで計上する。

小規模な企業や個人事業主の場合、検収が完了したタイミングを把握するのは難しく、また商品が届いてから検収までに時間がかかるケースも多いため、一般的には入荷基準を採っている場合が多いです。**いずれにしても代金を支払った日や、請求書の発行日などで仕入れを計上することがないように注意しましょう。**

第2章｜P/L｜売上原価

期末商品棚卸高

- 消費税　課税　非課税　**対象外**
- 対象　法人　個人

損益計算書（P/L）

増えたら → 貸方

💡 期末商品棚卸高は「期末」の在庫の合計額

［期末商品棚卸高］は、期末に在庫として残った商品を［仕入高］から除くために使用するものです。［期首商品棚卸高］（→P.30）と同様に売上原価を適正に計算するためには、期末に残っている在庫を［仕入高］として売上原価に含めてはいけません。そのために［期末商品棚卸高］を使って調整します。

摘要例	☐期末商品の振り替え　☐当期末商品の振り替え　☐期末材料の振り替え
	☐当期末材料の振り替え　☐期末製品の振り替え　☐当期末製品の振り替え
	☐期末仕掛品の振り替え　☐当期末仕掛品の振り替え

仕訳の基本

⬆ 増加 当期末に残った在庫を［仕入高］から除くために、［期末商品棚卸高］は貸方に仕訳！

例 当期末に棚卸ししたら、17万円の在庫があった。

| 借方 | 商品 | 170,000円 | 貸方 | 期末商品棚卸高 | 170,000円 |

⬇ 減少 当期末に確定した［期末商品棚卸高］が減ることはない！

さまざまな仕訳例

▶ 期末材料への振り替え（飲食業の場合）

例 当期末に棚卸ししたら、1万円の[材料]の在庫があった。

| 借方 | 材料 10,000円 | 貸方 | 期末材料棚卸高 10,000円 |

小売業であれば[商品]、飲食業などでは[材料]など、在庫の種類に応じて勘定科目を使い分けます。それに応じて、[期末商品棚卸高][期末材料棚卸高]などと勘定科目名を変更します。

●売上原価の計算

[期首商品棚卸高]（→P.30）でも述べたように、売上原価はその期に販売された分だけを計上します。この考えを図に表すと、以下のようになります。

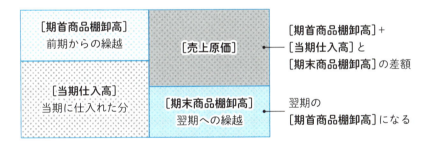

この図はシンプルですが、売上原価の考えをうまく表現しています。図でわかる通り、**売上原価そのものを計算する**というより、**差額で計算することになります**。そのためには、期首在庫や期末在庫の適正な把握が重要です。

上図は、損益計算書では例えば以下のように表現されます。

- ●期首商品棚卸高　　100万円
- ●当期商品仕入高　1,000万円
- ●期末商品棚卸高　　150万円
- ●売上原価　　　　　950万円

[期首商品棚卸高]と[当期商品仕入高]から[期末商品棚卸高]を差し引いた差額として、[売上原価]が算出される考え方をしっかりと覚えておきましょう。

第 2 章 | P/L | 販売管理費

役員報酬

- 消費税　課税　非課税　**対象外**
- 対象　法人　個人

💡 役員の給与は従業員の給与とは別に計上する

［役員報酬］とは、役員に支払う給与のことです。役員への給与には、法律や税計算のうえでさまざまな制約があります。そうした制約を守って役員への給与が計上されていることを示すために、従業員への給与とは別に、役員への給与の計上にあたって［役員報酬］という勘定科目を使用します。

役員については残業や深夜労働といった考え方がないため、基本的には株主総会などで決議した固定の金額を、1年間を通して支払っていくことになります。

> **摘要例**　□取締役報酬　□監査役報酬　□会計参与報酬　□相談役報酬　□顧問報酬
> □業務執行社員報酬（合同会社）　□社員報酬（合同会社）

仕訳の基本

⬆ 増加　［役員報酬］は費用のため、**増える場合は借方**に仕訳！

例 当月分の［役員報酬］として50万円を計上した。支払いは翌月25日である。

借方	役員報酬	500,000円	貸方	未払金	500,000円

⬇ 減少　［役員報酬］は費用のため、**減る場合は貸方**に仕訳！

例 不祥事により、［役員報酬］50万円を会社に自主返還した。

借方	未収金	500,000円	貸方	役員報酬	500,000円

さまざまな仕訳例

▶ 役員報酬の支払い

例 前月に計上した[**役員報酬**]50万円について、各種控除したうえで、当月25日に支払った。

借方			貸方		
未払金	500,000円		普通預金		440,000円
			預り金(社会保険料)		40,000円
			預り金(所得税)		10,000円
			預り金(住民税)		10,000円

社会保険料や所得税、住民税の扱いは従業員に対する[**給与手当**](→P.42)と同じです。それぞれ法定の控除を行ったうえで支払います。

▶ 役員賞与の支払い

例 [**役員賞与**]として100万円を各種控除のうえ、支払った。

借方			貸方		
役員賞与	1,000,000円		普通預金		900,000円
			預り金(社会保険料)		80,000円
			預り金(所得税)		20,000円

役員への賞与を支払った場合は、やはり従業員への賞与とは別に[**役員賞与**]という勘定科目を使います。

実務のコツ！ 社会保険料や税金の計算は従業員の給与・賞与と同じ

役員報酬とは、主に役員への給与や賞与のことを指します。「報酬」という言葉が使われているのは、会社法で役員の職務執行の対価を「報酬等」という言葉で表現しているためです。社会保険料や所得税、住民税の計算については、従業員への給与・賞与と変わりません。[**役員報酬**]と[**役員賞与**]は勘定科目こそ使い分けますが、[**給与手当**]や[**賞与**](→P.48)と同じように考えれば問題ありません。

●役員報酬の決め方にはルールがある

役員報酬で重要なのは、金額の決め方です。もし役員が自分の報酬を自由に決めることができるとなると、会社の利益をかんたんに調整することができてしまいます。そのため、役員報酬には以下のような規制が設けられています。

■ 役員報酬を決めるプロセスの規制（会社法上の規制）

株式会社の取締役や監査役への役員報酬や役員賞与は、定款や株主総会の決議によって決めなければならない。

■ 役員報酬の金額の規制（法人税法上の規制）

役員報酬については、以下の要件を満たすものしか法人税の計算上、費用（損金）に計上できない。

定期同額給与	事業年度開始から3ヵ月以内に決定し、その期中は毎月同じ額面（もしくは手取り）で支払う給与。毎月の役員報酬に対する規制。
事前確定届出給与	決められた期限内に、税務署に金額や支払日を届け出ることで支払うことができる給与。役員賞与に対する規制。
業績連動給与	株主総会で承認された決算書の利益に基づいて支給する役員報酬。

業績連動給与は、上場会社など株主が多数いるような会社（非同族会社など）でのみ採用することができます。同族経営が多い中小企業では、定期同額給与と事前確定届出給与のいずれかを満たすかたちで役員報酬を決定します。

万が一上記の要件を満たさない役員報酬を支払った場合、法人税の計算上の費用に入れることができなくなります。それだけではなく、報酬を受けとっている事実は存在するので、役員個人への所得税や住民税の課税は行われます。費用には入れられないのに、個人への課税は行われるというダブルパンチとなるのです。役員報酬を決定する場合は、必ず上記の法人税法上の規制を満たすようにしましょう。

なお、役員報酬は日割りにはできません。例えば毎月末締め・翌月25日払いの会社で、6月20日に就任した取締役がいた場合、その人に6月分の役員報酬を支払うときは、日割りではなく満額で支払う必要があります。また、役員報酬の減額には基本的に株主総会の決議が必要です。

「役員」の定義に注意！

一般的に「役員」といえば、取締役や監査役など登記されている役員が思い浮かびます。ただし、登記されていなくても役員のように経営に従事している人もいます。**例えば、相談役や顧問などの肩書きをもつ元取締役や社長の家族などで**す。こうした人も実質は取締役らと同じと考えられ、定期同額給与や事前確定届出給与の規制の対象となります。

▶ 合同会社の場合

例 合同会社の社員への報酬として、50万円を計上した。

借方	役員報酬	500,000円	貸方	未払金	500,000円

株式会社では取締役や監査役のことを「役員」といいますが、合同会社では経営陣を「社員」と呼びます。合同会社の場合、社員への給与は [役員報酬] を使用して計上します。合同会社には日々の業務を行う業務執行社員と、その他の社員が存在しますが、いずれへの報酬も [役員報酬] で計上するのです。

役員報酬の決議

役員報酬の決定方法は、下記のように会社形態によって異なります。ただし、定款に定めることで、別の方法を採用することもできます。

- **株式会社** 株主総会や取締役会による決議
- **合同会社** 社員全員の同意

役員の賞与と従業員の賞与の違い

役員への賞与については、左ページで説明した通り、税務署にあらかじめ金額を届けておかないと費用として計上できません（事前確定届出給与）。一方、**従業員への賞与にこのような規制はありません**ので、会社で決めた賞与の計算基準に従って賞与を計上すれば問題ありません。

P/L 販売管理費 役員報酬

第 2 章 | P/L | 販売管理費

給与手当

- 消費税　課税　非課税　**対象外**
- 対象　　**法人　個人**

💡 従業員への給与を計上する際に使用する

［給与手当］は、雇用契約を締結している従業員への給与を支払うときに使用する勘定科目です。**基本給や各種の手当などが含まれますが、仕訳上は一括して［給与手当］の勘定科目で処理します。**ただし、パート・アルバイトなどへの給与は、［雑給］(→P.46) という勘定科目を使用して区分することもあります。

また、雇用関係にない人への報酬の支払いは［外注費］(→P.64) などで計上します。雇用関係にあるかどうかは契約の有無ではなく、指揮命令の関係にあるかどうかといった実態で判断することが重要です。

摘要例	□給与の計上

仕訳の基本

 増加　［給与手当］は費用のため、**増える場合は借方**に仕訳！

例 当月分の［給与手当］20万円を計上した。支払いは翌月25日である。

| 借方 | 給与手当 | 200,000円 | 貸方 | 未払金 | 200,000円 |

 減少　［給与手当］は費用のため、**減る場合は貸方**に仕訳！

例 給与計算に誤りがあり、支給前に額面2万円を減少させた。

| 借方 | 未払金 | 20,000円 | 貸方 | 給与手当 | 20,000円 |

さまざまな仕訳例

▶ 給与の支払い

例 前月に計上した[給与手当]20万円を各種控除のうえ、当月25日に支払った。

借方		貸方	
未払金	200,000円	普通預金	159,000円
		預り金(社会保険料)	20,000円
		預り金(雇用保険料)	1,000円
		預り金(所得税)	10,000円
		預り金(住民税)	10,000円

実際には給与は社会保険料、雇用保険料、所得税、住民税といった各種控除をしたうえで支払います。控除項目は、会計ソフトの補助科目の機能を使って区分するとよいでしょう。

実務のコツ！ [給与手当]では、計上と支払いという2つの仕訳を行う

費用には**発生主義の原則**(→P.15)があり、[給与手当]も例外ではありません。[給与手当]の場合は毎日の労働に伴って支払い義務が発生し、締め日で支払い義務が確定します。[給与手当]は実務上、給与計算の関係で例えば「15日締め、25日払い」のように締め日と支払日のあいだに一定の日数が空けられることが通常です。この場合、発生主義の原則によれば 締め日の15日で給与額が確定(費用が発生)し、25日に支払うことになります。

このように[給与手当]の仕訳では、計上と支払いという2つの仕訳をする必要が生じます。締め日の費用計上時は[未払金]で処理し、実際に従業員に支払ったときに[未払金]を消すという仕訳の流れになります。

また、給与計算に誤りがあった場合は、訂正仕訳が必要です。支給前と支給後で仕訳の方法が変わってきます(→詳しくはP.45)。

プラスの知識 社会保険料は完全な折半ではない

記帳していると気づくかもしれませんが、従業員から天引きした社会保険料は支払う社会保険料の半分にはなっておらず、会社負担分のほうがやや多くなっています。**これは社会保険料のうち、会社側の負担分に子ども・子育て拠出金が含まれているためです**。

▶ 給与の計上

例 基本給20万円、残業代1万円、通勤手当5,000円を[給与手当]として計上する。給与は毎月末締め、翌月25日払いである。

借方			貸方		
給与手当	210,000円		未払金	215,000円	
旅費交通費	5,000円				

通常は残業代なども含めて[給与手当]で計上しますが、社内管理のために別の勘定科目を使用したり、会計ソフトの補助科目の機能で支給項目ごとに分けたりすることもあります。ただし、通勤手当については労働の対価ではなく、実費補てんの性質が強いため、[旅費交通費](→P.80)として必ず[給与手当]とは別に計上します。また、[旅費交通費]は消費税の課税対象ですので、仕訳の際に注意しましょう。

▶ 給与の見込み計上（当期末の処理→翌期末の処理）

例 当社の給与は15日締め、当月25日払いである。3月末決算のため、期末に3月16日から3月31日までに発生した給与15万円を見込み計上する。

借方		貸方	
給与手当	150,000円	未払費用	150,000円

給与の締め日が末日でない場合、決算日までのあいだに発生した給与は期末に見込み計上することができます。この場合、給与の支払いはまだ確定していないため、[未払費用](→P.264)を用いて計上することが一般的です。見込み計上の場合、社会保険料や所得税などの控除は考慮せず、額面ベースで計上します。

例 前期末に見込み計上した[未払費用]15万円について、当期末に[給与手当]に振り替えて、新たに当期の3月16日から3月31日までに発生した給与20万円を見込み計上した。

借方		貸方	
未払費用	150,000円	給与手当	150,000円
給与手当	200,000円	未払費用	200,000円

前期末に見込み計上した給与は、次の決算日までそのままにしておき、当期末に前期末の見込み計上分をマイナスし、当期末分の給与を見込み計上するのが一般的です（理由については、右ページの「ここに注意！」を参照）。

ここに注意！ 決算期の見込み計上分の処理

見込み計上をした[給与手当]は、正確には翌期の最初の[給与手当]の計上時にマイナスすることになります。ただし、この方法では、1ヵ月分の[給与手当]を毎月計上するたびに毎月見込み計上が必要となってしまいます。そのため、実務的には前期末に見込み計上した[給与手当]は次の決算までそのままにしておいて（毎月15日締めの場合、期首月の給与締め日には期首から15日までの半月分の[給与手当]のみを計上）、**当期の決算日に前期末に見込み計上した[給与手当]をマイナスして、新たにその期の[給与手当]を見込み計上する方法が採られています。**

▶ 現物給与の支給

例）成績がよかった従業員に対し、5万円の商品券を手渡しした。

| 借方 | 給与手当 | 50,000円 | 貸方 | 現金 | 50,000円 |

商品券などを支給する場合も、現物給与として[給与手当]で処理します。くわえて、受けとった従業員には所得税の課税が必要です。ただし、すべての従業員が対象となるケースでは、[福利厚生費]（→P.56）で処理できることもあります。

▶ 給与計算に誤りがあった場合

例）給与計算にあたり、本来、額面が20万円のところ、30万円で計上して支払ってしまったため、訂正仕訳を行った。

| 借方 | 未収金 | 95,000円 | 貸方 | 給与手当 | 100,000円 |
| | 預り金 | 5,000円 | | | |

正しい金額よりも多く計上していた場合、[給与手当]を貸方に仕訳して減らします。相手科目は給与の支払い後の場合、まだ従業員から返金を受けていないので[未収金]（→P.204）で計上します。支払い前に訂正を行った場合は、[給与手当]ではなく従業員への[未払金]を減らす仕訳を行います。反対に、正しい金額よりも少なく計上していた場合は、[給与手当]を借方に仕訳して増やします。相手科目は[未払金]を増やす仕訳を行います。なお、給与の金額を訂正する場合、雇用保険料や所得税などの金額も変わることがあるので、[預り金]の訂正も必要です。

第 2 章 | P/L | 販売管理費

雑給

- 消費税　課税　非課税　**対象外**
- 対　象　法人　個人

💡 アルバイトや日雇い従業員などへの給与を計上するときに使う

［雑給］はアルバイトやパートタイマー、日雇い従業員といった固定給でない従業員への給与を計上するために使用します。［雑給］は必ず使用する勘定科目ではなく、［給与手当］（→P.42）に含めている事業者もいます。数値管理などのために正社員などの月給制の給与と、アルバイトなどの日給制や時間給制の給与を分けて計上するときに［雑給］を使用します。

| 摘要例 | ☐ アルバイト給与　☐ パート給与　☐ 日雇い従業員給与　☐ 臨時従業員給与
☐ 単発アルバイト給与　☐ スキマ時間アルバイト給与 |

仕訳の基本

 増加　［雑給］は費用のため、**増える場合は借方**に仕訳！

例 アルバイト従業員に給与3万円を支払った。

| 借方 | 雑給 | 30,000円 | 貸方 | 普通預金 | 30,000円 |

 減少　［雑給］は費用のため、**減る場合は貸方**に仕訳！

例 誤ってアルバイトの給与を2,000円多く計上してしまったので、翌月の給与と相殺することでアルバイトと合意した。

| 借方 | 未収金 | 2,000円 | 貸方 | 雑給 | 2,000円 |

46

さまざまな仕訳例

▶ 日雇い従業員への給与の支払い

例 当社はイベント設営の会社である。イベント設営にあたって募集した日雇い従業員に給与1万円を、所得税を源泉徴収したうえで手渡しした。

借方		貸方	
雑給	10,000円	現金	9,973円
		預り金(所得税)	27円

日雇い従業員に給与をその日払いする場合は、源泉徴収したうえで支払います。

プラスの知識　所得税の源泉徴収の3パターン

所得税を源泉徴収する場合は、以下の3パターンに分かれます。

- 甲欄…その事業者に対して、給与所得者の扶養控除等申告書を提出している人（その事業者が本業の人）に対して支払う給与。
- 乙欄…別の事業者に対して、給与所得者の扶養控除等申告書を提出している人（その事業者が副業の人）に対して支払う給与。
- 丙欄…日雇い従業員に対して、働いた日ごとに支払う給与。

甲欄、乙欄、丙欄とは所得税に関する用語で、それぞれ国税庁が作成した所得税の源泉徴収の金額を決める表の名称に由来します。**給与を支払う際には、従業員がどの区分に属しているかで所得税の控除額が変わってきます。**

一般的には正社員やその他フルタイムの従業員は、自社が本業なので甲欄が適用されます。一方、[雑給]の対象になるパートタイマー・アルバイトについては、副業の可能性もあるので乙欄が適用されることがあります。その日払いの日雇い従業員は本業・副業関係なく、丙欄が適用されます。とくに丙欄では、給与を支払うその場で、源泉徴収する所得税を確認する必要がありますが、漏れがちなので注意しましょう。

第 2 章 | P/L | 販売管理費

賞与

- 消費税　課税　非課税　**対象外**
- 対　象　法　人　個　人

💡 賞与は年3回以下で支払われるものを指す

[賞与]は雇用契約を締結している従業員へのボーナスを計上する際に使用します。社会保険の制度上、**賞与は3ヵ月を超える期間ごと、つまり年3回以下で支払われるものを**いいます。経理上も社会保険の基準に従って、賞与と給与を区別していることが多いです。名称は企業によってボーナス、賞与、寸志などいろいろですが、いずれも年3回以下かどうかという基準に従って計上します。

| 摘要例 | ☐夏季賞与の計上　☐冬季賞与の計上　☐決算賞与の計上　☐業績賞与の計上 |
| | ☐臨時賞与の計上　☐ボーナスの計上　☐寸志の支払い |

仕訳の基本

 増加　[賞与]は費用のため、**増える場合は借方**に仕訳!

例 夏季賞与として、30万円を支給した。

| 借方 | 賞与 | 300,000円 | 貸方 | 普通預金 | 300,000円 |

注釈　※本来は[給与手当](→P.42)と同じく、社会保険料や所得税を控除して支払いますが、この例では割愛しています(控除する仕訳例は、右ページを参照)。

 減少　[賞与]は費用のため、**減る場合は貸方**に仕訳!

例 賞与の査定が変更となり、1万円の減額となったため、従業員への[未払金]を減少させた。

| 借方 | 未払金 | 9,000円 | 貸方 | 賞与 | 10,000円 |
| | 預り金 | 1,000円 | | | |

さまざまな仕訳例

▶ 賞与の支払い

例 夏季賞与30万円分を各種控除のうえ、支給した。

借方	未払金	300,000円	貸方	普通預金	259,000円
				預り金(社会保険料)	20,000円
				預り金(雇用保険料)	1,000円
				預り金(所得税)	20,000円

[賞与]の支払いに際しては社会保険料、雇用保険料、所得税の控除が必要ですが、住民税については控除不要です。

ここに注意！ 賞与の金額に誤りがあった場合の処理

賞与の金額に誤りがあった場合は、訂正仕訳が必要です。支給済みの場合、額面の変更に伴い、**手取りだけでなく社会保険料や所得税などの税金の控除額も変更となるため、訂正が必要です**。また、従業員に支払いすぎた手取り分は[**未収金**](→P.204)などで処理します。

▶ 賞与の未払い計上

例 3月末決算のため、決算賞与30万円分を支払う旨を3月末に従業員に通知した。支給予定日は4月25日である。

借方	賞与	300,000円	貸方	未払金	300,000円

[賞与]は基本的に支給日に費用として計上します。ただし、この仕訳例のように賞与の金額は決まっているけれど、支給は翌月になるケースもあります。そのため、以下の条件を満たすことで、未払いであっても金額の通知日に[賞与]を費用計上することができます。
①支給する金額について、すべての従業員に金額を通知していること。
②事業年度終了から1ヵ月以内に賞与を支払うこと。
この場合、3月末に費用計上することもできますし、4月の支払日に費用計上することもできます。

第 2 章 ｜ P/L ｜ 販売管理費

退職金

損益計算書（P/L）

費用	売上原価	収益	売上高
	販売管理費		営業外収益
	営業外費用		
	特別損失		特別利益
	税金等		

●消費税　課税　非課税　**対象外**
●対象　　法人　個人

借方 ← 増えたら　減ったら → 貸方

 退職金は役員や従業員の退職に伴って支払うもの

退職金とは、役員や従業員が退職するときに過去の勤務実績に応じて支払う金銭であり、給与や賞与とは別のものです。[退職金]という勘定科目を使用して費用計上します。なお、退職金の減額はよほどのことがないかぎりありませんが、懲戒事由に該当するなどのケースでは、退職金が減額される可能性があります。

退職金は退職後の生活の保障という意味合いをもつため、所得税や住民税についても給与に比べて優遇されています。また、通常は所得税や住民税を退職金から天引きして納めることになるので正確な計算が必要です。

摘要例　☐退職金の支払い　☐退職慰労金の支払い　☐役員退職金の支払い
　　　　☐解雇予告手当の支払い　☐有給休暇の買いとり相当分

仕訳の基本

 増加　[退職金]は費用のため、**増える場合は借方**に仕訳！

例 社員の[退職金]として、50万円を支払った。

借方	退職金	500,000円	貸方	普通預金	500,000円

減少　[退職金]は費用のため、**減る場合は貸方**に仕訳！

例 支払った[退職金]について、従業員が懲戒事由に該当したため、10万円減額した。

借方	未収金	100,000円	貸方	退職金	100,000円

50

さまざまな仕訳例

▶ 退職金の支払い

例 在職期間8年の従業員に対して、400万円の退職金を各種控除のうえ、支給した。

借方	退職金	4,000,000円	貸方	普通預金	3,939,580円
				預り金(所得税)	20,420円
				預り金(住民税)	40,000円

退職金の場合、社会保険料と雇用保険料の控除は不要です。所得税や住民税は課税されるため、支払う側で計算して控除します。控除した所得税や住民税は、[預り金] (→P.278)で計上します。控除した[預り金]は退職金を支払った翌月10日(土日祝の場合は翌営業日)までに、所得税は税務署に、住民税は自治体に納税しなければなりません。納税したときに[預り金]が消えることになります。

●退職所得にかかる税金の計算方法

退職所得にかかる所得税や住民税は、以下の流れで計算します。

① 勤続年数の確定

1年未満の端数がある場合は、切り上げます(例えば、3年4ヵ月勤続の場合は4年)。

② 勤続年数に応じた退職所得控除額の計算

勤続年数	退職所得控除額
20年以下	40万円×勤続年数(勤続2年未満の場合は80万円)
20年超	800万円+70万円×(勤続年数-20年)

③ (退職金－退職所得控除額)×50%で課税退職所得の金額を計算

退職金は退職所得控除分を差し引いた金額の50%に対して課税する、優遇措置が採られています。

④ ③の金額を次ページの表に当てはめて、退職金にかかる所得税を計算

課税される所得金額	税率	控除額
1,000円 から 1,949,000円 まで	5％	0円
1,950,000円 から 3,299,000円 まで	10％	97,500円
3,300,000円 から 6,949,000円 まで	20％	427,500円
6,950,000円 から 8,999,000円 まで	23％	636,000円
9,000,000円 から 17,999,000円 まで	33％	1,536,000円
18,000,000円 から 39,999,000円 まで	40％	2,796,000円
40,000,000円 以上	45％	4,796,000円

⑤ ③の金額に10％を乗じて住民税額を計算
⑥ ④の所得税額に2.1％を乗じて復興特別所得税額を計算

　前ページの「在職期間8年、退職金400万円」という仕訳例に当てはめると、
●退職所得控除額　　40万円×8年＝320万円（①②）
●課税される退職金　（400万円－320万円）×50％＝40万円（③）
となります。そのため、所得税、住民税、復興特別所得税は下記の通りです。
●所得税　40万円×5％＝2万円（④）
●住民税　40万円×10％＝4万円（⑤）
●復興特別所得税　2万円×2.1％＝420円（⑥）

　実際には、給与計算ソフトでかんたんに税額を計算できます。ただし、**勤続年数の入力などが間違っていれば、正しい税額が計算されない結果となります。**そのようなミスをふせぐために、こうした基本ルールを知って検算できるようにしておいたほうがよいでしょう。

　なお、上記の計算を行うためには、従業員に**「退職所得の受給に関する申告書兼退職所得申告書」**を提出してもらう必要があります。この書類の提出がなければ、勤続年数にかかわらず退職金の額面から20.42％分の所得税を控除して支払う必要が生じたり、従業員に確定申告の手間が発生したりします。従業員がこの申告書を認識していることはほぼありませんので、会社から案内するようにしましょう。

▶ 退職金の未払い計上

例 当社は３月末決算である。３月20日に退職した従業員の[退職金]が200万円であるため、未払い計上する。支払予定日は４月10日である。

| 借方 | 退職金 | 2,000,000円 | 貸方 | 未払金 | 2,000,000円 |

[退職金]の費用計上は、原則として支払日です。ただし、金額が確定していれば、退職日に費用計上することも認められます。いずれのタイミングで計上するかは、決算の業績などをもとに判断するとよいでしょう。所得税や住民税の控除は支払うタイミングで行うため、未払い計上の際には額面で計上すれば問題ありません。

▶ 解雇予告手当の支払い

例 従業員を解雇することになったため、解雇予告手当として30万円を支払った。

| 借方 | 退職金 | 300,000円 | 貸方 | 普通預金 | 300,000円 |

経理における退職金には、従業員の解雇に伴う解雇予告手当や有給買いとり(退職時に未使用の有給休暇があったために、その相当額を一括で退職時に支払うもの)、あるいは未払いの残業代を一括で支払う場合なども含まれます。給与に上乗せするのではなく、退職金としての所得税や住民税の計算が必要です。

プラスの知識　有給休暇の買いとり

本来、有給休暇の買いとりは労働基準法の趣旨からして認められていません。しかし、実際の現場ではしばしば行われます。退職所得の定義は「退職により一時に受ける給与およびこれらの性質を有する給与にかかる所得」となっていますので、有給休暇の買いとり分もこの定義に当てはまります。そのため、**有給休暇の買いとり分を退職金として支給してあげることで、従業員にとっても税金面で得になります**。

第2章 | P/L | 販売管理費

法定福利費

- 消費税　課税　非課税　**対象外**
- 対象　法人　個人

 社会保険料の事業主負担分を計上するときに使う

[法定福利費]とは、福利厚生のうち、役員や従業員のために法律で義務づけられた費用を指します。**具体的には健康保険や厚生年金保険、雇用保険、労災保険といった社会保険制度の保険料の納付が該当します。**これらの法定による福利厚生費用の会社負担部分を計上するための勘定科目が[法定福利費]です。なお、従業員負担分は[預り金](→P.278)で処理するため、従業員負担相当額は[預り金]のマイナスで処理します。

摘要例
- ☐ 健康保険料の計上　☐ 厚生年金保険料の計上　☐ 雇用保険料の計上
- ☐ 社会保険料の支払い　☐ 労働保険料の支払い

仕訳の基本

 [法定福利費]は費用のため、**増える場合は借方**に仕訳！

例）労働保険料10万円が銀行口座から引き落とされた。

借方	法定福利費	90,000円	貸方	普通預金	100,000円
	預り金(雇用保険料)	10,000円			

 [法定福利費]は費用のため、**減る場合は貸方**に仕訳！

例）労働保険料の一部である2,000円が還付された。

借方	普通預金	2,000円	貸方	法定福利費	2,000円

さまざまな仕訳例

▶ 社会保険料の納付

例 社会保険料10万円が、月末に銀行口座から引き落とされた。

借方	法定福利費	50,000円	貸方	普通預金	100,000円
	預り金（社会保険料）	50,000円			

支払額のうち半分は従業員の給与から天引きした分なので、[法定福利費]として費用になるのは支払額の半分です。

社会保険料の支払日と費用計上のタイミングを確認する

社会保険料（健康保険料・厚生年金保険料）については、支払日が翌月末日となります（例えば9月分の社会保険料が引き落とされるのは10月末）。また、支払額については届け出ている役員や従業員の給与（標準報酬月額）に基づいて、日本年金機構が計算して納付書を毎月20日ごろに送付してきます。

そのため、納付書の到着を待っていると、月次決算を締めるのが遅れてしまうので、実務的には1月ずらして計上することも多いです。例えば10月20日ごろに届く納付書は9月分ですが、その金額をもとに10月の[法定福利費]を計上するのです。

▶ 賞与にかかる社会保険料の未払い計上

例 期末に支払った[賞与]に対応する[法定福利費]20万円について、決算時に見込み計上した。

借方	法定福利費	200,000円	貸方	未払費用	200,000円

期末に賞与を支払った場合、その賞与に対応する[法定福利費]も未払い計上（→P.49）することが認められます。ただし、期末時点で賞与が未払いの場合は、[法定福利費]の未払い計上も認められません。賞与にかかる[法定福利費]の金額は支払い時に確定するためです。

第 2 章 | P/L | 販売管理費

福利厚生費

- 消費税　課税　非課税　対象外
- 対象　法人　個人

💡 従業員に対して、給与以外の福利厚生を提供した場合に使う

　福利厚生には、社会保険料などの法定福利（→P.54）と事業主が独自に設ける福利厚生制度の2種類があります。[福利厚生費]は後者にかかる費用を計上するものです。従業員に対し、給与以外の福利厚生を提供した場合に使います。

　[福利厚生費]は給与以外で、従業員全体が働きやすい職場づくりや従業員全体の生活の充実のために支払う費用です。そのため、特定の従業員だけを対象にした支払いは、[給与手当]で処理して所得税や住民税を課税する必要があります。

摘要例	☐ 健康診断費用　☐ 予防接種費用　☐ 従業員の結婚祝い金　☐ 社員旅行費 ☐ 社内新年会費

仕訳の基本

 増加　[福利厚生費]は費用のため、**増える場合は借方**に仕訳！

例 従業員の健康診断費用として、5,500円を医療機関に支払った。

| 借方 | 福利厚生費 | 5,500円 | 貸方 | 普通預金 | 5,500円 |

 減少　[福利厚生費]は費用のため、**減る場合は貸方**に仕訳！

例 福利厚生の1つとして契約していたスポーツジムを解約し、会費の一部返金として2,000円を受けた。

| 借方 | 普通預金 | 2,000円 | 貸方 | 福利厚生費 | 2,000円 |

さまざまな仕訳例

▶ 忘年会の開催

例 従業員全員参加のもと、忘年会を行って10万円を支払った。

| 借方 | 福利厚生費 | 100,000円 | 貸方 | 現金 | 100,000円 |

忘年会や新年会、社員旅行などの社内イベントや食事補助などの制度については、従業員全体が対象となっている場合のみ［福利厚生費］として処理できます。一部の従業員のみで行った飲み会や旅行の費用を会社が負担した場合は、参加した従業員への［給与手当］となり、課税が必要です。

プラスの知識　福利厚生費として認められる範囲

［福利厚生費］は従業員全体に適用される制度なので、特定の従業員のみに適用されるものは該当しません。ただし、正社員と短時間勤務のアルバイトで差を設けることは問題ありません。**例えば、結婚祝い金や出産祝い金は、正社員や正社員と同等に働く契約社員のみに適用するといった場合でも［福利厚生費］として計上できます**。ただし、従業員の属性によらず、特定の人にのみ適用する場合、福利厚生費には該当しないため、［給与手当］として処理し、所得税の課税も必要となります。

福利厚生制度の内容は事業者によってさまざまですが、例として以下のようなものが該当します。

①従業員の慰安や親睦のための費用
　例：社員旅行費、社内での親睦会費（忘年会や新年会など）
②従業員の冠婚葬祭のための費用
　例：結婚祝い金、出産祝い金、香典
③従業員の健康のための費用
　例：予防接種代、健康診断費用
④労働環境を改善するための費用
　例：ウォーターサーバーの設置費用、食事代の補助
⑤生活費のための費用
　例：社外の福利厚生サービスへの加入

▶ 残業時の食事代

例 従業員の残業時の食事代として、残業している全従業員に合計で5,000円分の弁当を配った。

借方	福利厚生費	5,000円	貸方	現金	5,000円

残業時の食事の支給は現物給与ではなく、[福利厚生費]で処理できます。残業時以外の食事代は、下記の要件を満たせば[福利厚生費]として処理できます。
①従業員が費用の半分以上を負担していること。
②会社負担額が1ヵ月につき3,500円以下であること。
また、残業の有無は社員によって異なるケースが多いものですが、残業時の食事代については、「残業している従業員であれば支給する」という条件であれば、特定日に残業している従業員だけに支給したとしても[福利厚生費]として扱われます。

ここに注意！ 役員や個人事業主に福利厚生費は成立する？

役員への福利厚生については、従業員に提供される福利厚生サービスを役員も受けられる場合に、役員への[福利厚生費]が成立します。例えば、会社で契約しているスポーツジムについて従業員だけでなく役員も使用できる場合や、従業員全体が参加できる社員旅行に役員も同行するケースなどが当てはまります。そのため、従業員がいない会社の役員について、福利厚生制度は成立しません。ただし、**予防接種のように少額で、かつ病気にかかることで仕事に支障が出ることを避けるために支払ったようなケースでは、例外的に会社から役員への[福利厚生費]として費用計上できる余地があります。**

個人事業主については、自分から自分への福利厚生は成立しません。そのため、従業員のいない個人事業主には、[福利厚生費]は認められません。

▶ 打ち合わせ時の飲料代

例 特定の従業員と社外のカフェで打ち合わせを行い、コーヒー代1,000円を支払った。

借方	会議費	1,000円	貸方	現金	1,000円

特定の従業員との飲食代は[福利厚生費]にはなりません。ただし、打ち合わせなど

業務のための支出であれば、[会議費]（→P.76）などで計上すればよく、[給与手当]として課税する必要はありません。

▶ 健康診断費用の支払い

例 従業員に対して法律に定められた健康診断を受診させて、その費用として1万円を医療機関に支払った。

| 借方 | 福利厚生費 | 10,000円 | 貸方 | 普通預金 | 10,000円 |

会社は従業員に毎年健康診断を受けさせる義務があり、健康診断費用を会社が負担した場合は[福利厚生費]で計上します。なお、法律上は健康診断費用の負担は会社に義務づけられていませんが、会社が負担することが一般的です。

▶ 業務に必要な資格取得費用の支払い

例 従業員に対して、業務に必要な資格の受験費用として1万5,000円を経費精算した。

| 借方 | 採用教育費 | 15,000円 | 貸方 | 現金 | 15,000円 |

業務上必要な資格取得のためにかかる費用は、福利厚生の一環ですが、[採用教育費]で計上します。一方、業務上とくに必要ではない資格の取得費用を補助した場合は[給与手当]で計上し、所得税を課税する必要があります。

▶ 従業員への慶弔費の支払い

例 結婚した従業員に対し、就業規則に定めたお祝い金として、5万円を渡した。

| 借方 | 福利厚生費 | 50,000円 | 貸方 | 現金 | 50,000円 |

就業規則などで定めた慶弔費のルールに基づいて支払ったお祝い金などは、[福利厚生費]として計上します。お祝い金は消費税の課税対象ではありません。ただし、画一的な定めがなく、ある従業員には渡して、ある従業員には渡さないといったように裁量で支払いが決まるケースでは、[福利厚生費]ではなく給与扱いとなり、所得税の課税対象になることに注意が必要です。

第 2 章 | P/L | 販売管理費

退職給付費用

- 消費税　課税　非課税　対象外
- 対象　法人　個人

将来の退職金の見込み額を計上するもの

　将来支払うべき退職金は、本来は退職時にいきなり発生するものではなく、従業員や役員の勤務期間や実績に応じて毎年積み上がった額を支払うものです。そのため、**将来支払われる退職金の毎年積み上がる見込み額を計上するために使う**のが［退職給付費用］という勘定科目です。

　［退職給付費用］を用いて、将来の退職金の見込み額やそのために積み立てた引当金などを帳簿に反映させることを**退職給付会計**といいます。［退職給付費用］を計上するときには、［退職給付引当金］という勘定科目を使用して負債計上します。

摘要例　□退職給付費用の計上　□退職給付引当金の計上
　　　　□退職金の支払いによる取り崩し

仕訳の基本

増加　［退職給付費用］は費用のため、**増える場合は借方**に仕訳！

例　決算時に当期発生した将来の退職金見込み額として、80万円を引き当てた。

| 借方 | 退職給付費用 | 800,000円 | 貸方 | 退職給付引当金 | 800,000円 |

減少　［退職給付費用］は費用のため、**減る場合は貸方**に仕訳！

例　将来の退職金支払いの見込み額が10万円減少した。

| 借方 | 退職給付引当金 | 100,000円 | 貸方 | 退職給付費用 | 100,000円 |

さまざまな仕訳例

▶ 退職金の支払い（退職給付会計を導入している場合）

例 当社は退職給付会計を導入している。従業員が退職したため、50万円の退職金を支給した。その際に早期退職割増金として、30万円を上乗せした。

借方			貸方		
退職給付引当金	500,000円		普通預金	800,000円	
退職金	300,000円				

［退職給付費用］を計上している場合は、その時点で費用計上されています。その場合、実際に退職金を支払う際には退職金を計上するのではなく、［退職給付引当金］を取り崩す処理を行います。ただし、早期退職割増金などのように［退職給付引当金］とは別に付加的に支払うものがあれば、別途［退職金］で計上します。

プラスの知識　退職金と退職給付費用の違い

［退職給付費用］の計上にあたっては、将来の退職金の支払見込み額を計算する必要があります。そのためには就業規則などで退職金の基準が明確に決まっていることや、各従業員の勤務実績などをもとに将来の退職金の見込み額を毎年計算するといった作業が必要です。

ただし、多くの中小企業ではこのような作業は行っていません。くわえて、［退職給付費用］については法人税の計算上、損金として算入できる額を算定するために複雑な計算が必要です。**そのため、ほとんどの中小企業では［退職給付費用］を使用せずに、退職金を支払ったタイミングで［退職金］で費用計上しています。**

ちなみに多くの中小企業が利用している中小企業退職金共済（中退共）の掛金は、［福利厚生費］（→P.56）で処理します。中退共に加入している場合は、［退職給付費用］と混同しないように注意しましょう。

▶ ［退職給付引当金］の追加計上

例 期末になり、［退職給付引当金］として10万円を追加で計上した。

借方		貸方	
退職給付費用	100,000円	退職給付引当金	100,000円

将来の退職金の支払見込み額が増加した場合は、追加計上します。

第2章 | P/L | 販売管理費

採用教育費
（採用研修費、採用費、研修教育費）

- 消費税　課税　非課税　対象外
- 対象　法人　個人

役員・従業員・個人事業主の研修や採用活動費にかかる費用を計上する

　人材の採用や研修、その他の教育費用など、給与や福利厚生以外で人材にまつわる費用の支払いに使用するのが［採用教育費］です。会計ソフトによっては［採用研修費］という名称だったり、［採用費］と［研修教育費］で分かれていたりすることもあります。主に従業員のために使いますが、役員や個人事業主が業務上必要なビジネススキルや資格を取得するための費用も計上できます。

摘要例
- □セミナー受講料　□研修受講料　□人材紹介手数料　□求人サイト掲載料
- □Eラーニング利用料　□資格試験受験料　□適性検査利用料
- □採用サイト利用料　□面接者への交通費の支払い

仕訳の基本

 増加　［採用教育費］は費用のため、**増える場合は借方**に仕訳！

例　従業員の研修参加費用として、3万円を振り込んだ。

| 借方 | 採用教育費 | 30,000円 | 貸方 | 普通預金 | 30,000円 |

 減少　［採用教育費］は費用のため、**減る場合は貸方**に仕訳！

例　紹介してもらった人が1ヵ月で退職したため、紹介料10万円が返金された。

| 借方 | 普通預金 | 100,000円 | 貸方 | 採用教育費 | 100,000円 |

さまざまな仕訳例

▶ 社員研修（前払い時→実施ごとの処理）

例 半年かけて行われる社員研修費として、60万円を振り込んだ。研修費は全額前払いであり、実施は毎月1回である。

| 借方 | 前払金 | 600,000円 | 貸方 | 普通預金 | 600,000円 |

研修には数ヵ月に渡って行われるものもあります。研修費は実施された日ごとに計上するので、全額前払いの場合、まずは[前払金]（→P.192）で処理します。

例 1回目の社員研修が実施された。

| 借方 | 採用教育費 | 100,000円 | 貸方 | 前払金 | 100,000円 |

研修が実施されたときに、1回分を[採用教育費]に振り替えます。

▶ 求人サイトへの登録

例 求人サイトへの登録費として、30万円を支払った。掲載期間は支払日から6ヵ月である。

| 借方 | 採用教育費 | 300,000円 | 貸方 | 普通預金 | 300,000円 |

求人サイトの掲載のように毎月同じサービスを受けるための費用を前払いし、実施期間が1年以内の場合は、サービス提供開始時に全額費用計上できます。1年を超える期間のサービスを受ける場合は、[前払金]の計上が必要です。

▶ 業務とは関係のない資格の取得費用の補助

例 業務とは関係のない資格の取得費用として、従業員に1万円を補助した。

| 借方 | 給与手当 | 10,000円 | 貸方 | 普通預金 | 10,000円 |

業務と関係のない資格の取得費用を補助した場合、従業員の個人的な出費を会社が補助したと判断されます。この場合、[採用教育費]ではなく、[給与手当]（→P.42）で計上し、従業員個人に所得税の課税が必要です。

第2章 | P/L | 販売管理費

外注費

損益計算書（P/L）

費用	売上原価	収益	売上高
	販売管理費		
	営業外費用		営業外収益
	特別損失		特別利益
	税金等		

借方 ← 増えたら　減ったら → 貸方

- 消費税　**課税**　非課税　対象外
- 対象　**法人**　**個人**

💡 仕事の一部を外部の事業者に発注した場合に使用する

　[外注費]は業務を進めるうえで、仕事の一部を外部の事業者に発注した場合に使用する勘定科目です。**主に下請け業者や労働者派遣に関するコストを計上します**。外部業者に委託した費用をすべて[外注費]に計上するわけではなく、例えば自社のホームページ制作なら[**広告宣伝費**]（→P.70）というように別の勘定科目で処理すべきものもあります。

摘要例	□労働者派遣料　□調査費用　□コンサルティング料　□事務所清掃料
	□作業料　□業務委託料　□商品保管委託料　□販売代行手数料
	□データ入力料　□電話代行料　□営業代行報酬

仕訳の基本

 増加　[外注費]は費用のため、**増える場合は借方**に仕訳！

例 オフィスの清掃業者に清掃料として、1万5,000円を支払った

| 借方 | 外注費 | 15,000円 | 貸方 | 普通預金 | 15,000円 |

減少　[外注費]は費用のため、**減る場合は貸方**に仕訳！

例 外注業者の業務上のミスにより損失5,000円が発生したため、翌月の外注費支払いと相殺することになった。

| 借方 | 未収金 | 5,000円 | 貸方 | 外注費 | 5,000円 |

さまざまな仕訳例

▶ 人材派遣料の支払い

例 人材派遣会社に人材派遣料として、20万円を支払った。その中には、派遣社員の交通費相当額が1万円含まれている。

| 借方 | 外注費 | 200,000円 | 貸方 | 普通預金 | 200,000円 |

外注先に交通費や作業当日の食事代負担分など、外注費本体とは別の費用を支払った場合でも、それらの金額を含めて[外注費]で一括計上できます。それらの金額も、現物で支払った[外注費]と考えられるためです。

▶ 売上に直接ひもづく業務の外注

例 当社はホームページ制作会社である。クライアントから依頼を受けたホームページ制作の一部を、10万円で別の制作会社に発注した。

| 借方 | 外注費（原価） | 100,000円 | 貸方 | 普通預金 | 100,000円 |

自社のホームページ制作は、[広告宣伝費]などで処理します。ただし、ホームページ制作会社の場合、ホームページの制作自体が自社の販売サービスですから、その制作の一部を外注した場合には[外注費]として処理します。

[外注費]と[外注工賃]、[外注加工費]の使い分け

上記の仕訳例のように**販売する商品・サービスと直接対応する費用としての[外注費]は、[外注費（原価）]といった勘定科目を用いて、仕入れと同じように売上原価に含まれるように処理します**。原価性のある[外注費]は販売管理費ではなく、売上原価に含めるのです。

同様に、製造業などでも製品の製造と直接ひもづく[外注費]は原価に含めなければなりません。製造業の原価に含める場合は、とくに[外注工賃]（または[外注加工費]）といった勘定科目で計上します。いずれも販売管理費ではなく、売上原価に含まれる勘定科目です。

▶ 個人事業主への外注（源泉徴収が必要な場合）

例 市場調査をしてもらった個人のコンサルタントに対して、10万円のコンサルティング報酬を支払った。

借方	外注費	100,000円	貸方	普通預金	89,790円
				預り金（所得税）	10,210円

個人にコンサルティング報酬などを支払う場合は、所得税の源泉徴収が必要です。

源泉徴収が必要かどうかのポイント

　源泉徴収が必要かどうかは処理する勘定科目の種類ではなく、依頼した仕事の内容に応じて判断します。例えば、個人のデザイナーや研修講師などに仕事を依頼した場合には源泉徴収が必要です。一方、電話営業で「1件いくら」といった契約や、清掃費など下請け性が強い[外注費]については、支払先が個人事業主であっても源泉徴収の必要はありません。源泉徴収をすれば、納税の手間も発生します。そこで、**支払いに対して源泉徴収が必要なのかをよく確認して、必要な支払い以外は源泉徴収しないことも実務の手間を省くうえで重要です。**

● 源泉徴収額の計算方法

源泉徴収の金額は、以下の計算式で計算します。

請求金額	税額
100万円以下	請求金額×10.21%
100万円超	（請求金額－100万円）×20.42%＋102,100円

　消費税が請求書に別記されていれば、税抜金額を請求金額として計算します。消費税が別記されていない請求書については、税込金額を請求金額として計算します。

　また、注意すべきポイントは、**源泉徴収する義務があるのは支払い側であるという点**です。相手が請求書で源泉徴収金額を記載しているかどうかにかかわらず、支払い側が提供してもらったサービス内容をもとに自ら源泉徴収の必要があるかどうかを判断して、源泉徴収するかどうかを決めなければなりません。

▶個人事業主への外注（源泉徴収が不必要な場合）

例 オフィス常駐の電話営業スタッフに、成約件数に応じて2万円を支払った。

| 借方 | 外注費 | 20,000円 | 貸方 | 普通預金 | 20,000円 |

従業員が行うような業務でも、[外注費]に該当することがあります。[外注費]か[給与手当]または[雑給]かは契約書の内容ではなく、実態で判断します。もっとも重要な判断基準は、事業主の指揮命令に従っているかどうかです（詳しくは、下記の「ここに注意！」を参照）。

ここに注意！ 雇用か外注かで処理の仕方が異なる

例えば、同じ電話営業でも好きな時間に来て、好きな時間に帰宅できて、報酬も成果に応じて支払うというケースは[外注費]に該当します。一方、シフト制などで働く時間や業務量を事業主が決めたり、成果にかかわらず報酬を支払っていたりするケースでは、指揮命令の要素が強く、雇用に該当する（つまり[外注費]に該当しない）と判断される可能性があります。

雇用か外注かは消費税などの税金計算にも影響するケースがあるほか、万が一もめた場合の未払い賃金の発生などの労働問題にもつながります。**契約内容ではなく、実態に応じて判断することが重要です。**

▶外注費の減額

例 業務を委託していた外注先の業務に誤りがあり、2万5,000円の返金を受けた。

| 借方 | 普通預金 | 25,000円 | 貸方 | 外注費 | 25,000円 |

いったん支払った[外注費]について、業務上のミスなどで返金を受けた場合は[外注費]をマイナスします。ただし、決算後にミスが発覚するなどして[外注費]を計上した期と返金を受けた期が分かれる場合、返金額は[雑収入]（→P.146）で計上します。

第2章 | P/L | 販売管理費

荷造運賃
（発送費）

損益計算書（P/L）

- 消費税　課税　非課税　対象外　例外あり
- 対象　法人　個人

借方 ← 増えたら　減ったら → 貸方

💡 商品の発送などを配送業者に依頼した場合に使う

［荷造運賃］は、外部の配送業者などに荷物の発送などを依頼した場合に使用する勘定科目です。**大きく分けて、梱包用の荷造費用（配送用のダンボールや粘着テープなどの購入費用）と、配送費用（配送業者への支払い）で構成されます。**とくに通信販売を行っている事業者の場合、［荷造運賃］は大きな金額となります。また、消費税の課税については例外があり、海外発送の場合は課税対象外です。

摘要例	□ 梱包資材の購入　□ 宅配便代　□ バイク便代　□ EMS 利用料　□ 輸出費用 □ ゆうパックの発送　□ 返品時の送料負担分　□ 段ボールの購入 □ サンプルの発送　□ 期末未使用の梱包資材の振り替え

仕訳の基本

 増加　［荷造運賃］は費用のため、**増える場合は借方**に仕訳！

例 注文を受けた商品の配送のために、1,000円を配送業者に支払った。

借方	荷造運賃	1,000円	貸方	現金	1,000円

 減少　［荷造運賃］は費用のため、**減る場合は貸方**に仕訳！

例 1ヵ月間に多くの商品を発送したため、配送業者から1,000円分のキャッシュバックを受けた。

借方	現金	1,000円	貸方	荷造運賃	1,000円

さまざまな仕訳例

▶ 梱包資材の購入（購入時→期末の処理）

例 商品梱包用の段ボール500枚を、5万円で購入した。

| 借方 | 荷造運賃 | 50,000円 | 貸方 | 普通預金 | 50,000円 |

例 決算時に商品梱包用の段ボールが100枚（1万円分）残っていたので、[貯蔵品]に振り替えた。

| 借方 | 貯蔵品 | 10,000円 | 貸方 | 荷造運賃 | 10,000円 |

期末に残った梱包資材は[貯蔵品]（→P.188）に振り替えます。ただし、足りなくなるたびに常時購入しているケースでは、[貯蔵品]に振り替える必要はありません。

▶ 海外への輸出

例 海外に商品を発送するために、輸出業者に1万円を支払った。

| 借方 | 荷造運賃 | 10,000円 | 貸方 | 普通預金 | 10,000円 |

海外に輸出するための発送費用なので、[荷造運賃]で処理します。この際、海外への発送費は消費税の課税対象外となるので注意しましょう。

実務のコツ！ 販売のための運賃と、仕入れのための運賃は区別しよう

　区別しておかなければならないのが、「モノを販売するための発送費用」と「材料や商品を仕入れるための配送料」です。まず、[荷造運賃]はモノを販売するための運賃を計上します。一方、仕入業者から受けとった請求書に配送料が別記されていたとしても、その金額を[荷造運賃]に計上してはいけません。**仕入れにかかった費用はあくまで仕入れた本体（材料など）の付随費用であり、配送料を含めて全額を[仕入高]（→P.35）として計上する必要があります。**海外へ商品を輸出する費用（[荷造運賃]）と、海外から商品を仕入れた際の輸入費用（[仕入高]）も同様に区別しておきましょう。

第 2 章 | P/L | 販売管理費

広告宣伝費

損益計算書（P/L）

費用	売上原価
	販売管理費
	営業外費用
	特別損失
	税金等

収益	売上高
	営業外収益
	特別利益

借方 ← 増えたら　減ったら → 貸方

- 消費税　**課税**　非課税　対象外
- 対象　**法人**　**個人**

💡 自社や自社の商品・サービスを宣伝する費用に使う

　自社の宣伝や、自社の提供する商品やサービスについて宣伝するときにかかる費用を計上するための勘定科目が[**広告宣伝費**]です。[**広告宣伝費**]は「不特定多数」の人に向けた施策を行う際に使用するものが当てはまります。特定の相手に対し、購入を促すための支出は[**販売促進費**]（→P.86）や[**交際費**]（→P.74）で処理します。

摘要例	☐ 自社ホームページの制作費用　☐ 自社パンフレットの制作費用 ☐ チラシ配布費用　☐ 広告掲載料　☐ リスティング広告費用 ☐ 展示会の出展費用　☐ インフルエンサー報酬　☐ SNS 広告の出稿料 ☐ SNS 運用代行料　☐ 協賛金　☐ 広告用の動画制作費用 ☐ プレスリリース配信費用　☐ ホームページ用写真素材の購入

仕訳の基本

増加　[**広告宣伝費**]は費用のため、**増える場合は借方**に仕訳！

例）他社のサイトに自社の広告を掲載するため、10万円を支払った。

借方	広告宣伝費	100,000円	貸方	普通預金	100,000円

減少　[**広告宣伝費**]は費用のため、**減る場合は貸方**に仕訳！

例）広告掲載期間が長期に渡るため、翌期分5万円を決算時に振り替えた。

借方	前払費用	50,000円	貸方	広告宣伝費	50,000円

さまざまな仕訳例

▶ チラシの作成（作成時→期末の処理）

例 商品宣伝のためのチラシ5,000枚を作成し、作成料5万円を支払った。

| 借方 | 広告宣伝費 | 50,000円 | 貸方 | 普通預金 | 50,000円 |

販売用のチラシなど、不特定多数の人に配布するものは[**広告宣伝費**]で処理します。

例 商品宣伝のために作成したチラシのうち、2,000枚（2万円分）が決算時点で未配布だった。

| 借方 | 貯蔵品 | 20,000円 | 貸方 | 広告宣伝費 | 20,000円 |

[**広告宣伝費**]で計上したチラシが期末に残った場合は、未配布分を資産である[**貯蔵品**]（→P.188）に振り替えます。カタログなども同様です。つまり、決算前に大量にチラシやカタログを作成して、その費用を計上することによる利益調整はNGということです。ただし、毎年同じくらいの量を作成して配布しているケースでは、[**貯蔵品**]に振り替えず、全額経費計上することが認められます。

▶ ウェブ広告の出稿（出稿時→期末の処理）

例 ウェブサイト会社に自社宣伝のための広告費用として、10万円を支払った。

| 借方 | 広告宣伝費 | 100,000円 | 貸方 | 普通預金 | 100,000円 |

ウェブ広告についても、不特定多数の人に対するものなので[**広告宣伝費**]で処理します。

例 上記のウェブ広告費用のうち、未使用の枠が決算時点で3万円残っていた。

| 借方 | 前払費用 | 30,000円 | 貸方 | 広告宣伝費 | 30,000円 |

一般的にウェブ広告は、一定金額を預け入れるプリペイド方式が採られます。そのため、期末時点で未使用分がある場合や一括で支払った中に翌期分が含まれている場合には、期間按分して資産に振り替えます。ただし、ウェブ広告には形があるわ

けではないので［貯蔵品］ではなく、［前払費用］（→P.196）に振り替えます。自ら未使用の金額を確認する必要があるので注意しましょう。

 広告と公告の違いを知る

　会社が自社の宣伝を行うのは「広告」です。一方、会社が法律に基づき、決算書などを官報などに掲載することを「公告」といいます。**公告は法律で求められたものなので、そのための費用は［広告宣伝費］ではなく、［支払手数料］（→P.102）で処理します**。公告は広告に比べて頻度が高いわけではありませんが、意味の違いを正しく認識しておきましょう。

▶ 展示会への出展

例 展示会への出展のために、小間料30万円を支払った。展示会の開催は3ヵ月後である。

借方	前払金	300,000円	貸方	普通預金	300,000円

摘要：202X年Y月Z日開催予定

展示会に出展するための費用は、一般的に前払いするものです。支払った時点で［前払金］（→P.192）として処理し、展示会が開催されたときに［宣伝広告費］として費用に振り替えます。振り替えを忘れないように、摘要に開催予定日も入れておくとよいでしょう。

例 上記の展示会が開催されたため、［広告宣伝費］へ振り替えた。

借方	広告宣伝費	300,000円	貸方	前払金	300,000円

展示会が開催されたら、忘れずに［広告宣伝費］に振り替えます。

▶ プリペイドカードの配布

例 総額5万円分のプリペイドカードを現金で購入し、展示会の来場者に配布した。

| 借方 | 広告宣伝費 | 50,000円 | 貸方 | 現金 | 50,000円 |

プリペイドカードの配布にかかる費用も[**広告宣伝費**]です。ただし、例外的にプリペイドカードの購入費用を計上するときは、消費税が非課税となる点に注意しましょう。プリペイドカードは実際に使用したときに消費税の課税が発生するため、配布時点では、消費税の課税対象とならないのです。

▶ ホームページの制作

例 自社のホームページを制作するため、制作会社に100万円を支払った。そのうち、70万円は自社サービスについて、ホームページ上から予約できるシステムを組み込むための費用である。

| 借方 | 広告宣伝費 | 300,000円 | 貸方 | 普通預金 | 1,000,000円 |
| | ソフトウェア | 700,000円 | | | |

ホームページの制作費の中に、商品・サービスの予約や販売のためのシステムを組み込む費用が含まれている場合は、そのシステムに対応する分を[**ソフトウェア**]で計上します。

ここに注意！ ホームページの制作費用は何をつくるかで変わる

自社のホームページ制作も[**広告宣伝費**]で計上します。ただし、ホームページとあわせて自社の商品を購入できるカートシステムなどを導入した場合、カートシステム導入にかかる費用は[**広告宣伝費**]ではなく、**固定資産の一種である**[**ソフトウェア**](→P.240)**で処理することになっています**。

▶ 広告宣伝のための動画制作

例 自社のサービスを宣伝するための動画制作費として、制作会社に30万円を支払った。

| 借方 | 広告宣伝費 | 300,000円 | 貸方 | 普通預金 | 300,000円 |

広告宣伝のための動画の制作費は外注先への支払いであっても、不特定多数の人への広告ということで、[**外注費**]ではなく[**広告宣伝費**]で計上します。

第 2 章 | P/L | 販売管理費

交際費

- 消費税　課税　非課税　対象外
- 対象　法人　個人

💡 接待費の支払い時や贈答品の購入時に使用する

社外の人を接待したときの飲食費やゴルフプレー料金、取引先に贈るお中元やお歳暮、その他の贈答品を購入したときに使用するのが［交際費］です。**また、社内の飲食費のうち、［会議費］(→P.76) や［福利厚生費］(→P.56) に該当しない飲み会代の費用も［交際費］で処理します。**会計ソフトによっては［接待交際費］といった勘定科目の場合もありますが、同じ意味です。いったん自社負担で支払った［交際費］のうち、相手方負担分を後日支払ってもらったときは［交際費］をマイナスします。

摘要例
- □ 取引先への接待費　□ 取引先訪問時の手土産代　□ ゴルフプレー料金
- □ 取引先へのお祝い金　□ 取引先への香典　□ お中元　□ お歳暮　□ ゴルフ場利用税　□ 取引先への贈答品　□ 控除対象外消費税のうち交際費対応分

仕訳の基本

増加　［交際費］は費用のため、**増える場合は借方**に仕訳！

例）取引先への接待の会食費として、5万円を［現金］で支払った。

借方	交際費	50,000円	貸方	現金	50,000円

減少　［交際費］は費用のため、**減る場合は貸方**に仕訳！

例）取引先との会食費のうち、相手方分2万5,000円を後日［現金］で受けとった。

借方	現金	25,000円	貸方	交際費	25,000円

さまざまな仕訳例

▶ **取引先への贈答品（商品券）の購入**

例 取引先への贈答のために商品券を5万円分購入し、[現金]で支払った。

| 借方 | 交際費 | 50,000円 | 貸方 | 現金 | 50,000円 |

商品券を贈った場合、消費税の対象外となります。仕事を紹介してもらった対価として商品券を渡す場合は、[販売促進費]（→P.86）として処理することができます。

▶ **ゴルフプレー料金の支払い**

例 取引先とのゴルフコンペに参加して、参加費2万円を[現金]で支払った。その中に、ゴルフ場利用税や緑化協力金として1,500円が含まれている。

| 借方 | 交際費（課税） | 18,500円 | 貸方 | 現金 | 20,000円 |
| | 交際費（非課税） | 1,500円 | | | |

取引先とのゴルフプレー料金は[交際費]で処理します。また、ゴルフ場利用税や緑化協力金も[交際費]で処理しますが、消費税の対象外となります。

●法人税では、交際費に上限規制が設けられている

　法人税の計算では、[交際費]について、損金算入の限度額が設けられています（→下表）。なお、法人税上は損金に入れられませんが、消費税上は対象にできます。例えば、資本金1億円以下の会社で[交際費]が年1,000万円の場合、法人税の計算上は[交際費]のうち200万円を除く必要がありますが、消費税の計算では[交際費]は1,000万円として計上できます。つまり、法人税の申告書の作成時に除けばよいのであって、決算書上で[交際費]の上限があるわけではないのです。

資本金の額	損金算入できる限度額
1億円以下	●[交際費]のうち飲食費部分の50%まで ●800万円 　のいずれか大きい額まで
1億円超100億円以下	[交際費]のうち飲食費部分の50%まで
100億円超	[交際費]は全額損金計上できない

第2章 | P/L | 販売管理費

会議費

損益計算書（P/L）

費用	売上原価	収益	売上高
	販売管理費		営業外収益
	営業外費用		特別利益
	特別損失		
	税金等		

借方 ← 増えたら　減ったら → 貸方

- 消費税　課税　非課税　対象外
- 対象　法人　個人

社内外の会議や打ち合わせのための費用を計上する

　社内外の会議や打ち合わせのために使った費用を計上するのが[**会議費**]です。[**会議費**]には会議時の食事代や、会議室をレンタルした場合の利用料など、会議にかかった費用全般が含まれます。異業種交流会の参加費なども、複数の事業者との打ち合わせと考えて[**会議費**]で処理します。一方、同じ社内イベントでも、研修を行った際は[**採用教育費**]（→P.62）の勘定科目で処理します。

摘要例
- ☐ 会議時の弁当代　☐ 会議時の食事代　☐ 打ち合わせ時の弁当代
- ☐ 打ち合わせ時の食事代　☐ 貸会議室の利用料　☐ 異業種交流会の参加費
- ☐ 打ち合わせのためのカフェ利用代　☐ 会議用資料の印刷代

仕訳の基本

増加　[**会議費**]は費用のため、**増える場合は借方**に仕訳！

例　取引先との打ち合わせのために、弁当7,800円分を手配した。

借方	会議費	7,800円	貸方	普通預金	7,800円

減少　[**会議費**]は費用のため、**減る場合は貸方**に仕訳！

例　打ち合わせの食事代のうち、取引先分3,000円を後日[**現金**]で受けとった。

借方	現金	3,000円	貸方	会議費	3,000円

さまざまな仕訳例

▶ 商談までの空き時間で飲んだコーヒー代

例 次の商談まで時間があったため、近くの喫茶店でコーヒーを飲んで500円支払った。

| 借方 | 会議費 | 500円 | 貸方 | 現金 | 500円 |

この場合のコーヒー代は会議そのものの費用ではありませんが、打ち合わせのための費用として[**会議費**]で計上できます。ただし、そこで1人で食事までする場合は、生活費の補助として給与課税の対象となるので注意しましょう。

社内独自の規則があれば、それに従う

上記のように会議の合間に利用した喫茶店の費用は[**会議費**]で計上できますが、**社内の規則などで認められていない場合には経費精算できません**。あくまでも会社の規則が優先です。

▶ 取引先から[会議費]の支払いを受けた場合

例 打ち合わせ時の食事代のうち、取引先分5,000円を後日[**現金**]で受けとった。

| 借方 | 現金 | 5,000円 | 貸方 | 会議費 | 5,000円 |

いったん自社負担で支払った[**会議費**]のうち、相手方負担分を後日支払ってもらったときは[**会議費**]をマイナスさせます。

▶ [会議費]か[交際費]かの判断

例 取引先の接待のために1名と食事を行い、1万2,000円を支払った。

| 借方 | 会議費 | 12,000円 | 貸方 | 現金 | 12,000円 |

1名あたり1万円以下の食事代については法人税の計算上、[**会議費**]で処理してよいことになっています。なお、[**交際費**]については、法人税の計算において損金(費用)に計上できる金額に上限が設けられているため(→P.75)、可能なかぎりは[**会**

議費]で計上したほうがよいでしょう。

> **プラスの知識　会議費と交際費の違い**
>
> 　[会議費]は社内外の会議のための費用の計上に、[交際費]は社外への接待や贈答、福利厚生費に該当しない社内の飲み会などの費用の計上に使用します。目的に応じて使い分けるというのが本来の姿です。
>
> 　ただし、法人税の計算にあたって、1名あたり1万円以下の取引先との食事代については、[交際費]に該当しないという規定が設けられています。**そのため、多くの中小企業は社外の接待費用について、法人税の規定に合わせて[会議費]と[交際費]を使い分けています。**
>
> 　大企業では、別途3,000円などの基準を設けて[会議費]と[交際費]を区分することもありますが、小規模な企業では法人税の規定に合わせて[会議費]か[交際費]かを区分すればよいでしょう。

▶ オンラインミーティングツールの利用料

例　オンラインミーティングツールの年間利用料として、2万円を支払った。

借方	会議費	20,000円	貸方	普通預金	20,000円

オンラインミーティングツールの利用料については、他者とオンラインでやりとりをするためのコストということで[通信費]（→P.84）で計上するケースや、会議するためのコストということで[会議費]で計上するケースがあります。どちらの方法でも問題ありませんが、社内で統一の計上方法を決めておきましょう。

▶ 会議室の賃借料

例　商談のために貸会議室を利用して、2,000円を支払った。

借方	会議費	2,000円	貸方	現金	2,000円

会議や商談のための貸会議室の利用料については[会議費]で計上するか、[賃借料]（→P.110）で計上する方法があります。オンラインミーティングツールの利用料と同じく、社内で統一の計上方法を決めておけば問題ありません。

[会議費]か、ほかの勘定科目かルールを決めておく

本書で紹介した仕訳例にかぎらず、[会議費]としての性質をもちつつ、ほかの勘定科目にも該当する支払いについては、社内でルールを決めて統一し、そのルールに従って計上していれば問題ありません。あるときは[賃借料]、またあるときは[会議費]などといったように、計上ルールがぶれるようなことがないようにすることが重要です。

▶ 社員研修の昼食代

例 社員研修の参加者の昼食代として、2万円を支払った。

| 借方 | 採用教育費 | 20,000円 | 貸方 | 現金 | 20,000円 |

研修時の昼食代や会場費は[会議費]ではなく、[採用教育費](→P.62)で計上します。[会議費]は社内外の人との会議や商談のためにかかる費用であり、支払いの目的がこれらに該当しない場合は、ほかの適切な科目で処理します。

▶ 異業種交流会の参加費

例 異業種交流会に参加して、3,000円を支払った。

| 借方 | 会議費 | 3,000円 | 貸方 | 現金 | 3,000円 |

異業種交流会など、ビジネスのために参加したイベントについては、[会議費]で計上します。また、自社商品の広告宣伝のために参加したということで、[広告宣伝費]で計上する考え方もあります。自社で統一の処理方法を定めておけばよいでしょう。

▶ 会議のための備品購入

例 会議室に置くための文具3,000円分を購入した。

| 借方 | 消耗品費 | 3,000円 | 貸方 | 現金 | 3,000円 |

[会議費]は会議そのものにかかった費用を計上します。会議用の備品などを購入した場合は、[消耗品費](→P.88)で計上します。

第2章 | P/L | 販売管理費

旅費交通費

- 消費税　課税　非課税　対象外
- 対象　法人　個人

業務のための交通費を支払ったときに使用する

出張のための交通費やホテルなどの滞在費、旅費や通勤費として支給される手当、業務中の移動費用といった業務のための交通費を処理するのが[**旅費交通費**]です。**移動費用にはバスや電車、タクシーなどの外部に支払う費用のほか、社用車を使って移動したときの高速道路の利用料やガソリン代なども含まれます。**従業員の定期代3ヵ月分など、期間で購入していたものを退職などの理由で中途解約して解約金を受けとった場合は[**旅費交通費**]をマイナスします。

摘要例	☐ホテル宿泊費　☐新幹線代　☐タクシー代　☐海外渡航費　☐飛行機代 ☐ガソリン代　☐鉄道運賃　☐通勤手当　☐旅費日当　☐転勤費用

仕訳の基本

増加　[旅費交通費]は費用のため、**増える場合は借方**に仕訳！

例 従業員の定期代1万5,000円を[現金]で精算した。

| 借方　旅費交通費 | 15,000円 | 貸方　現金 | 15,000円 |

減少　[旅費交通費]は費用のため、**減る場合は貸方**に仕訳！

例 従業員の退職に伴い、定期券の中途解約金5,000円を[現金]で受けとった。

| 借方　現金 | 5,000円 | 貸方　旅費交通費 | 5,000円 |

さまざまな仕訳例

▶ ICカードへのチャージ

例 業務中の交通費として使うために、ICカードに1万円をチャージした。

| 借方 | 旅費交通費 | 10,000円 | 貸方 | 現金 | 10,000円 |

交通系のICカードへのチャージについては、ほかの用途で利用をしないという条件のもと、チャージしたときに[**旅費交通費**]に計上できます。本来は利用したときに費用計上すべきものですが、少額であることと交通費は恒常的に使用するため、チャージのタイミングで計上できるのです。少額の備品を購入しても、いちいち[**貯蔵品**]として資産計上しないのと同じイメージです。

▶ 出張日当の支給

例 出張を行った従業員に対して社内規程に基づき、5,000円の出張日当を支払った。

| 借方 | 旅費交通費 | 5,000円 | 貸方 | 現金 | 5,000円 |

会社の役員や従業員に対して、社内で定めた規程に基づいて支払う出張日当は費用計上できます。出張日当とは、出張することでかかる準備費用や現地での食事代など、諸々の費用を会社で負担するために、役員や従業員に固定で支払うお金です。出張日当については国内出張であれば消費税課税、海外出張であれば消費税対象外という点に気をつけましょう。

> **プラスの知識　出張日当は個人事業主には該当しない**
>
> 出張日当は会社から、役員や従業員に対して支給するものです。個人事業主については、出張日当を支給して費用に計上することはできません。**個人事業主が出張する場合に諸々の費用がかかったとしても、その費用は自分で支払うものであり、そのまま実額を費用計上すれば済むためです。**

▶ 通勤手当の支給

例 従業員に対して、給与30万円と通勤手当として実費相当額2万円を支払った。

借方	給与手当	300,000円	貸方	普通預金	320,000円
	旅費交通費	20,000円			

通勤手当を支払った場合は［給与手当］に含めず、［旅費交通費］で処理します。また、通勤定期代や往復交通費、マイカー通勤の人のガソリン代など実費相当額のうち、一定限度額については所得税が非課税となります（→下記参照）。ただし、消費税は課税対象となります。ややこしいので注意しましょう。

●マイカー通勤者には所得税の非課税限度額が定められている

マイカー通勤者については、ガソリン代や自動車の損耗費などをもとに通勤手当の額を計算します。ただし、所得税上では、自宅からの距離に応じて下記の表のように限度額が定められています。

実務的にガソリン代や車両の損耗費を計算することは困難なので、この表の非課税限度額をそのままマイカー通勤者の通勤手当にしているケースもよくあります。

なお、電車やバスなどの公共交通機関を利用している場合、所得税の非課税限度額は15万円となっています。この金額を超えると［給与手当］と同じく、所得税を課税する必要があります。

片道の通勤距離	1ヵ月あたりの限度額
2キロメートル未満	（全額課税）
2キロメートル以上10キロメートル未満	4,200円
10キロメートル以上15キロメートル未満	7,100円
15キロメートル以上25キロメートル未満	12,900円
25キロメートル以上35キロメートル未満	18,700円
35キロメートル以上45キロメートル未満	24,400円
45キロメートル以上55キロメートル未満	28,000円
55キロメートル以上	31,600円

▶ 従業員以外への交通費の支払い

例 仕事の一部を外注業者に依頼して、交通費5,000円を含む外注費10万円を支払った。

| 借方 | 外注費 | 100,000円 | 貸方 | 普通預金 | 100,000円 |

[旅費交通費]は自社の役員や従業員、個人事業主の旅費や交通費に対して使用します。外注業者の交通費を負担した場合、それは[外注費]の一部と捉えて、まとめて[外注費]で処理すれば問題ありません。

▶ 海外渡航費の支払い（事前購入時→渡航時）

例 海外出張のため、航空機のチケット代として20万円を支払った。出張は1ヵ月後である。

| 借方 | 前払金 | 200,000円 | 貸方 | 普通預金 | 200,000円 |

海外出張のために航空機のチケットを購入する場合で、実際の出発が先になるケースでは、ひとまずチケットの購入時点では[前払金]（→P.192）で計上します。

例 1ヵ月後、海外渡航日となり、事前に購入していたチケットで航空機を利用した。

| 借方 | 旅費交通費 | 200,000円 | 貸方 | 前払金 | 200,000円 |

実際に出張に出発したときに、[前払金]から[旅費交通費]に振り替えます。このときに注意しなければいけないのが消費税の扱いです。海外渡航費について、出発場所または到着場所のいずれかが国外の場合には、消費税の課税対象にはなりません。そのため、海外出張の旅費は消費税の課税対象にしないように注意しましょう。また、出張中に国外で支払ったタクシー代や鉄道代も費用計上が可能ですが、この場合も国外での支払いなので消費税は課税対象外となります。

第 2 章 | P/L | 販売管理費

通信費

- 消費税　課税　非課税　対象外
- 対　象　法人　個人

💡 社内外との通信や連絡のための費用に使う

　通話料金やインターネット料金、郵便料金といった社内外の連絡や情報伝達のためにかかる費用を支払ったときに使用する勘定科目が［通信費］です。いままではテレワークの浸透によって、チャットツールやコミュニケーションツール、オンラインミーティングツールの利用も増加しました。そのような比較的新しい通信手段にかかる利用料も、［通信費］で処理します。また、期末に残った切手やレターパックなどは［貯蔵品］（→P.188）に振り替えますが、不足分をその都度購入しているケースでは、［貯蔵品］に振り替える必要はありません。

| 摘要例 | ☐ 電話料金　☐ サーバー利用料　☐ Wi-Fi 利用料　☐ チャットツール利用料
☐ オンラインミーティングツール利用料　☐ FAX 利用料　☐ 後納郵便料金
☐ 切手代 |

仕訳の基本

 増加　［通信費］は費用のため、**増える場合は借方**に仕訳！

　例　仕事用の携帯電話料金1万円が、銀行口座から引き落とされた。

| 借方 | 通信費 | 10,000円 | 貸方 | 普通預金 | 10,000円 |

 減少　［通信費］は費用のため、**減る場合は貸方**に仕訳！

　例　期末に残っていた切手2,000円分を［貯蔵品］に振り替えた。

| 借方 | 貯蔵品 | 2,000円 | 貸方 | 通信費 | 2,000円 |

さまざまな仕訳例

▶ オンラインミーティングツールの利用

例 オンラインミーティングツール利用料として、1年分2万円を一括払いした。

| 借方 | 通信費 | 20,000円 | 貸方 | 普通預金 | 20,000円 |

オンラインミーティングツールやコミュニケーションツールの利用料は、1ヵ月払いや1年分一括前払いが選択できます。1年分の一括前払いについては、本来は当期分の[通信費]と来期分の[前払費用]（→P.196）で分けて計上すべきですが、期間按分せずに全額を[通信費]で費用計上して問題ありません。

▶ スマートフォンの本体代の割賦払い

例 15万円のスマートフォンを仕事用に購入した。支払いは毎月の電話料金とともに、2年間の割賦払い（分割払い）で支払うことになった。

| 借方 | 工具器具備品 | 150,000円 | 貸方 | 長期未払金 | 150,000円 |

スマートフォンや携帯電話の本体料金が10万円を超える場合は固定資産の[工具器具備品]（→P.228）、10万円未満であれば[消耗品費]（→P.88）で計上します。とくに漏れがちなのが本体料金を割賦購入して、毎月の電話料金といっしょに支払う場合です。この場合、電話料金そのものは[通信費]、本体の割賦払い分は[未払金]で処理します。なお、割賦払いの期間が決算日から1年超の場合は[長期未払金]（→P.262）で処理します。

例 電話料金2万円が銀行口座から引き落とされた。このうち、6,250円はスマートフォンの割賦払い分である。

| 借方 | 通信費 | 13,750円 | 貸方 | 普通預金 | 20,000円 |
| | 長期未払金 | 6,250円 | | | |

電話代の支払いが発生したとき、本体料金の割賦払い分は[通信費]ではなく、[長期未払金]のマイナスで処理します。

第 2 章 | P/L | 販売管理費

販売促進費

- 消費税　課税　非課税　対象外
- 対象　法人　個人

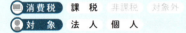

💡 特定の相手に商品などの購入を促すための費用

［販売促進費］は特定の相手に対し、商品やサービスの購入をしてもらうために支払うコストです。［広告宣伝費］（→P.70）が不特定多数の人に対して行うのに対し、［販売促進費］はターゲットを絞って支出した費用を計上します。

通信販売などで試供品が多い事業者の場合は、［見本品費］という勘定科目を独立して使うこともあります。ただし、［販売促進費］に含めている事業者が多いです。自社のルールを決め、以後それに統一しましょう。

摘要例
- ☐ 紹介手数料　☐ 販売奨励金　☐ 見本品の配布　☐ 商品サンプルの配布
- ☐ 代理店インセンティブの支払い　☐ ノベルティの購入

仕訳の基本

増加　［販売促進費］は費用のため、**増える場合は借方**に仕訳！

例　展示場の来場者に対して特典を渡すために1個120円の品物を200個購入し、合計2万4,000円を［現金］で支払った。

借方	販売促進費	24,000円	貸方	現金	24,000円

減少　［販売促進費］は費用のため、**減る場合は貸方**に仕訳！

例　販売したときの顧客へのキャッシュバック1,000円分を、［売上高］のマイナスに振り替えた。

借方	売上高	1,000円	貸方	販売促進費	1,000円

さまざまな仕訳例

▶ 顧客の紹介手数料

例) 顧客を紹介してくれた人に対し、紹介手数料として5万円を支払った。

借方	販売促進費	50,000円	貸方	普通預金	50,000円

[**販売促進費**]は顧客自身に対するもののほかに、紹介者などへの手数料の支払いも含まれます。商品券を渡した場合、消費税は非課税となります。

▶ サンプルの配布

例) 顧客に新商品のサンプルとして、仕入値で3万円分の商品を無償で渡した。

借方	販売促進費	30,000円	貸方	仕入高	30,000円

いったん[**仕入高**](→P.32)に計上したものを無償で配布した場合は、[**仕入高**]から[**販売促進費**]に振り替えます。

▶ サンプルの提供([他勘定振替高]を使うケース)

例) 顧客に新商品のサンプルとして、仕入値で3万円分の商品を無償で渡した。

借方	販売促進費	30,000円	貸方	他勘定振替高	30,000円

[**仕入高**]のうち、いくらを別科目に振り替えたかわかりやすくするために、[**仕入高**]を直接マイナスするのではなく、[**他勘定振替高**]という別の勘定科目を使うことがあります。

▶ 見込み客の接待

例) 見込み客との商談をまとめるために食事会を行い、2万円を支払った。

借方	交際費	20,000円	貸方	現金	20,000円

自社の売上を上げるための支払いであっても、それが接待に該当する場合は[**販売促進費**]ではなく、[**交際費**](→P.74)で処理しなければなりません。

第2章 | P/L | 販売管理費

消耗品費
（備品・消耗品費）

- 消費税　課税　非課税　対象外
- 対象　法人　個人

💡 備品やその他の消耗品を購入した場合に使う

　事業で使用する消耗品の購入費用を全般的に計上するのが［消耗品費］です。［備品・消耗品費］という勘定科目を使っている会計ソフトもありますが、同じ意味です。［消耗品費］として計上したもののうち、期末の未使用分は［貯蔵品］（→P.188）に振り替えます。ただし、不足するたびに購入しているものについては、［貯蔵品］に振り替える必要はありません。

摘要例	☐ 事務所用イスの購入　☐ 清掃用品の購入　☐ 調理器具の購入
	☐ 消毒液の購入　☐ 写真素材の購入　☐ 画像加工ソフトの購入
	☐ 事務所用デスクの購入　☐ 備品の購入　☐ 名刺の購入

仕訳の基本

 増加　［消耗品費］は費用のため、**増える場合は借方**に仕訳！

例 事務所用のデスクを2万円で購入し、［現金］で支払った。

借方	消耗品費	20,000円	貸方	現金	20,000円

 減少　［消耗品費］は費用のため、**減る場合は貸方**に仕訳！

例 購入した消毒液のうち、期末の未使用分（1万円分）を［貯蔵品］に振り替えた。

借方	貯蔵品	10,000円	貸方	消耗品費	10,000円

さまざまな仕訳例

▶ 長期で使う備品の購入

例 仕事で使うためのスキャナーを6万円で購入した。

| 借方 | 消耗品費 | 60,000円 | 貸方 | 普通預金 | 60,000円 |

長期的に使う予定の備品で、金額が10万円を超える場合は固定資産の[**工具器具備品**]（→P.228）として計上します。このケースのように10万円未満の場合は、[**消耗品費**]として一括で費用計上できます。

▶ 複数の備品の購入

例 仕事で使うためのデスク12万円と、別売りのイス3万円を購入した。

| 借方 | 工具器具備品 | 120,000円 | 貸方 | 普通預金 | 150,000円 |
| | 消耗品費 | 30,000円 | | | |

デスクもイスも長期で使うものですが、別売りのイスは10万円未満なので[**消耗品費**]として一括で費用計上できます。一方、デスクは10万円を超えるので、固定資産として[**工具器具備品**]で計上します。例えば、応接セットなどデスクとイスのワンセットでの使用を前提に販売されているものについては、そのセット全体の金額で[**消耗品費**]か[**工具器具備品**]かを判断します。

▶ ポイントを使用した備品の購入

例 業務用に13万円のパソコンを購入した。このとき、家電量販店で発行されたポイント4万円分を使用して、実際の支払い額は9万円だった。

| 借方 | 消耗品費 | 90,000円 | 貸方 | 普通預金 | 90,000円 |

家電量販店などのポイントを使用して備品を購入した場合、ポイント使用後の支払い額で固定資産に該当するかどうかを判断します。ちなみに法人の消耗品や備品の購入でたまったポイントを、個人の買いものに利用することは問題ありません。ただし社内規程などで、業務用の支払いでためたポイントの利用に関するルールが定められている場合は、それに従う必要があります。

第2章 | P/L | 販売管理費

事務用品費
(事務用消耗品費)

- 消費税　課税　非課税　対象外
- 対象　法人　個人

社内事務作業に使用するものを購入したときに使う

　文房具やコピー用紙など、社内事務を行うための用品を購入したときに使用するのが[事務用品費]です。会計ソフトによっては、[事務用消耗品費]という名称になっていることもあります。[事務用品費]として計上したもののうち、期末の未使用分は[貯蔵品](→P.188)に振り替えます。ただし、不足するたびに、その都度購入しているものは[貯蔵品]に振り替える必要はありません。経理実務では、[貯蔵品]に振り替えることはほとんどありません。

摘要例	□文房具の購入　□コピー用紙の購入　□電卓の購入　□トナーの購入 □インクカートリッジの購入　□ファイルの購入　□筆記具の購入

仕訳の基本

 [事務用品費]は費用のため、**増える場合は借方**に仕訳！

例 事務所で使用する文房具を3,000円分購入した。

| 借方 | 事務用品費 | 3,000円 | 貸方 | 普通預金 | 3,000円 |

減少 [事務用品費]は費用のため、**減る場合は貸方**に仕訳！

例 購入したコピー用紙のうち、期末の未使用分(1万円分)を[貯蔵品]に振り替えた。

| 借方 | 貯蔵品 | 10,000円 | 貸方 | 事務用品費 | 10,000円 |

さまざまな仕訳例

▶ 通販サイトからの事務用品の購入

例 通販サイトでオフィス用の文房具3,000円分と、従業員のための飲料2,000円分を購入した。

借方	事務用品費	3,000円	貸方	普通預金	5,000円
	福利厚生費	2,000円			

事務用品は店頭ではなく、通販サイトからまとめて購入することもあります。このとき、別のものもあわせて購入した場合は、購入内容に応じて勘定科目を分けて仕訳します。とくに軽減税率（→P.212）の対象となるものとならないものを同時に購入した場合は、税区分をしっかりと分ける必要があります。

▶ 複合機の保守料金の支払い

例 毎月の複合機の保守料金5,000円と、カウンター料金3,000円を支払った。

借方	事務用品費	3,000円	貸方	普通預金	8,000円
	修繕費	5,000円			

コピーやプリントの枚数で請求されるカウンター料金も、[**事務用品費**]で計上します。また、複合機の保守契約をしている場合、保守料金は[**修繕費**]（→P.92）でカウンター料金とは分けて処理しても問題ありません。

プラスの知識　[事務用品費]は[消耗品費]に含めることもある

[**事務用品費**]は事務作業に必要な文房具などを購入するための費用を計上するものです。**ただし、実際の[事務用品費]は少額になることが多いため、[事務用品費]ではなく[消耗品費]（→P.88）にまとめることもあります。**[**事務用品費**]を使用するか[**消耗品費**]に含めるかは、自社の経理方針に沿って決めれば問題ありません。

例えば、本社の管理部門の事務用品費は[**事務用品費**]、現場の事務用品費は[**消耗品費**]というように分けているケースもあります。より細分化して経費の内容を見たいという場合は、[**事務用品費**]を使用して明確化するとよいでしょう。

第2章 | P/L | 販売管理費

修繕費

消費税　課税　非課税　対象外
対象　法人　個人

💡 固定資産の修理や修繕を行ったときに使用する

　社用車やパソコンなどの固定資産が故障したときの修理や、経年劣化による損耗を修繕するときに使用するのが[**修繕費**]です。また、固定資産として計上されていない備品（10万円未満のスマホなど）を修理した費用や、オフィスなどを退去する際の原状回復費用、複合機などの保守料金も[**修繕費**]として計上します。くわえて、ソフトウェアなどの無形固定資産のアップデートやバグ修正などにかかる費用も、[**修繕費**]の対象となります。

摘要例	☐パソコンの修理代　☐コピー機のパーツ交換代　☐車検費用 ☐オフィス退去時の原状回復費用　☐複合機の保守料金 ☐ソフトウェアのプログラム修正　☐タイヤ交換費用　☐10万円未満の改良費

仕訳の基本

 増加　[**修繕費**]は費用のため、**増える場合は借方**に仕訳！

例 会社のパソコンの修理代として、1万円を支払った。

| 借方 | 修繕費 | 10,000円 | 貸方 | 普通預金 | 10,000円 |

減少　[**修繕費**]は費用のため、**減る場合は貸方**に仕訳！

例 修理してもらったパソコンが3日後、同じように故障したため、修理費用1万円を返金してもらった。

| 借方 | 普通預金 | 10,000円 | 貸方 | 修繕費 | 10,000円 |

さまざまな仕訳例

▶ 経年劣化した資産の修理

例 オフィスのカーペットが汚れてきたため、20万円で張り替えた。

| 借方 | 修繕費 | 200,000円 | 貸方 | 普通預金 | 200,000円 |

経年劣化した資産を修理して元に戻す場合は、金額にかかわらず[修繕費]として計上することができます。

▶ 不動産の原状回復

例 社宅の解約にあたり、敷金10万円から7万円の原状回復費用を引いた差額が入金された。

| 借方 | 普通預金 | 30,000円 | 貸方 | 敷金 | 100,000円 |
| | 修繕費 | 70,000円 | | | |

不動産を退去する際には、契約時に敷金の返金がないことが記載されていないかぎり、敷金から原状回復にかかった費用を引いた差額が入金されるのが一般的です。仕訳としては、差額を[修繕費]に計上します。原状回復費用は実費なので、内訳を不動産会社に確認するようにしましょう。

▶ 商品の修繕

例 ある中古車販売事業者が、販売用の車両の修繕費として10万円を支払った。

| 借方 | 仕入高 | 100,000円 | 貸方 | 普通預金 | 100,000円 |

商品など販売用の資産を修繕した場合は、修繕料金も売上原価に含まれます。そのため、[修繕費]ではなく[仕入高](→P.32)で処理します。

●修繕費か固定資産かを判断する方法

[修繕費]とは、原状回復という言葉が示す通り、元の状態に戻すための費用に対して使われます。そのため、例えば工場の機械が壊れたので、修理のついでに

最新のモーターに変更したという場合は改良に該当します。この場合、[修繕費]ではなくその改良にかかった金額を固定資産として計上して、減価償却によって費用化していきます。こうした改良にかかる費用を資本的支出といいます。

　ただし、改良といってもそれほどコストがかからないケースや、改良と修理が混在しているケースもあります。そこで実際の経理実務では、以下の基準に沿って[修繕費]に該当するか、資本的支出として固定資産に計上するかを判断します。20万円未満であれば、一律[修繕費]として計上することができますので、とくに小規模な企業や個人事業主については、改良を伴う修繕だったとしても[修繕費]で費用計上できるケースがほとんどです。

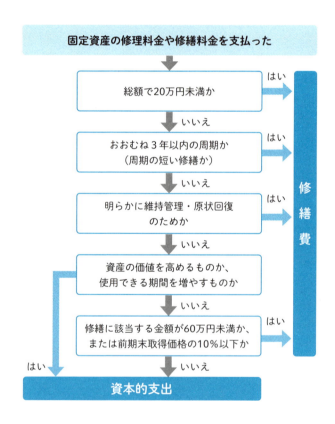

▶[修繕費]か資本的支出かの判断

例 社用車をこすってしまったため、その修理に30万円かかった。修理のついでにオプションパーツをとりつけて、あわせて100万円支払った。

借方	修繕費	300,000円	貸方	普通預金	1,000,000円
	車両運搬具	700,000円			

社用車のすり傷の修理は明らかに原状回復のための費用なので、金額にかかわらず[**修繕費**]で計上します。一方、オプションパーツのとりつけは資産の価値を高めるもので、かつ60万円以上なので固定資産（ここでは[**車両運搬具**]）となります。

▶ ソフトウェアの新機能追加（20万円未満の場合）

例 社内で使用するソフトウェアの新機能を追加するための費用として、15万円を支払った。

借方	修繕費	150,000円	貸方	普通預金	150,000円

ソフトウェアの新機能追加は資本的支出に該当しますが、20万円未満なので[**修繕費**]で費用計上できます。

▶ LEDランプへの交換

例 事務所の電気をLEDランプに交換し、工事費として30万円を支払った。

借方	修繕費	300,000円	貸方	普通預金	300,000円

LEDランプの交換は照明設備の向上ということで、資本的支出に該当するように思えますが、建物自体の価値が高まるわけではないので、[**修繕費**]で計上できます。

▶ 壁紙の張り替えや塗装のための費用

例 オフィス内の壁紙を張り替えて、30万円を支払った。張り替えた壁紙は、従来にはない消臭効果のあるものを選択した。

借方	建物	300,000円	貸方	普通預金	300,000円

壁紙の張り替えや塗装にかかった費用などで、劣化したものを直した場合は[**修繕費**]として計上します。ただし、この仕訳例のように従来よりも機能が向上したものに変更した場合は、固定資産に該当します。

第 2 章 | P/L | 販売管理費

水道光熱費

- 消費税　課税　非課税　対象外
- 対象　法人　個人

💡 水道、電気、ガスなどの料金を支払ったときに使う

［水道光熱費］はその名の通り水道料金、電気料金、ガス料金などを計上するための費用です。自ら契約して支払う場合もあれば、賃貸しているオフィスや店舗のオーナーがまとめて支払い、家賃とともに請求される場合もあります。また、**製造現場の［水道光熱費］はその性質上、製造原価で処理します**。製造現場では水道光熱費が動力としても使用されるため、**［動力水道光熱費］**などの名称で用いられます。

| 摘要例 | ☐水道料金　☐電気料金　☐ガス料金　☐灯油代
☐不動産会社への店舗光熱費　☐オフィス光熱費 |

仕訳の基本

 増加　［水道光熱費］は費用のため、**増える場合は借方**に仕訳！

例 オフィスの電気料金として、5,000円が会社のクレジットカードで決済された。

| 借方 | 水道光熱費 | 5,000円 | 貸方 | 未払金 | 5,000円 |

✓ **減少**　［水道光熱費］は費用のため、**減る場合は貸方**に仕訳！

例 すでに支払った水道光熱費のうち、3,000円を製造原価に振り替えた。

| 借方 | 動力水道光熱費 | 3,000円 | 貸方 | 水道光熱費 | 3,000円 |

さまざまな仕訳例

▶ 家賃＋水道光熱費の支払い

例 来月分のオフィスの家賃10万円と、当月の１ヵ月分のガス料金１万円をまとめて支払った。

借方	前払費用	100,000円	貸方	普通預金	110,000円
	水道光熱費	10,000円			

この仕訳例では、オフィスの家賃は翌月分、ガス料金は当月分を計上しています。[水道光熱費]は少額なので、支払いベースで計上することが実務上の主流です。オフィスのオーナーが[水道光熱費]をまとめて支払っている場合、自社の負担分を家賃に上乗せして請求されるパターンと、家賃と分けて請求されるパターンがあります。いずれの場合も[地代家賃]（→P.106）と[水道光熱費]に分けて計上します。

▶ オフィス兼自宅の水道光熱費の支払い（事業用口座の場合）

例 自宅の水道光熱費１万円分のうち、オフィス部分30％に該当する金額を[水道光熱費]に計上した。

借方	水道光熱費	3,000円	貸方	普通預金	10,000円
	事業主貸	7,000円			

オフィス兼自宅の[水道光熱費]については、自宅の事業共用割合に応じて費用に計上します。事業用口座から支払った場合、プライベート部分は個人なら[事業主貸]（→P.308）、会社なら居住している人への[未収金]（→P.204）で処理します。

▶ オフィス兼自宅の水道光熱費の支払い（私用口座の場合）

例 自宅の水道光熱費１万円分のうち、オフィス部分30％に該当する金額を[水道光熱費]に計上した。

借方	水道光熱費	3,000円	貸方	事業主借	3,000円

[水道光熱費]を私用口座から支払い、その一部を費用に計上する場合は個人なら[事業主借]（→P.308）、会社の場合は口座の持ち主への[未払金]（→P.262）で処理します。私用口座から事業の費用を支払ったので、経費精算と同じ扱いです。

第 2 章 | P/L | 販売管理費

新聞図書費

- 消費税　課税　非課税　対象外
- 対　象　法人　個人

仕事で使用する書籍や新聞を購入したときに使用する

　仕事上のノウハウや情報の収集、学習のために書籍や雑誌、業界紙を購入したり、社内で新聞の定期購読をしたりする場合は、それらの購入費を［新聞図書費］で処理します。書籍や新聞については紙媒体と電子媒体がありますが、いずれも［新聞図書費］で処理します。その他に仕事のための情報収集として、メールマガジンなどのウェブメディアの購読料を支払う場合も、［新聞図書費］で処理します。

摘要例
- ☐ 書籍購入費　☐ 雑誌購入費　☐ 情報サイト登録料　☐ 新聞購読料
- ☐ 業界紙購入費　☐ 電子版新聞購読料　☐ 電子書籍購入費　☐ 年間購読料

仕訳の基本

増加　［新聞図書費］は費用のため、**増える場合は借方**に仕訳！

例 仕事上必要な実務書を2,000円で購入し、［現金］で支払った。

借方	新聞図書費	2,000円	貸方	現金	2,000円

減少　［新聞図書費］は費用のため、**減る場合は貸方**に仕訳！

例 情報提供サイトの有料登録を中途解約したため、3,000円が返金されて銀行口座に振り込まれた。

借方	普通預金	3,000円	貸方	新聞図書費	3,000円

さまざまな仕訳例

▶ 情報サイトの年間購読登録

例 情報サイトの年間購読登録をして、1万2,000円を支払った。

| 借方 | 新聞図書費 | 12,000円 | 貸方 | 普通預金 | 12,000円 |

前払いの期間が1年以内の場合、支払い時に全額を費用計上できます。1年超の期間分を支払った場合、翌期分は[**前払費用**]（→ P.196）などで期間按分が必要です。

▶ 情報サイトの年間購読登録の中途解約

例 年間購読登録をしていた情報サイトを中途解約したため、4,500円が返金されて銀行口座に振り込まれた。

| 借方 | 普通預金 | 4,500円 | 貸方 | 新聞図書費 | 4,500円 |

1年分前払いしていた[**新聞図書費**]を中途解約して返金されれば、振り替えます。

▶ 新聞の定期購読

例 事務所に置くために、日刊新聞の月間購読料4,000円を支払った。

| 借方 | 新聞図書費 | 4,000円 | 貸方 | 現金 | 4,000円 |

なお、紙媒体で、かつ週2回以上発行される新聞は軽減税率（→P.212）の対象です。スポーツ新聞などは対象外になることもあるので、請求書などで税率を要確認です。

▶ セミナー開催のための書籍購入

例 セミナー開催にあたり、参加者に配布するためのテキストとして書籍2万円分を購入した。

| 借方 | 仕入高 | 20,000円 | 貸方 | 普通預金 | 20,000円 |

セミナーのテキストにするなど、自社利用ではなく顧客に配布する目的であれば、売上を上げるための直接的な費用として[**仕入高**]（→P.32）に計上します。

第 2 章 | P/L | 販売管理費

諸会費

- 消費税　課　税　非課税　**対象外**
- 対　象　法　人　個　人

💡 同業者団体や組合などに支払う会費に使用する

　[諸会費] は仕事上加入した同業者団体の年会費や、商店街の会費などを支払ったときに使用します。ただし、「会費」といっても、例えば、クレジットカードの年会費は [諸会費] ではなく、[支払手数料]（→P.102）で処理します。会費と名のつく支払いは多いですが、実際に [諸会費] で処理する支払いはかなり限定的です。入会した団体から退会する際に、[諸会費] で処理した会費が返金されれば、会費をマイナスします。ただし、会費は返金されないケースも多いです。

| 摘要例 | ☐商工会議所年会費　☐商店会会費　☐組合年会費　☐自治会費　☐町内会費 |
| | ☐青年会議所会費　☐同業団体会費　☐経済同友会会費　☐経団連会費 |

仕訳の基本

 増加　[諸会費] は費用のため、**増える場合は借方**に仕訳！

例 商工会議所に対し、年会費1万5,000円を [現金] で支払った。

| 借方 諸会費 | 15,000円 | 貸方 現金 | 15,000円 |

 減少　[諸会費] は費用のため、**減る場合は貸方**に仕訳！

例 途中で退会したため、年会費の一部2,000円が返金された。

| 借方 普通預金 | 2,000円 | 貸方 諸会費 | 2,000円 |

さまざまな仕訳例

▶ 会費にかかる消費税の判断

例 一般社団法人○×協会に年会費1万円を支払った。年会費の請求書には、年会費に消費税がかからない旨が明記されている。

| 借方 | 諸会費 | 10,000円 | 貸方 | 普通預金 | 10,000円 |

[諸会費]で処理するには、支払った会費そのものの見返りに何かしらのサービスが得られるかどうかといった基準があります。一般社団法人などで判断が難しいケースでは会費を受けとる側が、請求書に消費税の課税をしない旨を明記することが求められています。一般的に消費税がかからない場合、見返りとしてのサービスがあるわけではないと判断できます。例えば、月や週に1回、情報誌が送付されてくる程度であれば、会費に対価性があるとはいえません。一方、会費を支払うことで研修を受講できる、施設が利用できるといった場合には、会費そのものに対価性があると判断でき、消費税の課税対象になります。

▶ [諸会費]とほかの勘定科目の同時支払い

例 同業者団体に年会費1万円と、懇親会費8,000円を[現金]で支払った。

| 借方 | 諸会費
交際費 | 10,000円
8,000円 | 貸方 | 現金 | 18,000円 |

同業者団体の年会費は[諸会費]で、懇親会費は[交際費](→P.74)で処理します。懇親会費は懇親会時の会場費や飲食代という対価を受けているため、消費税の課税対象である[交際費]で処理するのです。

▶ クレジットカード年会費の支払い

例 法人で入会しているクレジットカードの年会費として、1万5,000円が銀行口座から引き落とされた。

| 借方 | 支払手数料 | 15,000円 | 貸方 | 普通預金 | 15,000円 |

法人で加入しているクレジットカードの年会費の支払いは、[支払手数料]で処理します。消費税の課税対象です。

第 2 章 | P/L | 販売管理費

支払手数料

- 消費税　課税　非課税　対象外
- 対象　法人　個人

💡 主に管理系の費用に関する手数料の支払い時に使用

［支払手数料］はさまざまな手数料を包括して処理する勘定科目であり、カバーする範囲が広いものです。例えば、振込手数料や融資を受けたときの信用保証料、各種のシステム利用料などが当てはまります。また、税理士や弁護士などへの顧問料も［支払手数料］で処理します。**主に管理系の費用に関する手数料が当てはまります。一方、販売代理店手数料など、販売系の費用に関する手数料は［外注費］で処理します。**融資や不動産賃貸など保証期間の途中で契約が終了する場合は、未経過分の返金が受けられ、［支払手数料］のマイナスで処理します。

摘要例	☐振込手数料　☐残高証明書発行手数料　☐信用保証料　☐不動産仲介手数料 ☐税理士顧問料　☐システム利用料　☐クレジットカード手数料 ☐行政サービス手数料

仕訳の基本

 増加　［支払手数料］は費用のため、**増える場合は借方**に仕訳！

例 振り込みの際に、振込手数料440円を支払った。

借方	支払手数料	440円	貸方	普通預金	440円

 減少　［支払手数料］は費用のため、**減る場合は貸方**に仕訳！

例 融資を一括返済して、保証料2万円の返金を受けた。

借方	普通預金	20,000円	貸方	支払手数料	20,000円

さまざまな仕訳例

▶ クレジットカードでの決済

例 売上代金10万円を、クレジットで決済した。

| 借方 | 未収金 | 100,000円 | 貸方 | 売上高 | 100,000円 |

クレジット決済した場合、その売上代金は[未収金]（→P.204）で処理します。

▶ クレジットカードの手数料の支払い

例 売上代金10万円について、クレジット会社から加盟店手数料5,000円が引かれ、9万5,000円が入金された。

| 借方 | 普通預金 | 95,000円 | 貸方 | 未収金 | 100,000円 |
| | 支払手数料 | 5,000円 | | | |

クレジットカードの加盟店手数料は[支払手数料]で処理しますが、消費税の対象外となることに注意しましょう。クレジットカード会社からの入金額をそのまま売上計上していると、[売上高]は消費税対象、手数料は消費税対象外なので、正確な消費税が計算できなくなります。一方、チャージ式の決済方法の場合、入金時に引かれる手数料は消費税の課税対象となります。

▶ 保証料の支払い

例 期首に融資を受けて5万円の保証料を支払った。返済期間は5年間である。

借方	支払手数料	10,000円	貸方	普通預金	50,000円
	前払費用	10,000円			
	長期前払費用	30,000円			

融資や不動産賃貸の保証料は[支払手数料]で処理します。保証料には消費税が課税されないので注意しましょう。保証期間が1年を超える場合、決算日から1年以内分は[前払費用]（→P.196）、決算日から1年を超える期間に対応する分は[長期前払費用]で処理します。この仕訳例でいえば、当期分を[支払手数料]、翌期分を[前払費用]、翌々期以降の3年分を[長期前払費用]で計上しています。ただし、融資の保証料については、営業外費用で計上する考え方もあります。

第 2 章 | P/L | 販売管理費

車両費

損益計算書（P/L）

費用	売上原価	収益	売上高
	販売管理費		
	営業外費用		営業外収益
	特別損失		特別利益
	税金等		

- 消費税　課税　非課税　対象外
- 対象　法人　個人

借方 ← 増えたら　減ったら → 貸方

事業用車の使用や維持にかかる費用を計上する

　配送業など、自動車を仕事のメインとして使う事業者が主に用いる勘定科目が［**車両費**］です。ガソリン代や軽油税など車両の運行にかかる費用や、車検代など車両の維持にかかる費用を計上します。自動車が仕事のメインではない事業、例えば社用車を1台保有しているだけといったケースでは、［**車両費**］は使用せずに［**旅費交通費**］（→P.80）などを使用することもあります。事業とプライベートで兼用している自動車の場合、とくに維持費についてはプライベートに使用した割合に応じて費用から除く仕訳が必要です。

摘要例	□ ガソリン代　□ 車検費用　□ 車両修理代　□ 軽油税　□ タイヤ交換費用
	□ 車両充電代　□ 車両メンテナンス代

仕訳の基本

 増加　［**車両費**］は費用のため、**増える場合は借方**に仕訳！

例　配送用トラックのバッテリー交換のために、5万円を支払った。

借方	車両費	50,000円	貸方	普通預金	50,000円

減少　［**車両費**］は費用のため、**減る場合は貸方**に仕訳！

例　車のガソリン代のうち、プライベート使用分2,000円を［**事業主貸**］に振り替えた。

借方	事業主貸	2,000円	貸方	車両費	2,000円

さまざまな仕訳例

▶ 車検料金などの支払い

例 車検の費用10万円とあわせて、自賠責保険料2万円、重量税3万円をディーラーに支払った。

借方			貸方		
	車両費	100,000円		普通預金	150,000円
	保険料	20,000円			
	租税公課	30,000円			

車検を受けたとき、車検費用そのものは[車両費]、自賠責保険料は[保険料]（→P.112）、自動車税は[租税公課]（→P.114）でそれぞれ処理します。

▶ 軽油の給油料金の支払い

例 業務用トラックに軽油1万円分を給油し、[現金]で支払った。そのうち、軽油税が3,000円含まれている。

借方			貸方		
	車両費（課税）	7,000円		現金	10,000円
	車両費（非課税）	3,000円			

軽油税は給油した者自身が納税者になる税金で、消費税が課税されません。そのため、軽油税部分は消費税の対象外、それ以外の部分は消費税の課税対象として、分けて計上する必要があります。なお、この仕訳方法の場合、軽油税部分だけ消費税の課税区分を変更する必要があり、消費税の課税処理を誤るおそれがあるため、軽油税部分は[租税公課]で処理する方法でもOKです。

▶ タイヤの交換

例 社用車のタイヤ交換費用として、13万円を支払った。

借方			貸方		
	車両費	130,000円		普通預金	130,000円

タイヤの交換については、10万円を超える場合でも固定資産ではなく、[車両費]か[修繕費]（→P.92）といった勘定科目で計上します。使用して損耗したタイヤをとり換えただけだからです。

第 2 章 | P/L | 販売管理費

地代家賃

損益計算書（P/L）

費用	売上原価	収益	売上高
	販売管理費		
	営業外費用		営業外収益
	特別損失		特別利益
	税金等		

借方 ← 増えたら　減ったら → 貸方

● 消費税　課税　非課税　**対象外**
● 対象　法人　個人

 事務所などの賃料や駐車場代の支払い時に使用する

　事業のために建物や土地を賃借した際に使用するのが［地代家賃］です。地代とは駐車場などの土地を借りたときの土地代で、家賃とは店舗やオフィスを借りたときの賃料です。とくに家賃については賃料本体のほか、共益費・管理費といった費用もまとめて［地代家賃］で処理します。オフィス賃料などは［賃借料］（→P.110）の一種ですが、事務所や店舗の家賃がいくらかということは決算書上の重要情報なので、［賃借料］では処理せず、［地代家賃］を使用します。

摘要例
- □ 事務所家賃　□ 店舗家賃　□ 社宅家賃　□ 月極駐車場代
- □ トランクルーム賃料　□ 更新料　□ 敷金の償却　□ 倉庫家賃
- □ シェアオフィス専有スペース料金　□ 礼金

仕訳の基本

増加　［地代家賃］は費用のため、**増える場合は借方**に仕訳！

例 当月分のオフィス家賃として、10万円が銀行口座から引き落とされた。

借方	地代家賃	100,000円	貸方	普通預金	100,000円

減少　［地代家賃］は費用のため、**減る場合は貸方**に仕訳！

例 オフィス賃貸契約の解約時に、支払った家賃のうち3万円が返金された。

借方	普通預金	30,000円	貸方	地代家賃	30,000円

さまざまな仕訳例

▶ 家賃の支払い（支払い時→翌月の振り替え）

例 翌月分の家賃として、20万円を支払った。

| 借方 | 前払費用 | 200,000円 | 貸方 | 普通預金 | 200,000円 |

通常の不動産契約では、家賃や地代の翌月分を当月払うことになっています。例えば9月に支払う家賃は、10月分のものということです。そのため、家賃の支払い時は[前払費用]（→P.196）に計上し、翌月に[前払費用]から[地代家賃]に振り替える処理が必要です。

例 翌月になったので、当月分の家賃20万円を[地代家賃]に振り替えた。

| 借方 | 地代家賃 | 200,000円 | 貸方 | 前払費用 | 200,000円 |

支払った時点で[地代家賃]に計上して、決算時に1ヵ月分余分に計上された[地代家賃]を[前払費用]に振り替える処理もありますが、正確な月次の損益が反映できないのでおすすめしません。

ここに注意！ [地代家賃]では消費税の扱いに注意！

[地代家賃]の計上においては、消費税の扱いに注意が必要です。**まず地代（土地の賃貸借）には通常、消費税がかかりません**。ただし、整備した駐車場などは土地そのものではなく、舗装された設備を借りていることになるため、消費税がかかります。

　家賃については、社宅など居住用であれば消費税の対象外、オフィスや店舗など事業用であれば対象となります。いずれも実態ではなく、契約書から判断します。例えばSOHO用に借りたワンルームマンションで、契約が居住用となっていれば、実態はオフィスとして使用していても消費税は対象外です。大家さんからしてみれば、そこに住んでいる人が部屋の一部を仕事用で使っていることを知るよしもありません。そのため、契約書の記載から、消費税の課税の有無を機械的に判断することになっています。[地代家賃]の処理の際には、契約書をよく読むことが重要です。

さまざまな仕訳例

▶ 個人事業主による家賃の家事按分

例 個人事業主が自宅として賃貸しているマンションのうち、40%部分は仕事用にしている。そのため、家賃10万円のうち40%を[地代家賃]で計上した。家賃の支払いはプライベート口座から行っている。

借方	地代家賃	40,000円	貸方	事業主借	40,000円

個人事業主の場合、自宅の家賃の一部を[地代家賃]として費用計上することがよく行われます。プライベート口座から支払っていれば、事業用に該当する金額だけ費用として計上します。按分の方法は仕事用のスペースがしっかりと決まっていれば床面積で、とくに決まっていなければ仕事にあてている時間などで、費用計上する[地代家賃]を計算することになります。

プラスの知識　持ち家の家賃は計上できない

　個人事業主が持ち家の一部を仕事で使用している場合、家賃を計上することはできません。自分の持ち物を自分に貸して賃料をとるということは、あり得ないということです。また、同居している両親などの持ち家をオフィス代わりにしている場合も、両親への家賃は費用計上できません。生計を同じくしている親族に支払ったお金は、たとえ仕事に関連していても原則として経費になりませんし、親族の所得にもなりません。

▶ 敷引き特約による賃貸契約（敷金の償却）

例 契約時に敷金として20万円を支払った。ただし、そのうち9万円は償却して返金されない特約（敷引き特約）が付与されている。

借方	敷金 地代家賃	110,000円 90,000円	貸方	普通預金	200,000円

敷金の償却があった場合、契約時点ですでに一部の敷金が返金されないことが確定しています。ここでの「償却」とは、敷金の一部を将来の原状回復費用にあてるため、借主に返還しないことが確定している額を契約上、設定しておくことをいいます。

そのため、敷金の償却額は[**地代家賃**]の一部と考えて、契約時点で費用に計上します。敷金の償却を行う場合は、必ず賃貸借契約書に記載が必要なのでよく確認しましょう。

▶ 礼金の支払い

例 期首にオフィス契約時の礼金として、30万円を支払った。賃貸借期間は2年間である。

借方	地代家賃	150,000円	貸方	普通預金	300,000円
	前払費用	150,000円			

礼金は税務上、繰延資産の一種となりますので、賃貸借期間で按分して、その期にあたる金額を[**地代家賃**]で、翌期分を[**前払費用**]で計上します。ただし、礼金が20万円以下であれば、支払い時に一括で費用計上することもできます。

▶ 賃貸契約の途中解約

例 オフィスの解約時にすでに支払った家賃のうち、3万円が返金された。

借方	普通預金	30,000円	貸方	地代家賃	30,000円

オフィス賃料は通常、前払いのため、解約に伴って一部返金されることがあります。返金された場合は、[**地代家賃**]をマイナスします。

▶ 更新料の計上

例 期首にオフィス更新料として、30万円を支払った。更新後の賃貸借期間は2年間である。

借方	地代家賃	150,000円	貸方	普通預金	300,000円
	前払費用	150,000円			

更新料も税務上、「繰延資産」になりますので、更新後の賃貸借期間で按分して費用計上します。ただし、礼金と同様に20万円以下であれば、支払い時に一括計上することもできます。

第 2 章 | P/L | 販売管理費

賃借料
リース料

損益計算書（P/L）

費用	売上原価	収益	売上高
	販売管理費		営業外収益
	営業外費用		特別利益
	特別損失		
	税金等		

消費税　**課税**　非課税　対象外
対象　**法人　個人**

借方 ← 増えたら　減ったら → 貸方

レンタル料やリース料の支払いがあったときに使用

　事業用として何かをレンタルしたり、リース契約に基づいてリース料を支払ったりした場合に使用する勘定科目が[**賃借料**]や[**リース料**]です。リース契約に基づかずモノをレンタルした場合に使用するのが[賃借料]、リース契約に基づいて毎月リース料を支払う場合に使用するのが[リース料]というように使い分けます。レンタル期間の途中で返却した場合、契約によっては返金を受けることがあります。

> **摘要例**
> ☐ 機器レンタル料　☐ 貸会議室レンタル料　☐ オフィス家具レンタル料
> ☐ 社用車リース料　☐ 複合機リース料　☐ 厨房機器リース料
> ☐ 会場レンタル料　☐ 備品レンタル料　☐ パソコンリース料

仕訳の基本

増加　[賃借料][リース料]は費用のため、**増える場合は借方**に仕訳！

例 複合機のリース料として、1万円を支払った。

| 借方 | リース料 | 10,000円 | 貸方 | 普通預金 | 10,000円 |

減少　[賃借料][リース料]は費用のため、**減る場合は貸方**に仕訳！

例 レンタルしていた器具を契約期間の途中で返却したため、3,000円の返金を受けた。

| 借方 | 普通預金 | 3,000円 | 貸方 | 賃借料 | 3,000円 |

さまざまな仕訳例

▶ 長期のレンタルをした場合

例 仕事用の機材をレンタルし、2年分のレンタル料24万円を期首に一括で支払った。

借方	賃借料	120,000円	貸方	普通預金	240,000円
	前払費用	120,000円			

レンタル期間が1年を超える場合、決算日から1年以内分は[前払費用]（→P.196）、1年を超える期間分は[長期前払費用]（→P.250）で処理します。支払い時に全額を[賃借料]で計上し、決算期に[前払費用]などに振り替える方法もありますが、この方法は処理が漏れやすいので、支払ったタイミングで分けるのがおすすめです。

▶ ファイナンス・リース契約の場合

例 ある中小企業が中途解約不可のリース契約に基づき、[リース料]3万円を支払った。

借方	リース料	30,000円	貸方	普通預金	30,000円

リース契約には、中途解約不可などの条件がついて実質購入と変わらない契約であるファイナンス・リースと、それ以外のオペレーティング・リースの2種類があります。原則として、ファイナンス・リースは[リース料]ではなく、資産の購入として[工具器具備品]（→P.228）などで固定資産計上する必要があります。ただし、中小企業の場合、複雑な会計処理をできるかぎり避けるために、リース契約の種類にかかわらず、支払ったリース代金を[リース料]として費用計上することが認められています。

ここに注意！ 不動産の家賃とそれ以外の賃借料は必ず分ける

不動産を借りた場合の家賃も、賃借料の一種です。ただし、**オフィスや店舗の家賃は決算書の重要な情報であるため、[地代家賃]（→P.106）という勘定科目を使って、あえて[賃借料]とは別に表示させています。**[事務用品費]を[消耗品費]に含めるケースは多いですが、同じ感覚で[地代家賃]を[賃借料]に含めてしまってはいけません。

第2章 | P/L | 販売管理費

保険料
（支払保険料）

- 消費税　課税　非課税　**対象外**
- 対　象　法人　個人

損益計算書（P/L）

借方 ← 増えたら　減ったら → 貸方

💡 各種の保険料を支払ったときに使用する

　保険には、生命保険と損害保険の2種類があります。**そのうち、事業として主に契約されるのが火災保険や自賠責保険、賠償責任保険などの損害保険です。また、会社が契約者となって役員や従業員のために生命保険を契約する場合もあります。**こうした保険料の支払いは、[保険料]で計上します。[支払保険料]という勘定科目が使われる場合もありますが、同じものです。損害保険を中途解約した場合は、未経過の保険料の返金を受けられます。その金額については、[保険料]のマイナスで処理します。

摘要例
- ☐ 火災保険料　☐ 自賠責保険料　☐ 賠償責任保険料　☐ 自動車任意保険料
- ☐ 倒産防止共済掛金　☐ 地震保険料　☐ 海外渡航保険料　☐ 医療保険料
- ☐ 補償保険料

仕訳の基本

 増加　[保険料]は費用のため、**増える場合は借方**に仕訳！

例 事務所の火災保険料の1年分として、1万円を支払った。

借方	保険料	10,000円	貸方	普通預金	10,000円

 減少　[保険料]は費用のため、**減る場合は貸方**に仕訳！

例 事務所を中途解約したため、未経過分の火災保険料3,000円の返金を受けた。

借方	普通預金	3,000円	貸方	保険料	3,000円

さまざまな仕訳例

▶ 1年を超える期間の保険料の納付

例) 期首に社用車の車検を受け、2年分の自賠責保険料3万円を納付した。

借方			貸方		
保険料		15,000円	普通預金		30,000円
前払費用		15,000円			

保険期間が1年を超える場合、決算日から1年以内分は[**前払費用**]（→P.196）、1年を超える期間分は[**長期前払費用**]（→P.250）で処理します。支払い時に全額を[**保険料**]で計上し、決算期に[**前払費用**]などに振り替える方法もあります。しかし、この方法は処理が漏れやすいので、支払ったタイミングで分けるのがおすすめです。

▶ 役員が被保険者となる生命保険料の支払い

例) 役員が被保険者となる医療保険を会社が契約し、保険料1万円を支払った。

借方			貸方		
保険料		10,000円	普通預金		10,000円

会社が契約者となり、役員や従業員が被保険者となる生命保険で一定の要件を満たすものは、[**保険料**]として費用計上できます。実務上、会社が加入する保険については、費用計上すべきか資産計上すべきかを保険会社に確認するケースも多いです。

▶ 個人事業主の生命保険料の支払い（事業用口座の場合）

例) 個人事業主が個人で契約している生命保険料1万円分を、事業用の口座から振り込んだ。

借方			貸方		
事業主貸		10,000円	普通預金		10,000円

個人事業主の場合、損害保険料のうち事業用の分については費用計上できます。一方、生命保険料は確定申告で生命保険料控除の対象となるため、費用計上はできません。くれぐれも注意しましょう。

第 2 章 | P/L | 販売管理費

租税公課

- 消費税　課　税　非課税　**対象外**
- 対　象　法　人　個　人

💡 税金や負担金などを支払ったときに使う

　国や地方公共団体に支払う税金（租税）や、税金以外の負担金（公課）を処理するときに使う勘定科目が［租税公課］です。［租税公課］といっても、計上するほとんどの費用は租税です。社会保険料なども公課の一種ですが、［法定福利費］（→P.54）で処理します。［租税公課］の受けとり手である国や地方公共団体には、消費税の納税義務がありません。そのため、［租税公課］は消費税の対象にはなりません。税金を誤って二重に納付した場合は自治体などから連絡があり、還付を受けることができます。

| 摘要例 | ☐ 印紙税　☐ 自動車税　☐ 固定資産税　☐ 登録免許税　☐ 消費税　☐ 事業所税　☐ 自動車重量税　☐ 不動産取得税　☐ 公共施設利用料 |

仕訳の基本

 増加　　［租税公課］は費用のため、**増える場合は借方**に仕訳！

例 社用車の自動車税として、4万円を支払った。

| 借方 | 租税公課 | 40,000円 | 貸方 | 普通預金 | 40,000円 |

 減少　　［租税公課］は費用のため、**減る場合は貸方**に仕訳！

例 固定資産税を誤って二重納付してしまったため、1万円の還付を受けた。

| 借方 | 普通預金 | 10,000円 | 貸方 | 租税公課 | 10,000円 |

さまざまな仕訳例

▶ コンビニなどでの印紙の購入

例 コンビニで領収書に貼るための印紙200円5枚と、ボールペン100円を購入し、[現金]で支払った。

借方	租税公課	1,000円	貸方	現金	1,100円
	消耗品費	100円			

印紙代は[租税公課]で計上する代表例です。コンビニで購入した場合は、正確な消費税計算のために、その他に購入したものと勘定科目を区別する必要があります。

プラスの知識 電子データの領収書には印紙が必要ない

PDFファイルなどの**電子データで領収書を発行した場合、印紙の貼りつけは必要ありません**(そもそも電子データなので、物理的に印紙を貼りつけることができません)。契約書を電子契約で結ぶ場合にも、印紙の貼りつけは不要です。

▶ 金券ショップでの印紙の購入

例 金券ショップで、印紙1万円分を9,500円で購入した。

借方	租税公課	9,500円	貸方	現金	9,500円

金券ショップで購入する印紙は商品であり、[租税公課]でありながら例外的に消費税の課税対象となります。郵便局やコンビニ、法務局内の印紙売り場は、国からの直接委託により印紙を販売しており、消費税は非課税です。

▶ 固定資産税の納付

例 固定資産税1年分として、10万円を一括納付した。

借方	租税公課	100,000円	貸方	普通預金	100,000円

固定資産税は3ヵ月ごとに納付期限が設定されていますが、一括納付することが可能です。一括納付した場合は、納付時点で全額費用計上できます。

▶ 社用車の購入（未経過分の自動車税を含む場合）

例 社用車を知人から100万円で購入した。この金額の中には、未経過の自動車税3万円分が含まれている。

| 借方 | 車両運搬具 | 1,000,000円 | 貸方 | 普通預金 | 1,000,000円 |

自動車税は毎年4月1日時点の所有者に課税され、月割は行われません。そのため、年の途中で売却があった場合、購入者に一部負担させるため、売却代金に月割の自動車税を乗せることがあります。ただし、これは売却代金の計算方法の問題であり、[租税公課] ではないので、まとめて固定資産の [車両運搬具]（→P.224）で処理します。年の途中で不動産を購入した場合の固定資産税負担金も同様に [租税公課] ではなく、固定資産の [建物]（→P.216）や [土地]（→P.236）に含めて計上します。

▶ 税込経理方式での消費税額の計上

例 消費税の納税額として、期末に50万円を計上した。

| 借方 | 租税公課 | 500,000円 | 貸方 | 未払消費税等 | 500,000円 |

税込経理方式（→P.211）を採用している場合、消費税の納税額は [租税公課] で処理します。消費税の納税額はこの仕訳例のように決算時に計上することもできますし、翌期の納付時に同じく [租税公課] として計上することもできます。利益の状況を見て判断すればよいでしょう。なお、税抜経理方式を採用している場合、消費税の納税額を [租税公課] で計上することはありません。

▶ 反則金の支払い

例 ある運送事業者の従業員が交通違反をしたため、同事業者が反則金として1万円を支払った。

| 借方 | 租税公課 | 10,000円 | 貸方 | 現金 | 10,000円 |

交通違反の反則金も公課の一種として、[租税公課] で処理します。ただし、個人にしても法人にしても、所得税や法人税の計算上は費用（損金）に含めることができません。反則金を支払っても税金の計算上、費用に入らないため、反則金はあえて計上せずに、事業者のポケットマネーで支払ってしまうのも1つの手です。また、運送業など車両を常に扱うような業種でなければ、[雑損失]（→P.148）で計上したほ

うが適切な場合もあります。

［租税公課］は法人税の計算上、費用にならない

　法人税の損金は、費用と同じ意味合いです。ただし、**税金の計算上、費用に入れるべきではないという性質のものは、決算書上の費用から差し引く必要があります**。例えば、交通違反の反則金といった法律上の罰金や過料・科料、税金の申告や納税が遅れたことによる延滞税や加算税といったものが挙げられます。いずれも法律違反などによって発生したものであり、これらを税金の計算上、費用に入れることができると公益に反してしまいます。例外的に社会保険料や労働保険料の滞納による延滞金は、[**法定福利費**]として税金の計算上、費用に入れてよいことになっています。

▶ 固定資産購入時の税金

例 社用車を購入し、本体代金100万円と自動車重量税 3 万円を支払った。

借方	車両運搬具	1,000,000円	貸方	普通預金	1,030,000円
	租税公課	30,000円			

固定資産の購入にかかった付随費用は、固定資産の取得価額に含めるのが原則です。ただし、自動車購入時の自動車重量税や不動産購入時の登録免許税のように、固定資産の購入のためにかかった税金については取得価額に含めないことができます。

▶ 源泉所得税の納付

例 給与から天引きした源泉所得税10万円を納付した。

借方	預り金	100,000円	貸方	普通預金	100,000円

所得税や住民税のように給与から天引きしている税金を納付した場合は、[**租税公課**]を使用せずに[**預り金**]（→P.278）のマイナスで計上します。

第2章 | P/L | 販売管理費

寄付金

- 消費税　課税　非課税　**対象外**
- 対象　　**法人**　個人

💡 法人が寄付をしたり、贈与をしたりしたときに使う

[寄付金]とは、法人が寄付をしたときに使う勘定科目です。日常で寄付というと、何かしらの団体に募金などをすることがイメージされますが、勘定科目の[寄付金]にはもう少し広い範囲があります。例えば、商売繁盛のための神社での祈禱料も、[寄付金]で費用計上できます。**つまり、勘定科目の[寄付金]は、対価として具体的にモノやサービスを受けとらない支出が該当します。**

摘要例	☐ 祈禱料　☐ 初穂料　☐ NPO法人への寄付　☐ 企業版ふるさと納税
	☐ 売掛金免除　☐ 慈善団体への寄付　☐ 赤十字への寄付
	☐ 地方自治体への寄付　☐ 認定NPO法人への寄付

仕訳の基本

 増加　[寄付金]は費用のため、**増える場合は借方**に仕訳！

例 あるNPO法人に10万円を寄付した。

| 借方 | 寄付金 | 100,000円 | 貸方 | 普通預金 | 100,000円 |

 減少　[寄付金]は費用のため、**減る場合は貸方**に仕訳！

例 寄付金で処理していた神社への支払い額1万円が、実は広告掲載のための費用だとわかったため、振り替えた。

| 借方 | 広告宣伝費 | 10,000円 | 貸方 | 寄付金 | 10,000円 |

さまざまな仕訳例

▶ 神社やお寺への初穂料

例 神社に商売繁盛の祈禱を依頼し、その初穂料として、1万円を[現金]で支払った。

| 借方 | 寄付金 | 10,000円 | 貸方 | 現金 | 10,000円 |

神社への祈禱料の支払いは、[寄付金]で処理します。祈禱というサービスを受けていますが、売上や法人の運営に直接または間接的にもひもづくものではないと考えられるためです。

▶ 債権の免除

例 取引先への[売掛金]10万円について、個人的関係からその支払いを免除した。

| 借方 | 寄付金 | 100,000円 | 貸方 | 売掛金 | 100,000円 |

取引先の倒産などのような特別な事情ではなく、[売掛金]などの債権の支払いを免除した場合、取引先にお金を寄付したのと同じと考えて[寄付金]で処理します。

ここに注意 寄付金と法人税計算の関係

[寄付金]は決算書上、その他の費用と同じように費用計上できます。ただし、**法人税の計算上は、認定NPO法人への寄付など一定の場合を除いて、全額損金（費用）として認められないケースがあるので注意が必要です。**

また、個人事業主の場合、[寄付金]は必要経費になりません。ただし、NPO法人や赤十字への寄付のように、国が定めた一定の[寄付金]については確定申告時に寄付金控除の対象にできます。個人が行うふるさと納税も、寄付金控除の対象です。

第 2 章 | P/L | 販売管理費

減価償却費

- 消費税　課税　非課税　**対象外**
- 対象　法人　個人

💡 固定資産の減価償却を行ったときに使う

　固定資産については、購入時に一括して費用に計上するわけではなく、減価償却を行っていくことで費用化していきます。このときに使うのが[**減価償却費**]という勘定科目です。固定資産は長期に渡って使用していくものであり、かつ金額も大きくなるため、購入時点では一括計上せずに、決められた耐用年数に応じて費用化していきます。また、毎月の[**減価償却費**]を見込みで計上している場合は、決算時に実際の[**減価償却費**]との差額を調整します。

摘要例	☐ 減価償却費の計上　☐ 建物の減価償却費の計上 ☐ 機械装置の減価償却費の計上　☐ ソフトウェアの減価償却費の計上 ☐ 工具器具備品の減価償却費の計上　☐ 構築物の減価償却費の計上

仕訳の基本

 増加　[**減価償却費**]は費用のため、**増える場合は借方**に仕訳！

例 [**減価償却費**]として、決算時に50万円を計上した。

| 借方 | 減価償却費 | 500,000円 | 貸方 | 減価償却累計額 | 500,000円 |

 減少　[**減価償却費**]は費用のため、**減る場合は貸方**に仕訳！

例 毎月計上していた[**減価償却費**]の見込み額と年間の[**減価償却費**]に1万円の差異があったため、決算時に振り替えた。

| 借方 | 減価償却累計額 | 10,000円 | 貸方 | 減価償却費 | 10,000円 |

さまざまな仕訳例

▶ 直接法による減価償却

例 [工具器具備品]の[減価償却費]として、決算時に50万円を計上した。減価償却は直接法を採用している。

| 借方 | 減価償却費 | 500,000円 | 貸方 | 工具器具備品 | 500,000円 |

減価償却の方法として直接法を採用している場合、固定資産の帳簿価額（科目残高）を直接、減額します（直接法と間接法については、下記の「プラスの知識」を参照）。

プラスの知識　減価償却の計上方法には直接法と間接法がある

[減価償却費]の計上方法には、直接法と間接法があります。**直接法は[減価償却累計額]という勘定科目を使用せず、固定資産の帳簿価額を直接、減額する方法です。間接法は[減価償却累計額]（→P.234）という勘定科目を使用して、間接的に減価償却された金額を表示する方法です。** 直接法は未償却の残高が一目でわかるというメリットがありますが、取得価額が不明になります。一方、間接法は取得価額がわかりますが、それぞれの固定資産科目でどれだけの未償却額が残っているのかがわかりません。

どちらの表示方法を採用するかは、事業者の自由です。投資額が多くなる大企業では、固定資産の取得価額がわかるように間接法を用いているケースが多いです。また、飲食店など、ある程度の設備投資を行うような事業者は間接法が望ましいといえます。コンサルタント業など固定資産もパソコンなど少額のものだけといったケースでは、どちらを採用してもよいでしょう。

▶ 無形固定資産の減価償却

例 [ソフトウェア]の[減価償却費]として、決算時に50万円を計上した。

| 借方 | 減価償却費 | 500,000円 | 貸方 | ソフトウェア | 500,000円 |

[ソフトウェア]（→P.240）などの無形固定資産については、直接法のみが認められています。

▶ ［減価償却費］の毎月計上

例 月次の決算を締めるにあたって、当月分の［減価償却費］見込み額として10万円を計上した。減価償却は間接法を採用している。

| 借方 | 減価償却費 | 100,000円 | 貸方 | 減価償却累計額 | 100,000円 |

中小企業の場合、［減価償却費］は決算時の年１回の計上で済ませることが多いです。ただし、毎月の業績を正確に把握したい場合には、毎月［減価償却費］を計上することもあります。このとき、正確な数字が計算できなければ、見込み額で計上することもあります。

●個人事業主と法人の減価償却費の計算方法

［減価償却費］の計上について、個人事業主は強制、法人は任意となっています。個人事業主は強制適用であるため、もし［減価償却費］の計上を忘れたまま確定申告をしてしまった場合は、納めすぎた税金を「更正の請求」という手続きで取り戻すことができます。

一方、法人での「任意」とは、法人税の計算上、［減価償却費］をいくら損金に入れるのかが任意という意味です。ただし、法人税の計算上、損金算入が任意だからといって［減価償却費］を計上しないまま決算書を作成してしまうと、その決算書は何の信頼性もないということになります。「法人の減価償却は任意」という言葉は、決して減価償却はやらなくてよいという意味ではないと、しっかりと認識しておきましょう。

また、［減価償却費］の計算方法には、定額法と定率法の２種類があります。

定額法　償却額＝取得価額×定額法償却率
定率法　償却額＝期首帳簿価額×定率法償却率

定額法償却率や定率法償却率は、国税庁のホームページなどで確認できます。定額法だからといって、取得金額を単純に耐用年数で割って［減価償却費］を計算するわけではありません。

原則として個人事業主は定額法、法人は定率法を採用します。償却方法を変更したい場合は、所定の期限までに税務署に申請が必要です。ただし実務的には、

よほどの事情がないかぎりは償却方法の変更の届け出は行いません。また、[**建物**]や[**構築物**]、[**建物付属設備**]については個人事業主、法人問わず、定額法が強制適用されます。

●固定資産とは何か

固定資産とは、事業活動を行ううえで長期間（**具体的には1年以上**）に渡って使用することを目的とし、かつ**取得価額が10万円以上**の資産をいいます。固定資産の減価償却にあたっては、その**取得価額**と**耐用年数**がポイントになります。

まず、取得価額とは、固定資産の取得にかかった費用を指します。**固定資産本体の購入代金だけでなく、その固定資産を使用可能な状態にするために必要な付随費用も含まれます**。具体的には本体代金のほかに運搬費、設置費、組み立て費などの合計が固定資産の取得価額となります。

また、経理における耐用年数とは、**固定資産の減価償却をする期間を表します**。その固定資産の実際に使用可能な期間ではなく、何年間で減価償却を行うかという会計的な年数です。そのため、実際に経理上の耐用年数を超えて使用することや、耐用年数を経過する前に廃棄などをするケースもあります。

■耐用年数（例）

資　産	耐用年数
パソコン	4年
社用車	6年
事務用デスク	8年（金属製は15年）
キャビネット	
テレビ	5年

例えばパソコンなら、取得した年から4年に渡って減価償却を行うことになります。その償却金額の計算方法として、前述の定額法と定率法があります。さらに、減価償却費の計上方法として、P.121で紹介した直接法と間接法があります。

第2章 | P/L | 販売管理費

貸倒損失

- 消費税　課税　非課税　**対象外**
- 対象　法人　個人

債権の回収が不可能であることが確定した場合に使用する

［貸倒損失］は、実際に債権の貸倒れが発生した場合に使用する勘定科目です。［貸倒引当金繰入額］（→P.128）は債権の回収ができない可能性がある分を、見込みで計上するものです。名称が似ていますが、混同しないようにしましょう。［貸倒損失］として計上するには、厳密に定められた貸倒れの要件を満たす必要があります。また、［貸倒損失］として処理した金額の一部を決算までに回収できた場合は、［貸倒損失］を振り替える処理を行います。

> 摘要例
> ☐ 売掛金回収不能による貸倒れ　☐ 貸付金回収不能による貸倒れ　☐ 取引先の破産
> ☐ 未収金回収不能による貸倒れ　☐ 取引先の更生手続きによる債権切り捨て

仕訳の基本

増加　［貸倒損失］は費用のため、**増える場合は借方**に仕訳！

例 取引先の倒産に伴い、［売掛金］の回収不能額3万円を［貸倒損失］として計上した。

借方	貸倒損失	30,000円	貸方	売掛金	30,000円

減少　［貸倒損失］は費用のため、**減る場合は貸方**に仕訳！

例 ［貸倒損失］として計上した金額のうち、1万円を期中に回収できた。

借方	普通預金	10,000円	貸方	貸倒損失	10,000円

さまざまな仕訳例

▶ 一括評価金銭債権の [貸倒損失]（[貸倒引当金] が残らない場合）

例 1年間連絡がとれていない取引先への [売掛金] 20万円が回収不能となった。この債権は一括評価金銭債権に該当し、前期末で10万円の [貸倒引当金] を計上していた。

借方			貸方		
貸倒損失		100,000円	売掛金		200,000円
貸倒引当金		100,000円			

[貸倒引当金]（→P.214）を計上していない場合、貸倒れとなった金額は全額が [貸倒損失] となります。一方、この仕訳例のように [貸倒引当金] を計上していた場合は、その債権のための [貸倒引当金] をまずはマイナスし、差額が残ればその差額分を [貸倒損失] として計上します。一括評価金銭債権（→P.129）は債権を特定せずに [貸倒引当金] を計上するので、マイナスするのは一括評価金銭債権に対する [貸倒引当金] の総額です。また、この仕訳により、一括評価金銭債権がいったん0円になりますので、一括評価金銭債権にほかの取引先分も含まれていた場合は、期末にほかの取引先分を計上することになります。

▶ 一括評価金銭債権の [貸倒損失]（[貸倒引当金] が残る場合）

例 1年間連絡がとれていない取引先への [売掛金] 5万円が回収不能となった。この債権は一括評価金銭債権に該当し、前期末で10万円の [貸倒引当金] を計上していた。

借方			貸方		
貸倒引当金		50,000円	売掛金		50,000円

一括評価金銭債権について貸倒れが発生した場合で、貸倒れの金額が [貸倒引当金] として計上していた金額の範囲内であれば、[貸倒引当金] をマイナスするだけで [貸倒損失] は発生しません。

▶ 個別評価金銭債権の [貸倒損失]

例 前期末で個別評価金銭債権として2万円の [貸倒引当金] を計上していた取引先への [売掛金] 4万円が、会社更生法の認可により切り捨てられた。

借方	貸倒損失	20,000円	貸方	売掛金	40,000円
	貸倒引当金	20,000円			

個別評価金銭債権（→P.129）については、債権ごとに[貸倒引当金]を設定するので、貸倒れが発生した場合はその債権に対応する分のみの[貸倒引当金]を全額マイナスして、差額を[貸倒損失]として計上します。

●[貸倒損失]として計上するための要件を知る

　法人税や所得税における収益の計算では、以下の３つのパターンのいずれかを満たした場合に[貸倒損失]の計上が認められます。会社が恣意的に[貸倒損失]を計上することで、利益調整することは認められません。実務上も、以下の税金の基準に従って、[貸倒損失]を計上するかどうかを判断します。

パターン1　債権額の切り捨てがあったケース（法律上の貸倒れ）
- 会社更生法、金融機関等の更生手続の特例等に関する法律、会社法、民事再生法の規定により、切り捨てられた金額である。
- 債権者集会の協議決定および行政機関や金融機関などのあっせんによる協議で、切り捨てられた金額である。
- 相手先の債務超過の状態が相当期間継続し、その金銭債権の弁済を受けることができない場合に、相手先に書面で明らかにした債務免除額である。

パターン2　回収不能が確定した場合（事実上の貸倒れ）
- 破産手続きの終了、相続放棄、行方不明など相手先の状況から、全額が回収不能であることが明らかになった場合（ただし、保証人や不動産などの担保がある場合は[貸倒損失]にできない）。

パターン3　取引停止後、一定期間の支払いがない場合（形式上の貸倒れ）
- 継続取引を行っていた相手方の状況が悪化して取引を停止した場合で、その取引停止のときと最後の支払いのときのうち、もっとも遅いときから１年以上経過したとき。

▶ 形式上の貸倒れによる[貸倒損失]（計上時→翌期の回収時）

例 支払いの滞りにより契約を終了した顧客について、1年間連絡がとれないため、未回収の[売掛金]10万円を[貸倒損失]に計上した。

| 借方 | 貸倒損失 | 99,999円 | 貸方 | 売掛金 | 99,999円 |

1年以上連絡がとれないために[貸倒損失]として処理する場合は、回収可能性を考慮して1円だけ帳簿に備忘記録を残しておきます。この1円に資産価値としての意味はありません。しかし、1円だけ残しておくことで、この基準で[貸倒損失]の処理をしたことが確認しやすくなります。それが「備忘記録」です。とくに形式上の貸倒れについては、自社でその事実を証明する必要があるので、最後に連絡した日付がわかるもの（メールなど）の記録を残しておきましょう。

例 上記の取引先で発生した[貸倒損失]について、翌期に10万円が回収できた。

| 借方 | 普通預金 | 100,000円 | 貸方 | 償却債権取立益 | 99,999円 |
| | | | | 売掛金 | 1円 |

事実上の貸倒れの場合、まれに後日回収できるケースがあります。このケースでは、すでに[貸倒損失]で[売掛金]が消えているため、[償却債権取立益]という勘定科目を使って特別利益（→P.19）に計上します。

▶ [貸倒損失]の一部回収

例 1年間連絡がとれなかったため、[貸倒損失]10万円を計上した翌期に、一部の5万円だけ回収できた。

| 借方 | 普通預金 | 50,000円 | 貸方 | 償却債権取立益 | 50,000円 |

[貸倒損失]として処理した債権の一部が回収できた場合も、[償却債権取立益]を計上します。この場合、残りの[貸倒損失]にも回収の可能性が残るため、帳簿上は備忘記録1円は残したままになります（全額回収時のように備忘記録1円を消す処理はしない）。

第 2 章 | P/L | 販売管理費／特別利益

貸倒引当金繰入額
貸倒引当金戻入

- 消費税　課税　非課税　**対象外**
- 対　象　**法　人　個　人**

借方 ← 繰入額が増えたら　　戻入が増えたら → 貸方

将来的な回収不能額に備えて計上するもの

　貸倒れとは、[**売掛金**]や[**貸付金**]などの債権が回収不能になることです。掛け取引をしていれば、少なからず貸倒れのリスクが発生することはやむをえません。そのため、[**売掛金**]などのうち、貸倒れの将来的な発生額を見積もって計上するのが[**貸倒引当金**](→P.214)です。[**貸倒引当金**]に計上した額は、[**貸倒引当金繰入額**]として費用に計上します。また、取引先の倒産の可能性が低くなったことなどで計上していた[**貸倒引当金**]を戻す場合は、[**貸倒引当金戻入**](特別利益)という勘定科目を使用します。

摘要例
- □ 売掛金の貸倒引当金繰入額　□ 貸付金の貸倒引当金繰入額
- □ 貸倒懸念債権の貸倒引当金繰入額　□ 個別評価貸倒引当金の繰り入れ
- □ 一括評価貸倒引当金の繰り入れ

仕訳の基本

↑ 増加　[**貸倒引当金繰入額**]は費用のため、**増える場合は借方**に仕訳！

例 決算時に[**貸倒引当金**]として、3万円を計上した。

借方	貸倒引当金繰入額 30,000円	貸方	貸倒引当金 30,000円

↓ 減少　[**貸倒引当金戻入**]は収益のため、**増える場合は貸方**に仕訳！

例 ある取引先の貸倒れの可能性がなくなったため、前期までの[**貸倒引当金**]のうち1万円を減少させた。

借方	貸倒引当金 10,000円	貸方	貸倒引当金戻入 10,000円

さまざまな仕訳例

▶ 取引先の破産手続きの開始

例 ある取引先が破産手続き開始となったため、未回収の[売掛金]10万円のうち50%（5万円）を[貸倒引当金]に繰り入れた。

| 借方 | 貸倒引当金繰入額 50,000円 | 貸方 | 貸倒引当金 | 50,000円 |

[貸倒引当金]は、大きく分けて2種類あります。個別評価金銭債権に関する貸倒引当金と、一括評価金銭債権に関する貸倒引当金です。個別評価金銭債権とは、破産手続きや会社更生手続きなどにより、法的に貸倒れが発生する可能性の高い状況になった取引先への債権です。それ以外の通常の[売掛金]や[未収金]、[貸付金]などを一括評価金銭債権といいます。

●決算書の貸倒引当金と税金計算上の貸倒引当金

個別評価金銭債権と一括評価金銭債権は、債権の対象や計上方法などについて、下記の違いがあります。いずれも[貸倒引当金]を使って計上しますが、会計ソフトの補助科目機能を使って分けて管理します。

■貸倒引当金の種類

	個別評価金銭債権	一括評価金銭債権
対象	取引先ごとの金銭債権	売掛金や未収金、貸付金などの総額（個別評価の対象となるものを除く）
計上方法	債権ごとに回収可能性を判断して計上額を決める	債権全体について決められた割合（→次ページの法定繰入率）で計上する
特徴	個別の金銭債権を特定して設定する	個別の金銭債権を特定せず、勘定科目の総額について設定する

決算書上の[貸倒引当金]については、それぞれの企業独自の基準に従って計上することができます。ただし、もし企業が決めた基準で[貸倒引当金]を計上できるとなると、利益調整による納税額の調整も容易になってしまいます。そのため、法人税や所得税の計算上は、個別評価金銭債権と一括評価金銭債権で計上

できる［貸倒引当金］に上限を設定しています。

■個別評価金銭債権の繰入限度額

要件	繰入限度額
会社更生法等の規定による更生が認可決定され、弁済の猶予または割賦による弁済とされる場合。	その事由が生じた事業年度の翌期首から、5年以内に弁済される金額を除いた金額
債務者について、債務超過の状態が相当期間継続し、事業好転の見通しがないことなどの事由がある場合。	取り立ての見込みがないと認められる金額
会社更生法等の規定による更生手続き開始等の申し立てがなされた者に対する債権。	50%
長期に渡る債務履行遅滞により、経済的価値の著しい減少または弁済を受けることが著しく困難と認められる外国の政府、中央銀行等への債権。	50%

　一括評価金銭債権について、中小企業の場合は以下の計算式で［貸倒引当金］の限度額が求められます。

限度額＝期末の一括評価金銭債権の帳簿価額×法定繰入率

■一括評価金銭債権の法定繰入率

卸売業および小売業	10/1000
製造業	8/1000
金融業および保険業	3/1000
小売業のうち割賦販売小売業ならびに包括信用購入あっせん業および個別信用購入あっせん業	7/1000
その他	6/1000

　上場企業など監査を受けるような大企業は、企業の利益の実態を決算書に正確に反映させるために［貸倒引当金］の計算を行っています。中小企業の場合はそこまで厳格に債権管理を行っていないこともあり、あえて［貸倒引当金］の計上を行わないケースがほとんどです。簿記の資格試験では必ずといってよいほど出てくる［貸倒引当金］ですが、中小企業ではとくにそれほど重要視されていないのです。

▶ [貸倒引当金]の増減（差額補充法）

例 当期末に計算したら、前期末の[**貸倒引当金**]30万円より10万円多かった。計上方法は差額補充法を採用している。

| 借方 | 貸倒引当金繰入額 | 100,000円 | 貸方 | 貸倒引当金 | 100,000円 |

[**貸倒引当金**]の計上方法には、差額補充法と洗替法があります。差額補充法とは、前期と当期の[**貸倒引当金**]の差額を[**貸倒引当金繰入額**]として計上する方法です。上記の仕訳例が該当します（洗替法については、下記の仕訳例を参照）。

▶ [貸倒引当金]の増減（洗替法）

例 期末になり、前期に計上した[**貸倒引当金**]10万円を全額戻し入れた。当期末に計算した[**貸倒引当金**]は12万円だったため、[**貸倒引当金**]を計上した。計上方法は洗替法を採用している。

| 借方 | 貸倒引当金　　　　100,000円
貸倒引当金繰入額　120,000円 | 貸方 | 貸倒引当金戻入　100,000円
貸倒引当金　　　120,000円 |

洗替法とは、前期末の[**貸倒引当金**]をいったん[**貸倒引当金戻入**]で全額戻して0円にしたうえで、改めて[**貸倒引当金繰入額**]で全額計上する方法です。再計算した[**貸倒引当金**]の総額を[**貸倒引当金繰入額**]として計上します。

差額補充法と洗替法のどちらを採用すべきか

　[**貸倒引当金**]は、毎期末の債権に応じて計算する経理上の数字です。**差額補充法に比べて洗替法のほうが、計算した[貸倒引当金繰入額]そのものが損益計算書に表示されるのでわかりやすいでしょう。**

　このことは[**貸倒引当金**]だけではなく、経理全般にいえます。例えば、棚卸資産を[**期首商品棚卸高**]と[**期末商品棚卸高**]で分けて計上するのも洗替法と似た考え方です（→P.37）。前期末と当期末の棚卸資産の差額を[**期末商品棚卸高**]で計上するのではなく、前期末の棚卸資産は[**期首商品棚卸高**]で戻し入れて、当期末の棚卸資産は[**期末商品棚卸高**]で計算します。このように実務では、洗替法が採用される場面が多いといえます。

第 2 章 | P/L | 販売管理費

雑費

損益計算書(P/L)

費用	売上原価	収益	売上高
	販売管理費		
	営業外費用		営業外収益
	特別損失		特別利益
	税金等		

- 消費税　課税　非課税　対象外
- 対　象　法人　個人

借方　←　増えたら　減ったら　→　貸方

 いずれの販管費にも該当しない費用の計上に使う

　これまで説明してきた「販売費および一般管理費」に該当しない費用が、まれに発生します。基本的に事業で費用計上するものは、いずれかの勘定科目に該当しますが、**どうしても何にも該当せずにかつ少額である場合のみ[雑費]を使用します。**どのような種類の費用が[雑費]に該当するかは、各企業や個人事業主で異なりますが、いずれにしても[雑費]を使用するのは最終手段です。できるかぎり別の勘定科目を使うのが望ましいものです。

摘要例
- □ 制服クリーニング代　□ クレーム解決金　□ 予約キャンセル代
- □ ごみ回収費用　□ 粗大ごみ処理費用　□ 社用車の洗車代
- □ オフィスクリーニング代

仕訳の基本

増加　[雑費]は費用のため、**増える場合は借方**に仕訳！

例　予約していた出張先のホテルのキャンセル料金として、1万円を支払った。

| 借方 | 雑費 | 10,000円 | 貸方 | 普通預金 | 10,000円 |

減少　[雑費]は費用のため、**減る場合は貸方**に仕訳！

例　[雑費]として処理していたオフィス清掃費用について、毎月1万円が発生するようになったため、[外注費]で処理することにした。

| 借方 | 外注費 | 10,000円 | 貸方 | 雑費 | 10,000円 |

さまざまな仕訳例

▶ 制服のクリーニング（[雑費]）

例 従業員のスーツを誤って汚してしまったので、クリーニング代として1,000円を[現金]で支払った。

| 借方 | 雑費 | 1,000円 | 貸方 | 現金 | 1,000円 |

従業員のスーツを汚してしまって、その分のクリーニング代を負担した場合は、[雑費]で処理して問題ありません。

▶ 制服のクリーニング（[雑費]以外）

例 当社は飲食店である。毎日制服が汚れるため、クリーニング業者に頼んでいる。今月のクリーニング代として3万円支払った。

| 借方 | 外注費 | 30,000円 | 貸方 | 普通預金 | 30,000円 |

飲食店の制服のクリーニング代のように、本業と密接に関係しているのであれば、[外注費]などで処理します。[雑費]は相対的な勘定科目で、同じクリーニング代でも、業種によって[雑費]で処理することが適切ではないケースもあります。

実務のコツ！　むやみに[雑費]を使うより、適切な勘定科目を新設する

[雑費]は何にも該当しないものを放り込むための勘定科目です。損益計算書を意味あるものにするために、[雑費]はできるかぎり使用すべきではありません。

毎月定期的に発生するものや、金額が大きいものは別の勘定科目で処理したり、新たな勘定科目を新設したりするとよいでしょう。例えば、清掃費やごみ処理費用がまれに発生する程度なら、[雑費]でもかまいません。しかし、飲食店のように毎月それなりの金額で発生するのであれば、[外注費]などを使用したり、[衛生費]や[清掃費]といった勘定科目を新設したりするとよいでしょう。本書で紹介する勘定科目は、ベーシックなものです。**新たに新設することは、損益計算書をより意味あるものにするためにむしろ歓迎されることです**。

また、[雑費]に計上する金額に決まりはありませんが、[雑費]で処理するのは1件1万円未満までといったルールを社内で決めるのもよいかもしれません。

第2章 | P/L | 営業外収益

受取利息

損益計算書（P/L）

費用	売上原価	収益	売上高
	販売管理費		営業外収益
	営業外費用		
	特別損失		特別利益
	税金等		

- 消費税　課税　**非課税**　対象外
- 対象　**法人**　個人

借方 ← 減ったら　増えたら → 貸方

💡 法人が法人名義の口座で利息を受けとったときに使う

［受取利息］は、法人名義の口座で受けとった利息を計上するときに使用します。個人事業主の場合、受けとった利息は利子所得（個人的な貸し付けによる利子は雑所得）に該当しますので、事業所得の計算には反映させません。主には金融機関の預金利息になりますが、**法人名義で国債や社債などの債券を購入したときなどの利息も［受取利息］で計上します**。また、貸していたお金の一括返済を受けた場合には、もらいすぎた利息を返金することがあります。

摘要例　☐ 普通預金利息　☐ 定期預金利息　☐ 社債利息　☐ 国債利息　☐ 貸株金利
　　　　☐ 貸付金利息

仕訳の基本

増加　［受取利息］は収益のため、**増える場合は貸方**に仕訳！

例　取引先への貸付金の利息として、2,000円が銀行口座に入金された。

借方	普通預金	2,000円	貸方	受取利息	2,000円

減少　［受取利息］は収益のため、**減る場合は借方**に仕訳！

例　取引先に貸していた資金の一括返済を受けたため、受けとっていた利息のうち1,000円を返金した。

借方	受取利息	1,000円	貸方	普通預金	1,000円

さまざまな仕訳例

▶ 金融機関からの利息の受けとり（法人口座の場合）

例 金融機関からの利息として、法人の普通預金口座に100円が入金された。

借方			貸方		
普通預金		100円	受取利息		118円
法人税等		18円			

金融機関からの利息は、利息総額のうち所得税・復興特別所得税の合計として15.315％分が控除されて入金されます。この仕訳例でいえば、額面上は118円の利息を受けとり、そのうち18円が所得税・復興特別所得税として控除されたということです。控除された金額は[法人税等]（→P.160）で計上し、決算時に納めるべき法人税から控除することができます。法人名義で所有する社債や国債の利息が入金された場合も、同様です。金融機関や証券会社から控除された所得税等の明細が入手できれば、その通りに計算すればOKです。明細がなければ、受取額を（1 － 0.15315 = 0.84685）で割れば、[受取利息]の金額が計算できます（1円未満の端数切り捨て）。

▶ 金融機関からの利息の受けとり（個人の事業用口座の場合）

例 個人事業主の事業用口座に金融機関からの利息として100円が入金された。

借方			貸方		
普通預金		100円	事業主借		100円

個人名義の口座で受けとった利息は、利子所得（個人的な貸し付けの利息であれば雑所得）で課税されます。個人事業主の収益に含めてしまうと二重課税になるため、[事業主借]（→P.308）で処理して、損益計算書には計上されないように注意しましょう。屋号つきの口座でも個人名義には変わりないので、同様に処理します。

プラスの知識　個人名義の口座を法人の事業用に転用している場合

例えば個人事業主が法人成りしたケースなど、個人名義の口座を法人用に転用していることがあります。この場合でも、口座名義は個人なので、[受取利息]に含めてはいけません。残高合わせのために法人の会計ソフトなどで計上する必要があれば、[未払金]（→P.262）と相殺するなどで対応するとよいでしょう。

P/L　営業外収益　受取利息

第 2 章 | P/L | 営業外収益

受取配当金

損益計算書（P/L）

増えたら → 貸方

消費税 課税 非課税 **対象外**
対象 法人 個人

💡 株式や出資金などの配当金を受けとったときに使用する

［受取配当金］は、**法人が保有する株式や出資金の配当金、分配金を受けとったときに使用します**。個人事業主の場合、受けとった配当金は配当所得に該当するので、事業所得の計算には反映させません。とくに中小企業でもっとも多いのは、付き合いのある信用金庫の出資金から生じる配当金です。

法人で受けとる配当金は、以下のように税率が決められています。

- 上場株式の配当金　　　15.315%（所得税15％＋復興特別所得税0.315％）
- 上場株式以外の配当金　20.42%（所得税20％＋復興特別所得税0.42％）

配当金は郵便や、証券会社のサイトから源泉徴収された金額の書かれた資料をダウンロードできるので、その数字の通りに仕訳をすればよいでしょう。個人で受けとる配当にかかる税率は一律20.42％ですが、法人の場合は上場株式かそれ以外かで、配当の源泉徴収税率が変わります。

摘要例	☐ 出資金配当　☐ 株式配当　☐ 国外配当　☐ 投資信託の収益分配金 ☐ 残余財産分配によるみなし配当　☐ 配当から控除された所得税 ☐ 外国法人による配当から控除された外国税額

仕訳の基本

 増加　［受取配当金］は収益のため、**増える場合は貸方**に仕訳！

例 出資金を入れている信用金庫から、出資金の配当金80円が入金された。

借方	普通預金	80円	貸方	受取配当金	100円
	法人税等	20円			

※受けとった配当は返金しないので、［受取配当金］が減ることはない。

さまざまな仕訳例

▶ 会社が保有する上場株式の配当金

例 会社で保有している上場株式の配当金1万2,703円が入金された。

借方			貸方		
普通預金		12,703円	受取配当金		15,000円
法人税等		2,297円			

上場株式の配当金を法人が受けとる場合、配当総額から所得税・復興特別所得税の合計として15.315％分が源泉徴収されて支払われます。控除された金額は[**法人税等**]（→P.160）で計上し、決算時に納めるべき法人税から控除することができます。証券会社から控除された所得税等の明細が入手できれば、その通りに計算すればよいですし、明細がなければ受取額を（1－0.15315＝0.84685）で割れば[**受取配当金**]の金額が計算できます（1円未満の端数切り捨て）。

▶ 出資している信用金庫からの配当金

例 出資金を入れている信用金庫から、出資金の配当金796円が入金された。

借方			貸方		
普通預金		796円	受取配当金		1,000円
法人税等		204円			

出資先の信用金庫からの配当金も同様に、源泉徴収されたうえで振り込まれます。[**法人税等**]で処理する理由は、法人税の計算上、源泉徴収された所得税は法人税の前払いとして控除できるからです。

▶ 外国企業からの配当金

例 会社で保有している米国企業の上場株式の配当金1万2,703円が入金された。

借方			貸方		
普通預金		12,703円	受取配当金		16,650円
法人税等（源泉所得税）		2,297円			
法人税等（外国税額）		1,650円			

外国企業からの配当についても、源泉徴収されて入金される点は国内と同じです（この仕訳例では「2,297円」が該当）。ただし、外国企業からの配当では、さらにその手前で10％の外国税額が控除されます（この仕訳例では「1,650円」が該当）。この外国税額も法人税の前払いとして、法人税の申告で一部または全額を控除できます。

第 2 章 | P/L | 営業外費用

支払利息
割引料

損益計算書（P/L）

- 消費税　課　税　非課税　**対象外**
- 対　象　法　人　個　人

借方 ← 増えたら　減ったら → 貸方

💡 支払った利息や売掛金・手形の割引料を計上する

金融機関で事業のためにお金を借りれば、利息を支払います。また、知り合いや取引先から事業用資金を借りた場合も、利息の支払いが必要です。これらの利息を支払ったときに使用するのが[**支払利息**]です。ほかにも手形を早期に現金化するために割り引いた場合の割引料や、早期入金に伴う割引料の支払いも利息の性質をもっていますが、これらは[**割引料**]という勘定科目で処理することが通常です。

摘要例	☐ 借入金利息　☐ 融資利息　☐ 取引先への支払利息　☐ 手形割引料
	☐ 電子記録債権割引料　☐ 知人への支払利息　☐ 利息から控除された所得税

仕訳の基本

増加　[支払利息][割引料]は費用のため、**増える場合は借方**に仕訳！

例 金融機関からの借入金の利息1万円が、銀行口座から引き落とされた。

| 借方 | 支払利息 | 10,000円 | 貸方 | 普通預金 | 10,000円 |

減少　[支払利息][割引料]は費用のため、**減る場合は貸方**に仕訳！

例 金融機関からの借入金の一括返済を行ったため、支払済みの利息のうち未経過期間分である1,000円が返金された。

| 借方 | 普通預金 | 1,000円 | 貸方 | 支払利息 | 1,000円 |

さまざまな仕訳例

▶ 借入金の元本返済と利息の支払い（同時に引き落とされた場合）

例 金融機関から返済期間5年で借りている［**長期借入金**］について、元本の返済金10万円と利息9,000円が、普通預金口座から引き落とされた。

借方	長期借入金	100,000円	貸方	普通預金	109,000円
	支払利息	9,000円			

借入金の返済には、元本と利息が別途引き落とされるパターンと、元本と利息を合わせて引き落とされるパターンがあります。後者の場合、利息と元本の返済額を分けて計上する必要があります。

▶ 役員から会社への貸付金の返済

例 代表取締役が会社の一時的な資金繰りのために3ヵ月後に返済してもらう予定で貸していたお金のうち、10万円を会社の銀行口座から代表取締役の普通預金口座に返金した。

借方	短期借入金	100,000円	貸方	普通預金	100,000円

金融機関からの借入金には利息がかかるのが通常ですが、代表取締役などが会社の資金繰りのために貸したお金については、無利息で問題ありません。利息をとった場合、個人の雑所得として所得税の課税対象になります。そのため、とくに役員から会社への貸付金については、利息をとらないことが通常です。

▶ 個人事業主の自宅兼事業用建物のローンにかかる利息の支払い

例 自宅兼店舗のローンの利息として、1万円を振り込んだ。店舗部分は10%である。

借方	支払利息	1,000円	貸方	事業主借	1,000円

個人事業主の自宅兼事業用の建物のローンについては、事業用部分を費用計上できます。ただし、住宅ローン控除を受けている場合は、控除額に影響が出ることもありますので注意しましょう。

第 2 章 | P/L | 営業外収益／営業外費用

仕入割引
売上割引

- 消費税　課税　非課税　**対象外**
- 対象　法人　個人

💡 期日前の代金回収や、支払い時に一部減額があったときに使う

　売上代金を早期に回収できたときに利息相当額の[**売掛金**]を減額した場合、その減額分を計上するために[**売上割引**]という勘定科目を使用します。**予定よりも早期に代金を受けとれると、資金繰りでのメリットがあります。**そのため、早期回収を促すために、割引制度を設けている企業があります。逆に早期に支払ったことで[**買掛金**]などの負債を免除してもらった場合は、[**仕入割引**]で営業外収益に計上します。

摘要例
- □ 売掛金の早期回収による割引料　□ 買掛金の早期支払いによる割引料
- □ 売掛金の一部免除　□ 買掛金の一部免除

仕訳の基本

 増加　[**仕入割引**]は収益のため、**増える場合は貸方**に仕訳！

例 [**買掛金**]15万円を予定よりも 2 週間早く支払い、後日 1 ％の割引を受けた。

| 借方 | 普通預金 | 1,500円 | 貸方 | 仕入割引 | 1,500円 |

 増加　[**売上割引**]は費用のため、**増える場合は借方**に仕訳！

例 [**売掛金**]10万円を予定よりも 2 週間早く受けとったため、後日 1 ％の割引を行った。

| 借方 | 売上割引 | 1,000円 | 貸方 | 普通預金 | 1,000円 |

さまざまな仕訳例

▶ 割引分の控除を含む［売掛金］の入金

例　［売掛金］20万円を予定よりも2週間早く支払ってもらえるため、1％の割引を行った。取引条件に基づいて、相手方から割引分を引いて入金された。

借方			貸方		
普通預金	198,000円		売掛金	200,000円	
売上割引	2,000円				

実務上は、あらかじめ決められた取引条件に基づいて、売上割引分が控除された金額で入金されることが多くあります。その場合は入金時に［売上割引］を計上します。同様に、自社が仕入割引分を控除して支払った場合は、支払い時に［仕入割引］を計上します。

プラスの知識　返品・値引・割戻しと割引の違い

［売上返品］や［売上値引］、［売上割戻し］と［売上割引］の違いは販売行為に対するものか、代金回収に関するものかです。**返品・値引・割戻しは販売行為のためのものであり、その性質としては［売上高］そのものの変動です。一方、［売上割引］は早く代金を支払ってもらったことによる代金の一部免除です。**「売上」とありますが、実際は売掛金割引です。［売上割引］は相手に利息を支払ったことと同じ性質なので、営業外費用となります。また、［仕入返品］や［仕入値引］、［仕入割戻し］と、［仕入割引］の関係も同様です。

勘定科目名	内容	計上方法
売上返品	売り上げた商品が返品されたときに使用する	［売上高］を減額（直接減額または独立した勘定科目で間接的に減額）
売上値引	売り上げた商品代金の値引きを行った場合に使用する	［売上高］を減額（直接減額または独立した勘定科目で間接的に減額）
売上割戻し	大量に発注してもらった際などに、量に応じて代金を減額した場合に使用する	［売上高］を減額（直接減額または独立した勘定科目で間接的に減額）
売上割引	早期に支払いを受けたため、代金の支払いを一部免除した場合に使用する	営業外費用

第2章 | P/L | 営業外収益／営業外費用

有価証券売却益
有価証券売却損

- 消費税　課税　**非課税**　対象外
- 対象　**法人**　個人

法人名義の有価証券を売却したときに使用する

　株式などの有価証券を売却した際、貸借対照表上の帳簿価額と売却した代金に差額がある場合に、その差額を計上するのが［有価証券売却益／売却損］です。**上場株式でも非上場株式でも、売却して差額が発生すればこの勘定科目を使用します。** 複数の有価証券を売却して売却益と売却損が発生した場合には、決算書上は相殺して純額で表示します。なお、上場株式については、相手の勘定科目に［預け金］（→P.208）を使用する場合もあります。

摘要例　□株式の売却　□国債の売却　□社債の売却　□投資信託の売却
　　　　□合同会社の持ち分譲渡　□先物決済　□FX決済　□暗号資産の売却

仕訳の基本

 増加　　［有価証券売却益］は収益のため、**増える場合は貸方**に仕訳！

例　保有していた株式20万円分を25万円で売却した。

借方		貸方	
普通預金	250,000円	有価証券	200,000円
		有価証券売却益	50,000円

 増加　　［有価証券売却損］は費用のため、**増える場合は借方**に仕訳！

例　保有していた株式16万円分を10万円で売却した。

借方		貸方	
普通預金	100,000円	有価証券	160,000円
有価証券売却損	60,000円		

さまざまな仕訳例

▶ 上場会社の株式売却

例 保有している上場株式10万円分を11万円で売却した。当社は消費税の課税事業者である。

借方			貸方		
普通預金	110,000円		有価証券売却益	110,000円
有価証券売却益	100,000円		有価証券	100,000円

実務では、消費税の考慮が必要です。有価証券の売却時には、消費税の納税額の計算時に売却額の5％のみ消費税の非課税売上にするルールがあります。一般の会計ソフトには消費税区分という機能があり、売却額（上記の例では貸方の11万円）そのものを有価証券の譲渡による5％の設定とします。その結果生じる貸借の差額（上記の例では借方の10万円）は対象外にする必要があります。このように分けることで、貸方の実際の売却額に消費税の課税区分を設定することが可能です（P.153～154も参照）。

プラスの知識　有価証券売却損益の計上のタイミング

　有価証券の売却方法は、主に3つあります。上場株式など市場がある有価証券の市場取引、非上場株式などを個別に売買する相対取引、合併などの組織再編時に伴う取引です。それぞれ以下の日付で売却損益を計上します。
- **市場取引**：マーケットで取引が成立した約定日
- **相対取引**：売買契約書による約定日
- **組織再編による取引**：組織再編日

▶ 株式売却（手数料の扱い）

例 株式売却に伴い、証券会社に1,000円の手数料を支払った。

借方		貸方	
有価証券売却手数料	1,000円	普通預金	1,000円

有価証券を売却した際、証券会社に支払った手数料は［**有価証券売却手数料**］という勘定科目で、営業外費用に計上します。［**有価証券売却損益**］が営業外損益なので、そのための費用も営業外費用となるのです。証券会社への手数料は消費税の課税対象です。非課税である［**有価証券売却損益**］と相殺すると消費税の計算が適正に行われませんので、必ず売却損益と売却に伴う手数料は別に計上するのがおすすめです。

143

第2章 | P/L | 営業外収益／営業外費用

為替差益
為替差損

- 消費税 課税 非課税 **対象外**
- 対象 法人 個人

💡 外貨建ての取引をした場合に使用する

例えば「1ドル＝145円」というように、為替相場は日々動いています。そのため、**外貨で取引した場合は、売上や費用の計上時点と支払い時点の為替相場が異なることが通常です**。その為替変動による差額を計上するのが、[為替差益／差損]です。外貨建ての[売掛金]や[買掛金]などが期末に残った場合も期末の為替レートで再計算して、差額を[為替差益／差損]で計上します。[為替差益]と[為替差損]がいずれも発生した場合、決算書上では相殺して純額で表示します。

摘要例
- □ 売掛金入金時の為替差益（差損） □ 買掛金支払い時の為替差益（差損）
- □ 期末外貨建て売掛金の評価替え □ 期末外貨建て買掛金の評価替え

仕訳の基本

 増加 [為替差益]は収益のため、**増える場合は貸方**に仕訳！

例 売上時に1ドル100円の[売掛金]1,000ドルが入金時は1ドル105円だった。

借方			貸方		
普通預金	105,000円		売掛金	100,000円	
			為替差益	5,000円	

増加 [為替差損]は費用のため、**増える場合は借方**に仕訳！

例 仕入時に1ドル100円の[買掛金]600ドルが、支払い時は1ドル105円だった。

借方			貸方		
買掛金	60,000円		普通預金	63,000円	
為替差損	3,000円				

さまざまな仕訳例

▶ 期末の評価替え

例 売上計上時に1ドル100円だった[売掛金]1,000ドルが、未入金のまま決算を迎えた。決算時の為替レートは1ドル107円である。

| 借方 | 売掛金 | 7,000円 | 貸方 | 為替差益 | 7,000円 |

実際にお金が動いたとき以外にも、期末に残った外貨建ての資産や負債があれば、期末の為替レートで換算し直します。換算し直す外貨建ての資産・負債の例として、[普通預金][売掛金][未収金][前払金][買掛金][未払金][短期借入金][前受金]があります。

▶ 決算時の相殺処理

例 決算時に[為替差益]が1万円、[為替差損]が9,500円計上されている。

| 借方 | 為替差益 | 9,500円 | 貸方 | 為替差損 | 9,500円 |

[為替差益]と[為替差損]は、決算時に相殺して多いほうだけ残るようにします。この仕訳例でいえば、決算書上には差額として「為替差益500円」のみが残ります。為替でいくら損益に影響があったかを示せればよいので、相殺することで、より明確に為替の影響がわかるようになるのです。この処理は[有価証券売却益／損]（→P.142）でも同じように行います。

▶ 決算時の為替レートの為替替え

例 米国企業に商品1,000ドルを、掛けで販売していた。決算日に為替レートで換算して、差額を[為替差益]に振り替えた。販売時は1ドル＝105円で、決算時は1ドル＝110円だった。

| 借方 | 売掛金 | 5,000円 | 貸方 | 為替差益 | 5,000円 |

外貨で取引をした場合、決算時になっても回収できていない[売掛金]があれば、決算時点の為替レートで換算し直します。このとき、差額が増えていたら[為替差益]、減っていたら[為替差損]で処理します。

第2章 | P/L | 営業外収益

雑収入
（雑益）

損益計算書（P/L）

費用	売上原価	収益	売上高
	販売管理費		営業外収益
	営業外費用		特別利益
	特別損失		
	税金等		

- 消費税　課税　非課税　対象外
- 対　象　法人　個人

借方 ← 減ったら　増えたら → 貸方

💡 本業の売上以外で受けとる少額の収入を計上する

　事業を行ううえで、本業の収益以外にもさまざまな内容で収入があります。そのうち少額や一時的なもので、独立した勘定科目で仕訳するほど重要ではないものを計上するのが［雑収入］です。本業の収益以外のもののうち、その他の営業外収益の勘定科目に該当しない収入はすべて［雑収入］で計上します。［雑益］という勘定科目が使われることもありますが、［雑収入］と同じ意味です。

摘要例
- □ 社宅家賃の従業員負担分　□ 法人契約の保険金の受けとり
- □ 法人契約の保険解約金の受けとり　□ 助成金　□ 補助金　□ 還付加算金
- □ キャッシュレス決済導入時の口座確認入金　□ 消費税仕訳時の差額

仕訳の基本

増加　［雑収入］は収益のため、**増える場合は貸方**に仕訳！

例 従業員雇用関係の助成金として、30万円が入金された。

借方	普通預金	300,000円	貸方	雑収入	300,000円

減少　［雑収入］が減る場合は、［雑損失］（費用）の増加として仕訳！
　　　　同じ事業年度内で［雑収入］の減少があった場合は、
　　　　［雑収入］のマイナスで仕訳することもできる！

例 過去に受給した補助金の一部である10万円が、審査により返還となった。

借方	雑損失	100,000円	貸方	普通預金	100,000円

さまざまな仕訳例

▶ 還付加算金の入金

例 前期の決算時に計上した消費税の還付金100万円が入金された。入金時に5,000円の還付加算金が付加された。

借方			貸方		
普通預金		1,005,000円	未収金		1,000,000円
			雑収入		5,000円

消費税の中間納付時に納めすぎていたり、消費税に還付金が発生したりした場合は、金額によって還付加算金が付加されます。この還付加算金は[**雑収入**]で計上します。利息的な意味合いなので、消費税は対象外となります。なお、還付予定額は[**未収金**]（→P.204）または[**未収消費税等**]で計上します。

▶ 社宅家賃の天引き

例 従業員に給与20万円を支払う際、社宅の家賃として2万円を天引きした。

借方			貸方		
給与手当		200,000円	普通預金		180,000円
			雑収入		20,000円

社宅の家賃のうち、税務上、一部の金額は個人負担分として従業員や役員から徴収します。徴収した金額は従業員から受けとった家賃という扱いになり、本業の収益とは区別するため、[**雑収入**]で計上します。消費税は非課税です。

▶ 法人契約の生命保険の解約金

例 法人で契約していた生命保険の解約により、解約金100万円が振り込まれた。保険料の支払い時に、30万円を保険積立金として資産計上していた。

借方			貸方		
普通預金		1,000,000円	雑収入		700,000円
			保険積立金		300,000円

法人契約の生命保険を解約したときの解約金は、[**雑収入**]に計上します。保険の性質上、[**保険積立金**]などで保険料の一部を資産計上していた場合は、解約金と資産計上していた額の差額が[**雑収入**]となります。なお、個人事業主が受取人となる生命保険金や生命保険の解約金は、一時所得か贈与となるため、仕訳は不要です。

第2章 | P/L | 営業外費用

雑損失

- 消費税 課税 非課税 対象外
- 対　象 法人 個人

原価や販管費以外で支払う少額の費用を計上する

[雑損失]は少額や一時的なもので、独立した勘定科目で仕訳するほど重要ではないものを計上するために使用します。**本業でかかる費用以外のうち、その他の営業外費用の勘定科目に該当しない損失はすべて[雑損失]で計上します。**[雑費]（→P.132）と名称が似ていますが、[雑費]は本業のための費用に使用し、[雑損失]は本業以外の費用に使用します。

摘要例	☐違約金の支払い ☐過料の支払い ☐損害賠償金の支払い
	☐反則金の支払い ☐補助金の返還 ☐消費税仕訳時の差額

仕訳の基本

 増加　[雑損失]は費用のため、**増える場合は借方**に仕訳！

例）顧客への損害賠償金として、3万円を支払った。

| 借方 | 雑損失 | 30,000円 | 貸方 | 普通預金 | 30,000円 |

 減少　[雑損失]が減る場合は、[雑収入]（収益）の増加として仕訳！
同じ事業年度内で[雑損失]の減少があった場合は、
[雑損失]のマイナスで仕訳することもできる！

例）過去に支払った違約金の一部について、相手先に過失があったため、1万円が返金された。

| 借方 | 普通預金 | 10,000円 | 貸方 | 雑収入 | 10,000円 |

さまざまな仕訳例

▶ 過料の支払い

例 役員の任期満了による登記を怠っていたため、3万円の過料を課された。

| 借方 | 雑損失 | 30,000円 | 貸方 | 現金 | 30,000円 |

会社の登記について、会社法で定められた期限を大きく超過すると、過料が課されます。ただし、過料は法人税の申告時には損金（費用）として計上できないため、あえて[雑損失]で計上せずにポケットマネーで支払うこともあります。

▶ 補助金の返還

例 過去に受給した補助金について、審査の結果10万円を返還した。

| 借方 | 雑損失 | 100,000円 | 貸方 | 普通預金 | 100,000円 |

一度受給した補助金を返還する場合、その返還額は[雑損失]で計上します。

▶ 反則金の支払い

例 役員の送迎車を使用中の駐車違反により、反則金1万円が課せられた。

| 借方 | 雑損失 | 10,000円 | 貸方 | 普通預金 | 10,000円 |

反則金は運送業など車両の運行が本業でなければ、[雑損失]で処理します。

▶ 違約金の返金

例 過去に支払った違約金の一部について、相手先に過失があったため1万円返金された。

| 借方 | 普通預金 | 10,000円 | 貸方 | 雑収入 | 10,000円 |

とくに年度をまたぐ返金は[雑収入]で計上します。[雑損失]はそれほど発生しないので、年度をまたぐ返金を[雑損失]のマイナスで計上すると、決算書上、[雑損失]のマイナスで表示されてしまうためです。

第2章 | P/L | 特別利益／特別損失

固定資産売却益
固定資産売却損

- 消費税　課税　非課税　対象外
- 対象　　法人　個人

損益計算書（P/L）

費用	収益
売上原価	売上高
販売管理費	営業外収益
営業外費用	特別利益
特別損失	
税金等	

借方 ← 売却損が増えたら　　売却益が増えたら → 貸方

💡 固定資産を売却した際に使用する

事業用の社用車やパソコンなどの固定資産を売却したら、その売却代金は[固定資産売却益／売却損]で計上します。固定資産の計上金額よりも、売却時に代金を多く受けとった場合は[固定資産売却益]が発生します。反対に売却代金が固定資産の計上金額よりも低かった場合は、[固定資産売却損]に計上されます。

摘要例
- ☐ 社用車売却　☐ パソコン売却　☐ スマートフォン売却　☐ 機械装置売却
- ☐ 自社ビル売却　☐ 社有社宅売却　☐ 社有アパート売却　☐ 社有土地売却
- ☐ 自社保有ソフトウェア権利売却

仕訳の基本

↑増加　[固定資産売却益]は収益のため、**増える場合は貸方**に仕訳！

例 社用車を200万円で売却した。売却時の未償却残高は150万円である。減価償却は直接法を採用している。

借方	普通預金	2,000,000円	貸方	車両運搬具	1,500,000円
				固定資産売却益	500,000円

↑増加　[固定資産売却損]は費用のため、**増える場合は借方**に仕訳！

例 社用車を180万円で売却した。売却時の未償却残高は210万円である。減価償却は直接法を採用している。

借方	普通預金	1,800,000円	貸方	車両運搬具	2,100,000円
	固定資産売却損	300,000円			

さまざまな仕訳例

▶ 固定資産の売却益が出た場合（間接法）

例 保有しているパソコンを3万円で売却し、代金は[現金]で受けとった。減価償却は間接法を採用しており、売却したパソコンは購入時30万円で、残存価額は2万円である。

借方		貸方	
現金	30,000円	工具器具備品	300,000円
減価償却累計額	280,000円	固定資産売却益	10,000円

売却時点での[減価償却費]に未計上の残存価額よりも、売却代金を多く受けとった場合は、その差額の[固定資産売却益]が発生します（この仕訳例では1万円）。間接法（→P.121）を採用している場合、取得価額30万円とその固定資産にかかる売却時点での[減価償却累計額]を両方消す仕訳が必要です。直接法に比べて仕訳がややこまかくなるので、固定資産台帳を確認して未償却の残存価額を確認する必要があります。

▶ 固定資産の売却損が出た場合（間接法）

例 保有しているパソコンを3万円で売却し、代金は[現金]で受けとった。減価償却は間接法を採用しており、売却したパソコンは購入時30万円で、残存価額は5万円である。

借方		貸方	
現金	30,000円	工具器具備品	300,000円
減価償却累計額	250,000円		
固定資産売却損	20,000円		

間接法で残存価額よりも売却代金が少なければ、その損失額（この仕訳例では2万円）を[固定資産売却損]で計上します。

プラスの知識　期中に売却した場合は2つの計算方法がある

期中に固定資産を売却した場合、①売却日までの[減価償却費]を計上してから[固定資産売却益／売却損]を計算する方法と、②期首から売却までの[減価償却費]は計上せずに前期末の残存価額と売却金額の差額を[固定資産売却益／売却損]で計上する方法があります。

151

①の方法で計算するほうが、より正確に[固定資産売却益／売却損]を計上しているといえます。ただし、実務上は[減価償却費]をどのように計上しているかによって、計算方法を決めるのが通常です。毎月[減価償却費]を計上しているのであれば①の計算方法が採られますし、[減価償却費]の計上は年1回決算時だけといった場合は②の計算方法を採ることになります。

▶ 固定資産の下取り

例 新たな社用車を300万円で購入した。その際に帳簿価額200万円の社用車を100万円で下取りしてもらい、残りの200万円は[現金]で支払った。減価償却は直接法を採用している

借方		貸方	
車両運搬具	3,000,000円	車両運搬具	2,000,000円
固定資産売却損	1,000,000円	現金	2,000,000円

　固定資産の下取りをした場合は、固定資産の売却と購入という2つの取引を同時に行ったことになります。この仕訳例でいえば、古い社用車を売却して100万円を受けとり、その100万円をそのまま新しい社用車の購入にあてたことになります。この場合、実際には売却代金を受けとっていないので、[現金]の動きだけを追ってしまうと、「借方 車両運搬具200万円／貸方 現金200万円」といった仕訳ミスが起こる可能性があります。古い固定資産を貸借対照表に残したまま、支払った[現金]の金額だけで新しい社用車の帳簿価額として計上してしまうのです。固定資産の下取りは社用車だけでなく、パソコンなどさまざまなもので行われるので、下取りで売却した固定資産が貸借対照表に残らないように注意しましょう。

▶ 残存価額のない固定資産の売却

例 保有しているパソコンを3万円で売却した。このパソコンは25万円で購入し、購入年度に全額償却していて残存価額はない。減価償却は直接法を採用している。

借方		貸方	
現金	30,000円	固定資産売却益	30,000円

　すでに減価償却が済んでいて残存価額がない場合は、売却金額をすべて[固定資産売却益]として計上します。

プラスの知識　少額減価償却資産の一括償却時の勘定科目

　取得価額が10万円未満である減価償却資産を「少額減価償却資産」といいます（中小企業者等の少額減価償却資産の取得価額の損金算入の特例の場合は30万円未満）。減価償却資産と名のつく通り、固定資産ですが、**税金の計算上、取得した年に全額を減価償却することができます**。全額が減価償却されて費用となるため、法人の場合のみ、処理を簡便にするために[消耗品費]として計上することが認められています（個人事業主の場合は不可）。ただし、この特例は税金の計算のための処理であり、固定資産であることには変わりありません。そのため、会計上より正確に決算書に情報を反映させるにあたっては、いったん固定資産に計上したうえで、[減価償却費]を計上する方法が望ましいです。また、この特例を使って全額償却した固定資産も償却資産税の申告に含めなければならないため、償却資産税の申告漏れを防ぐためにもこの方法がおすすめです。

▶ 固定資産の売却（売却益、消費税の扱い）

例　保有しているパソコンを3万円で売却し、代金は[現金]で受けとった。減価償却は直接法を採用しており、売却したパソコンの残存価額は2万円である。また、消費税の納税義務がある。

借方		貸方	
現金	30,000円	工具器具備品	20,000円
固定資産売却益(対象外)	20,000円	固定資産売却益(課税)	30,000円

固定資産の残存価額と売却代金の差額が[固定資産売却益／売却損]になります。さらに実務においては、消費税の視点からの仕訳も必要です（詳しくは下記参照）。

●消費税が絡む固定資産を売却するときのポイント

　固定資産を売却したときに注意すべきは、**消費税は売却益にかかるのではなく、売却代金そのものにかかる点**です。上記の仕訳例でいえば、消費税の課税対象は[固定資産売却益]の1万円ではなく、売却代金の3万円です。固定資産は商品ではありませんが、商品を3万円で販売すれば、その代金に消費税がかかるのと同じ考えです。

　売却代金3万円に消費税を課税させるためには、この3万円を[売上高]と同

じように[固定資産売却益]として計上します。ただし、簿記上の考えでは[固定資産売却益]は１万円です。**そのため、借方にも[固定資産売却益]を計上することで、マイナスさせる処理をします。**それが上記仕訳の借方[固定資産売却益]２万円です。売却益を借方に計上するのは違和感がありますが、消費税を正確に計算するためであり、この仕訳では貸借を相殺して考えましょう。

　会計ソフトであれば、貸方の３万円の[固定資産売却益]は課税対象、借方の２万円の[固定資産売却益]は対象外とすることで、３万円を消費税の課税対象にするといった工夫ができます。

　このように実務では、消費税の考え方も仕訳に反映させなければなりません。とくにこの固定資産の売却時の仕訳ができるかどうかで、消費税を理解しているかどうかがわかるといえます。インボイス制度が始まり、多くの事業者が課税事業者になっているため、もし自ら仕訳を行うのであれば、こうした消費税の知識は必須といえます。

▶ 固定資産の売却（売却損、消費税の扱い）

例 保有しているパソコンを３万円で売却し、代金は[現金]で受けとった。減価償却は直接法を採用しており、売却したパソコンの残存価額は４万円である。また、消費税の納税義務がある。

借方		貸方	
現金	30,000円	工具器具備品	40,000円
固定資産売却損(対象外)	40,000円	固定資産売却損(課税)	30,000円

　固定資産の売却に関する消費税の課税については、売却損が発生した場合も同じです。上記仕訳の場合、借方の売却損４万円は消費税の対象外、貸方の売却損３万円は消費税の課税対象となります。貸方だからといって売却益にしてしまうと、実際には売却損なのに売却益が出ているように見えてしまいますので、貸借ともに同じ勘定科目を使うように注意しましょう。

> **ここに注意　固定資産ではない備品を売却した場合**
>
> 　固定資産に計上していない備品を売却した場合、売却代金は[雑収入]で計上します。例えば、社用のスマートフォンやパソコンなどで、取得価額が10万円未

満のため、固定資産に計上せずに[消耗品費]などで処理していた場合です。**とくに売却代金を現金で受けとったときは、計上漏れが発生しがちなので注意しましょう。**会社の経費で計上したものは会社の所有物であり、売却代金も会社の収益として計上しなければいけません。

▶ 固定資産の売却（手数料の扱い）

例 固定資産に計上していたパソコン15万円（全額減価償却済み）をインターネット上のサービスを利用して売却した。サービス利用料5,000円が引かれたうえで、売却代金として5万円を受けとった。

借方			貸方		
普通預金	50,000円		固定資産売却益	55,000円	
固定資産売却益	5,000円				

固定資産を売却する際にかかった手数料については、[固定資産売却益]（または[固定資産売却損]）の金額を調整して計上します。この仕訳例でいえば、売却益は5万5,000円で、手数料としてその売却益から5,000円が差し引かれているとなります。固定資産の売却は営業外収益／損失なので、[支払手数料]（→P.102）など販売管理費で計上することがないようにしましょう。

▶ 無形固定資産の売却

例 保有していた特許権（残存価額80万円）を100万円で売却した。

借方			貸方		
普通預金	1,000,000円		固定資産売却益	200,000円	
			特許権	800,000円	

[特許権]などの知的財産権や[ソフトウェア]（→P.240）などの無形固定資産については、[減価償却費]の計上方法は直接法（→P.121）のみです。そのため、売却したときも[減価償却累計額]のマイナスという仕訳は不要です。

第 2 章 | P/L | 特別損失

固定資産除却損

- 消費税　課税　非課税　**対象外**
- 対象　法人　個人

損益計算書（P/L）

費用	売上原価	収益	売上高
	販売管理費		
	営業外費用		営業外収益
	特別損失		特別利益
	税金等		

借方 ← 増えたら

固定資産の除却を行ったときに使用する

　使用していた固定資産を廃棄したり、使用を中止して再利用する見込みがなくなったりすることを「固定資産を除却する」といいます。除却された固定資産については貸借対照表から削除するとともに、まだ[減価償却費]を計上していない残存価額があれば、その分を[固定資産除却損]で計上します。一方、廃棄などではなく、売却をした場合は[固定資産売却益／売却損]（→P.150）として計上します。勘定科目名が似ていますので、混同しないように注意しましょう。

　廃棄せずに使用停止して再利用の見込みがないことによる除却を、とくに**有姿除却**といいます。処分に多額の費用がかかったり、事業に使用しなくても売却価値はありそうだったりする際に有姿除却が行われます。

摘要例　□パソコンの廃棄　□複合機の廃棄　□社用車の廃車　□機械装置の廃棄
　　　　□本社ビルの取り壊し　□ソフトウェアの使用中止　□機械装置の使用中止
　　　　□内装の工事撤去　□破損による固定資産の廃棄

仕訳の基本

増加　[固定資産除却損]は費用のため、**増える場合は借方**に仕訳！

例　使用していたパソコンが壊れたため、廃棄した。購入時は30万円で、残存価額は5万円である。減価償却は直接法を採用している。

借方	固定資産除却損	50,000円	貸方	工具器具備品	50,000円

 減少　[固定資産除却損]が減ることはない！

さまざまな仕訳例

▶ 固定資産の除却（間接法）

例 使用していたパソコンが壊れたため、廃棄した。購入時は30万円で、残存価額は5万円である。減価償却は間接法を採用している。

借方			貸方		
固定資産除却損	50,000円		工具器具備品	300,000円	
減価償却累計額	250,000円				

間接法の場合、除却対象となる固定資産にかかる[**減価償却累計額**]を消去する仕訳が必要です。なお、固定資産の除却は廃棄しているだけなので、消費税は関係しません。固定資産を除却した場合、その時点の処分価値で再計算して[**固定資産除却益**]を計上するという考え方もありますが、通常は行いません。

▶ 固定資産の除却（費用処分の扱い）

例 使用していた機械が旧式になり、使用を停止して倉庫で保管することになった。倉庫への発送費用3万円を[**現金**]で支払った。購入時は100万円で、残存価額は5万円である。減価償却は直接法を採用している。

借方			貸方		
固定資産除却損	80,000円		機械装置	50,000円	
			現金	30,000円	

固定資産の除却にかかる費用も、[**固定資産除却損**]に含めます。倉庫への発送費用や廃棄処分費用などが当てはまります。[**荷造運賃**]（→P.68）や[**外注費**]（→P.64）で計上しないように注意しましょう。

▶ [ソフトウェア]の除却

例 使用していた業務用ソフトを別の会社のものに変更することになり、再利用の見込みがなくなった。旧ソフトは10万円が未償却である。

借方			貸方		
固定資産除却損	100,000円		ソフトウェア	100,000円	

[**ソフトウェア**]（→P.240）でも使用する見込みがなくなれば、除却対象となります。

第 2 章 | P/L | 特別利益／特別損失

投資有価証券売却益
投資有価証券売却損

- 消費税　課税　**非課税**　対象外
- 対象　　**法人**　個人

💡 売買目的以外で保有の有価証券の売却時に使用する

　法人が有価証券を保有する目的は、売買による差益を得ることや他社の支配目的など、さまざまです。売買目的以外で保有する有価証券を売却した場合は、[投資有価証券売却益／売却損]という勘定科目を使用して、[有価証券売却益／売却損]と区別します。売買目的の有価証券の売買は経常的に発生するため、営業外収益（費用）に該当しますが、[**投資有価証券売却益／売却損**]は臨時的に発生するため、特別利益（損失）に該当します。

摘要例　☐保有目的の社債売却　☐子会社株式の売却　☐保有目的の国債売却
　　　　☐関係会社株式の売却

仕訳の基本

増加　[**投資有価証券売却益**]は収益のため、**増える場合は貸方**に仕訳！

例　[**子会社株式**]（帳簿価額90万円）を100万円で他社に売却した。

借方	普通預金	1,000,000円	貸方	子会社株式	900,000円
				投資有価証券売却益	100,000円

増加　[**投資有価証券売却損**]は費用のため、**増える場合は借方**に仕訳！

例　[**子会社株式**]（帳簿価額90万円）を80万円で他社に売却した。

借方	普通預金	800,000円	貸方	子会社株式	900,000円
	投資有価証券売却損	100,000円			

さまざまな仕訳例

▶［子会社株式］の売却時の手数料

例 ［**子会社株式**］を売却する際、仲介会社に10万円の手数料を支払った。

借方	投資有価証券売却手数料 100,000円	貸方	普通預金 100,000円

投資有価証券の売買は市場がないものであれば、仲介会社を通すケースがあります。その際に支払う手数料は［**投資有価証券売却手数料**］という勘定科目を使い、特別損失で計上します。とくに子会社株式など証券市場での売却ができない株式は、M&Aの仲介会社に依頼するなどして売却が行われます。

▶［子会社株式］の売却（売却益の場合、消費税の扱い）

例 保有している［**子会社株式**］10万円分（帳簿価額）を、その時点の時価換算により11万円で他社に売却した。当社は消費税の課税事業者である。

借方	普通預金　　　　　110,000円 投資有価証券売却益 100,000円	貸方	子会社株式　　　　100,000円 投資有価証券売却益 110,000円

［**有価証券売却益／売却損**］（→P.143）で説明した通り、消費税の計算上、有価証券の売却時には売却額（この仕訳例では11万円）の5％を消費税の非課税取引にするルールがあります。これは［**子会社株式**］などのケースでも同じです。また、［**子会社株式**］は基本的に保有中は時価評価をしないため、売却時点での子会社株式の時価で換算した金額で売却した場合には［**投資有価証券売却損益**］が計上されます。

▶［子会社株式］の売却（売却損の場合、消費税の扱い）

例 保有している［**子会社株式**］10万円分（帳簿価額）を、その時点の時価換算により9万円で他社に売却した。消費税の課税事業者である。

借方	普通預金　　　　　 90,000円 投資有価証券売却損 100,000円	貸方	子会社株式　　　　100,000円 投資有価証券売却損 90,000円

売却損となる場合でも会計上、消費税が発生します。この仕訳例でいえば、売却額9万円について、有価証券の譲渡で消費税の区分を設定します。

第 2 章 | P/L | 税金等

法人税等
（法人税、住民税及び事業税）

- 消費税　課　税　非課税　**対象外**
- 対　象　**法　人**　個　人

　会社が納めるべき法人税、法人住民税、法人事業税の合計額を計上する

　会社が納める税金には、利益にかかわらず納めるものと決算書で計算された税引前当期純利益（→P.19）をベースに計算するものとがあります。前者の代表は固定資産税や印紙税、自動車税です。**後者には、法人税（地方法人税を含む）、住民税、事業税（特別法人事業税を含む）があります。**このうち、後者の税金を計上するための勘定科目が［法人税等］です。［法人税等］は税引前当期純利益をもとに計算されるため、損益計算書の表示位置も税引前当期純利益の下になります。

摘要例	☐法人税　☐地方法人税　☐法人事業税　☐法人住民税　☐源泉所得税
	☐外国法人税　☐中間納付　☐延滞税　☐不納付加算税

仕訳の基本

 増加　［法人税等］は費用のため、**増える場合は借方**に仕訳！

例　決算を迎え、当期の［法人税等］として30万円を計上した。

| 借方 | 法人税等 | 300,000円 | 貸方 | 未払法人税等 | 300,000円 |

減少　［法人税等］は費用のため、**減る場合は貸方**に仕訳！

例　当期は赤字だったため、中間納付時に計上していた法人税10万円が還付されることになった。

| 借方 | 未収金 | 100,000円 | 貸方 | 法人税等 | 100,000円 |

160

さまざまな仕訳例

▶ 延滞税や加算税などの納付

例 法人税の申告が期限後になり、無申告加算税として5万円を納めた。

| 借方 | 法人税等 | 50,000円 | 貸方 | 普通預金 | 50,000円 |

利益をベースに計算される法人税や法人住民税は、法人税の計算上、費用（損金）に含められません。同様に法人税の計算上、損金に認められないのが延滞税や各種の加算税です。これらは、申告期限や納期限に間に合わなかったことに対するペナルティであるためです。こうしたペナルティを費用に入れて[法人税等]が少なくなるのは、望ましくないといった政策的な意図があります。

交通違反の反則金なども[法人税等]で計上すべき

交通違反の反則金などの罰金や過料、科料も政策的意図から損金に含めることができません。延滞税や加算税等は[租税公課]（→P.114）で計上するケースもありますが、販売管理上、発生した税金とはいえませんし、**法人税の計算上除かなければならないことを考えると、確認しやすい[法人税等]で計上するのが望ましいでしょう。**

[法人税等]と[法人税、住民税及び事業税]の違い

会計ソフトによっては、[法人税等]と[法人税、住民税及び事業税]という2種類の勘定科目が設定されている場合があります。2つとも税引前当期純利益の下にありますが、この2つに特段の違いはありません。あえていえば、[法人税、住民税及び事業税]はその名の通り3つの税金を限定列挙しています。**一方、[法人税等]はより広い範囲を表しています。例えば延滞税や加算税、罰金等は独立した税金であり、3つのいずれにも当てはまりません。そのため、より広く、かつ厳密に勘定科目を使いたいという場合は[法人税等]を使えばよいでしょう。**

COLUMN 2

製造業や建設業で
重要な製造原価報告書

　本書では、貸借対照表や損益計算書に使用する勘定科目を主に説明しています。ただし、実際には損益計算書の作成のために、もう1つの表を作成することがあります。それが**製造原価報告書**です。

　製造原価報告書は、その名の通り製造業において作成される表です。小売業であれば商品を仕入れて販売した場合、商品の仕入値から売上原価を計算することができます。一方、製造業では材料を仕入れて自社で加工して販売するため、**製造にかかったコストを正確に計算しないと、売上原価を計算することができません**。そこで、製造にかかったコストを集計するための表が製造原価報告書なのです。

　例えば、製造業では、営業部や管理部の人件費は販売費や一般管理費として損益計算書に直接計上します。しかし、**製造部の人件費で、製造のために使った時間分は製造原価報告書に含めます**。このように製造業においては、製品が完成するまでに製造のためにかかったコストを、製造原価報告書で集計することで売上原価を計算するのです。

　製造原価報告書は製造業のほか、建設業などに特有のものであり、すべての業種で作成が必要なものではありません。また、上場会社でなければ、製造業であっても、その作成が義務づけられていません。ただし、製造業や建設業においては、製造にかかったコストを区分し、製造原価報告書を作成することが正確な原価計算のために重要といえます。

第3章

貸借対照表（B/S）の勘定科目と仕訳

- ●流動資産　　　P.164〜215
- ●固定資産　　　P.216〜251
- ●繰延資産　　　P.252〜255
- ●流動負債　　　P.256〜289
- ●固定負債　　　P.290〜295
- ●株主資本　　　P.296〜303
- ●その他　　　　P.304〜305

第3章 | B/S | 流動資産

現金

貸借対照表(B/S)

資産	流動資産	負債	流動負債
	有形固定資産		固定負債
	無形固定資産		
	投資その他	純資産	株主資本
	繰延資産		その他

- 消費税　課税　非課税　**対象外**
- 対象　法人　個人

借方 ← 増えたら　減ったら → 貸方

💡 手元の現金が増減したときに使う

現金とは、まさしくお金そのものをいいます。勘定科目の[現金]の動きも、まさに現金の動きそのものを表すものであり、勘定科目の中でももっとも基本的なものといえます。ただし、簿記の考え方においてはお金の動きだけではなく、**小切手などの即時に現金化できる証券も勘定科目の[現金]に含みます。**

摘要例	☐売上の現金入金　☐売掛金の回収 ☐経費の支払い（店名を記録しておくケースもある） ☐経費精算のための引き出し　☐窓口払いのための引き出し

仕訳の基本

 増加　[現金]は資産のため、**増える場合は借方**に仕訳！

例 サービスを提供して、代金20万円をその場で[現金]で受けとった。

借方	現金	200,000円	貸方	売上高	200,000円

 減少　[現金]は資産のため、**減る場合は貸方**に仕訳！

例 会議のための飲みものを1万円分購入し、代金は[現金]で支払った。

借方	会議費	10,000円	貸方	現金	10,000円

さまざまな仕訳例

▶ 普通預金への入金

例 [現金]で受けとった売上代金15万円を、ATMで銀行口座に預け入れた。

| 借方 | 普通預金 | 150,000円 | 貸方 | 現金 | 150,000円 |

売上代金を[現金]で受けとった場合、すぐに預金しておくと計上漏れを防ぐ手助けになります。

▶ 費用の支払い

例 取引先へ行くためにタクシーを使い、料金5,000円を[現金]で支払った。

| 借方 | 旅費交通費 | 5,000円 | 貸方 | 現金 | 5,000円 |

計上漏れを防ぐために、領収書は必ず受けとるクセをつけましょう。

▶ 受注時の売上代金の受けとり

例 商品の予約金として、受注時に1万円を[現金]で受けとった。

| 借方 | 現金 | 10,000円 | 貸方 | 前受金 | 10,000円 |

商品やサービスの販売で[現金]が増えたからといって、相手科目が[売上高]になるとはかぎりません。どの時点で[売上高]になるのかについては、売上の計上基準(→P.29)に照らし合わせて判断しましょう。

▶ 事務所の家賃の支払い

例 来月のオフィス家賃として、10万円を[現金]で支払った。

| 借方 | 前払金 | 100,000円 | 貸方 | 現金 | 100,000円 |

費用を計上するタイミングも、[現金]が減ったタイミングからずれることがあります。費用の計上基準(→P.15)も理解して、翌月に支払った家賃の計上を忘れないようにしましょう。

▶ 現金過不足の発生（発生→原因の判明／判明せず）

例 月末に手元の現金と帳簿上の[現金]を照合したところ、実際の現金が4,000円少なかった。

| 借方 | 現金過不足 | 4,000円 | 貸方 | 現金 | 4,000円 |

現金の過不足が発生した場合、ひとまず[現金過不足]で処理します。実際の現金に合わせるため、実際の現金が少ない場合は、[現金]を貸方に仕訳して帳簿上の残高を減らします。実際の現金が多い場合は、反対に借方に仕訳します。

例 [現金過不足]の原因を調査したところ、印紙購入費2,000円の処理漏れが判明した。

| 借方 | 租税公課 | 2,000円 | 貸方 | 現金過不足 | 2,000円 |

判明した金額だけ[現金過不足]を減らす仕訳をします。

例 [現金過不足]の原因を調査したところ、売上金4,500円の記入漏れが判明した。

| 借方 | 現金過不足 | 4,500円 | 貸方 | 売上高 | 4,500円 |

[現金過不足]の発生は費用の計上漏れ以外にも考えられますので、多方面での確認が必要です。それにより、[現金過不足]が増える場合もあります。

例 期末になり、[現金過不足]の原因のうち、6,500円分については社内調査でも判明しなかった。

| 借方 | 雑損失 | 6,500円 | 貸方 | 現金過不足 | 6,500円 |

[現金過不足]はあくまで仮の勘定科目であり、毎月末（または年度末）までに[雑収入]（実際の現金有高が多い場合）や、[雑損失]（実際の現金有高が少ない場合）に振り替えます。この仕訳例では、期末時点で実際の現金が6,500円少ないので、[現金過不足]を０円に減らし、[雑損失]に振り替えています。

[現金過不足]の使用は事業用の現金管理が大前提

[現金過不足]の勘定科目を使うには、前提として事業用の現金をしっかりと管理していることが重要です。とくに独立した経理部門が存在する場合などは、管理を徹底させましょう。**[現金]という勘定科目を実際の現金有高ではなく、経費を使ったときの相手科目程度の意味で使用している場合には、手元の現金と帳簿の現金で合わせるべき残高が存在しませんので、[現金過不足]で計上することはできません。**

また、[現金過不足]に計上する限度額などは決められていないため、社内基準などで定めることになります。裏づけのない損益を計上することになるので、せいぜい数千円が限度でしょう。

▶ 個人事業主の生活費への転用

例 個人事業主が[現金]で受けとっていた売上代金10万円を、自分の生活費に転用した。

| 借方 | 事業主貸 | 100,000円 | 貸方 | 現金 | 100,000円 |

個人事業主が売上代金を銀行口座などに入金せずにそのまま生活費にする場合は、[事業主貸](→P.308)を使用します。

経理上の[現金]は「事業用の現金」という認識をもつ

現金は日常でもよく使うため、[現金]という勘定科目は気軽に使用されます。とくにクラウドの会計ソフトを使っている場合、費用の領収書などをスキャンすると、自動で相手科目が[現金]になる点も1つの要因です。**ただし、経理上の[現金]は「事業用の現金」という認識をしっかりともちましょう。**事業用の現金と私用の現金を区別しているからこそ使える勘定科目が、[現金]なのです。簿記を学ぶときにもっとも基礎的な勘定科目として、仕訳例にもよく用いられますが、実際の経理を行ううえでは実態に応じて[現金]の勘定科目を使用するようにしましょう。

第3章 | B/S | 流動資産

小口現金

貸借対照表（B/S）

資産	流動資産	負債	流動負債
	有形固定資産		固定負債
	無形固定資産	純資産	株主資本
	投資その他		その他
	繰延資産		

借方 ← 増えたら　減ったら → 貸方

- 消費税　課税　非課税　**対象外**
- 対　象　法人　個人

手元で小額の現金を管理する場合に使用する

　ちょっとした費用を支払うために、管理者の手元で管理しておく現金を[小口現金]といいます。例えば5万円など一定の金額を決めて、少額の[旅費交通費]や[会議費]、[消耗品費]の支払いにあて、少なくなったらまた補充します。法人であれば経理担当者、個人事業主であれば事業主自らが管理者として、[小口現金]の残高を管理します。一般的に[小口現金]は、手提げ金庫や管理用の財布を使う方法で管理されます。

摘要例
- □ 小口現金の補充　□ 交通費の精算　□ 会議費の精算　□ 交際費の精算
- □ 通信費の精算　□ 消耗品費の精算　□ 租税公課の精算

仕訳の基本

増加　[小口現金]は資産のため、**増える場合は借方**に仕訳！

例　[小口現金]を補充するために、[普通預金]から5万円を引き出した。

借方	小口現金	50,000円	貸方	普通預金	50,000円

減少　[小口現金]は資産のため、**減る場合は貸方**に仕訳！

例　従業員のタクシー代の精算として、1,000円を渡した。

借方	旅費交通費	1,000円	貸方	小口現金	1,000円

さまざまな仕訳例

▶ 複数の小額の経費精算

例 従業員からタクシー代1,000円と、取引先とのランチ代5,000円の領収書を受けとったため、[小口現金]で精算した。

借方	旅費交通費	1,000円	貸方	小口現金	6,000円
	会議費	5,000円			

複数の領収書が提出された場合には、それぞれの勘定科目に応じて費用計上します。本来、[**旅費交通費**]（→P.80）や[**会議費**]（→P.76）は発生した日に計上しますが、[**小口現金**]で扱うような少額の支払いであれば、[**小口現金**]でまとめて計上することも認められています。都度精算するのは手間がかかるので、例えば、毎月15日と末日といったように、[**小口現金**]の精算日を決めると効率的です。

▶ 小口現金の廃止

例 事務の効率化のために[小口現金]の精算を廃止して、給与支払い時に経費精算分を振り込む方法に変更した。手元にあった[**小口現金**] 1 万円は、[**普通預金**]に預け入れた。

借方	普通預金	10,000円	貸方	小口現金	10,000円

小口現金を廃止して経費精算を効率化する

　[**小口現金**]を管理するには、日々の出し入れを記録した小口現金出納帳を作成し、毎月末などに実際の有高と小口現金出納帳の残高を照らし合わせる必要があります。また、従業員との精算のために頻繁に現金を受け渡しする必要があるなど、管理上の手間がかかります。

　そのため、[**小口現金**]を廃止して、**各従業員が使用した経費をそれぞれの給与といっしょに振り込む方法や、法人のクレジットカードで支払うなどのキャッシュレス決済を採用する会社**が増えてきています。効率的に業務を進めるのであれば[**小口現金**]を廃止して、より手間のかからない経費精算の方法に切り替えるのも１つの手です。

第3章 | B/S | 流動資産

当座預金

- 消費税　課税　非課税　**対象外**
- 対象　　法人　個人

小切手などの決済用口座である当座預金口座の残高が増減したときに使用する

　当座預金とは、法人や個人事業主だけが開設することができる口座です。**当座預金のもっとも大きな特徴は、決済用口座であることです**。そのため、普通預金のようにATMなどで自由に引き出すことは通常できず、小切手や受取手形などの支払いに使用します。［当座預金］という勘定科目は、そうした小切手や受取手形での支払いがあったときや資金を口座に入金したときに使用します。また、利息がつかないことや、残高が足りなくなったときに貸し付けを受けられるのも特徴です。決算書上は、「現金および預金」で表示されます。

摘要例
- □ 小切手の決済　□ 受取手形の決済　□ 当座借越　□ 電子記録債権の決済
- □ 口座間の資金移動　□ 公共料金の支払い

仕訳の基本

増加　［当座預金］は資産のため、**増える場合は借方**に仕訳！

例 ［普通預金］から［当座預金］に100万円を振り替えた。

| 借方 | 当座預金 | 1,000,000円 | 貸方 | 普通預金 | 1,000,000円 |

 減少　［当座預金］は資産のため、**減る場合は貸方**に仕訳！

例 ［買掛金］20万円を、小切手を振り出して支払った。

| 借方 | 買掛金 | 200,000円 | 貸方 | 当座預金 | 200,000円 |

さまざまな仕訳例

▶ 支払手形による支払い

例 [買掛金]の支払いのために、振り出していた手形50万円が決済された。

| 借方 | 支払手形 | 500,000円 | 貸方 | 当座預金 | 500,000円 |

[当座預金]は決済口座であり、小切手や支払手形による決済のために使用されます。

▶ 当座借越契約

例 [買掛金]50万円を支払うために小切手を振り出した。ただし、[当座預金]の残高は40万円であり、金融機関と限度額100万円の当座借越契約を締結している。

| 借方 | 買掛金 | 500,000円 | 貸方 | 当座預金 | 400,000円 |
| | | | | 当座借越 | 100,000円 |

取引している金融機関と当座借越契約を締結しておくことで、もし当座預金の残高が足りなくなったときに、定められた限度額の範囲でお金を借りることができます。借りたお金はダイレクトに[当座預金]に入金されて、小切手や支払手形の支払いにあてられます。[当座借越]はそうした借り入れをしたときに使用する勘定科目です。実態は借入金であり、決算書上は[短期借入金]として表示されます。

> **プラスの知識　当座預金の開設には審査がある**
>
> 当座借越契約を結べる当座預金はどのような事業者でも開設できるわけではなく、一定の審査が必要です。そもそも法人や個人事業主の屋号つき口座の開設にあたっては一定の審査がありますが、**さらに当座預金の開設には財務的な面からの審査があるのです**。とはいえ、実際に当座預金を開設する必要がある事業者はかぎられていて、実務上はそれほど見かけることはない種類の口座です。

第 3 章 | B/S | 流動資産

普通預金

貸借対照表（B/S）

	流動資産	負	流動負債
資産	有形固定資産	債	固定負債
	無形固定資産		
	投資その他	純資産	株主資本
	繰延資産		その他

- 消費税　課税　非課税　**対象外**
- 対　象　法人　個人

借方 ← 増えたら　減ったら → 貸方

💡 事業用の預金口座で入出金があった場合に使用する

　普通預金は、日常でもなじみのある種類の銀行口座です。[売掛金]の入金や[買掛金]や[未払金]の支払いなどに幅広く使われます。**法人であれば、通常は法人名義の普通預金口座を開設して取引します。個人事業主であれば、プライベート用の普通預金口座とは別に、事業用の普通預金口座を準備します。**場合によっては、屋号つきのものを準備することもあります。

摘要例	□ 売掛金の入金　□ 買掛金の支払い　□ 受取利息の入金 □ 現金売上の預け入れ　□ 振込手数料の支払い　□ 社会保険料の引き落とし □ 未払金の支払い　□ 未収金の入金　□ 借入金の返済　□ 口座間の資金移動

仕訳の基本

 増加　[普通預金]は資産のため、**増える場合は借方**に仕訳！

例　[売掛金]25万円が[普通預金]に入金された。

借方	普通預金	250,000円	貸方	売掛金	250,000円

 減少　[普通預金]は資産のため、**減る場合は貸方**に仕訳！

例　[買掛金]10万円を[普通預金]から振り込んだ。

借方	買掛金	100,000円	貸方	普通預金	100,000円

さまざまな仕訳例

▶ 公共料金の支払い

例 [**普通預金**]から、電気料金15,000円が引き落とされた。

| 借方 | 水道光熱費 | 15,000円 | 貸方 | 普通預金 | 15,000円 |

[**水道光熱費**]や電話料金などの[**通信費**](→P.84)で、少額かつ毎月発生するようなものは[**未払金**](→P.262)に計上せず、費用で計上することも認められています。

▶ 普通預金の口座間での資金移動

例 売上入金用のＡ銀行口座から、支払い用のＢ銀行口座に10万円を移した。

| 借方 | 普通預金（Ｂ銀行） | 100,000円 | 貸方 | 普通預金（Ａ銀行） | 100,000円 |

口座間で資金移動した際は、借方・貸方ともに[**普通預金**]で仕訳します。このとき、口座ごとの預金残高が確認できるように、会計ソフトの機能で[**普通預金（Ａ銀行）**][**普通預金（Ｂ銀行）**]などというように補助科目を必ず設定しておきます。

▶ 振込手数料が合算して記帳されている場合

例 [**買掛金**]１万円の支払いと、振込手数料330円が合算して記帳された。

| 借方 | 買掛金 | 10,000円 | 貸方 | 普通預金 | 10,330円 |
| | 支払手数料 | 330円 | | | |

振り込みの方法によっては、振込手数料込みの金額で口座に記帳されることがあります。その場合は、本体部分の勘定科目と振込手数料を区別して記帳します。

実務のコツ！ 会計ソフトと銀行口座を連携させて生産性を高める

ネットバンキングのシステムを利用していれば、**会計ソフトとのデータ連携によって、いちいち普通預金口座を手動で入力する手間が省けます**。口座の残高を合わせることも容易になりますし、摘要も自動で入力されます。このようなシステムを活用して経理業務の効率化を図ることも重要です。

第3章 | B/S | 流動資産

定期預金

貸借対照表(B/S)

	流動資産	負	流動負債
資	有形固定資産	債	固定負債
産	無形固定資産	純	株主資本
	投資その他	資	
	繰延資産	産	その他

- 消費税　課　税　非課税　**対象外**
- 対　象　法　人　個　人

借方 ← 増えたら　減ったら → 貸方

💡 定期預金としてお金を預けるときに使用する

　定期預金も、日常的に使用する預金の一種です。**定期預金は基本的には満期まで引き出しができない代わりに、普通預金に比べて金利が高いという特徴があります**。個人では貯蓄の方法の1つとして定期預金が用いられることがありますが、法人も同様に定期預金を開設することができます。定期預金への入金や口座解約などで残高が増減したときに、[**定期預金**]という勘定科目を使用します。

| 摘要例 | ☐ 定期預金の開設　☐ 定期預金の満期解約　☐ 定期預金の部分解約 |
| | ☐ 定期預金の利息　☐ 定期預金への預け入れ |

仕訳の基本

増加　[**定期預金**]は資産のため、**増える場合は借方**に仕訳！

例　[**普通預金**]から[**定期預金**]に150万円を振り替えた。

| 借方 | 定期預金 | 1,500,000円 | 貸方 | 普通預金 | 1,500,000円 |

減少　[**定期預金**]は資産のため、**減る場合は貸方**に仕訳！

例　[**定期預金**]を解約して、150万円が[**普通預金**]の口座に振り込まれた（利息は考慮しないものとする）。

| 借方 | 普通預金 | 1,500,000円 | 貸方 | 定期預金 | 1,500,000円 |

さまざまな仕訳例

▶ 定期預金の解約

例 満期になった[**定期預金**]10万円を解約した。その際に利息として、100円が付され、[**普通預金**]に入金された。

借方			貸方		
普通預金		100,085円	定期預金		100,000円
法人税等		15円	受取利息		100円

定期預金を解約すると、実際には利息が合算して入金されます。受取利息からは所得税が控除されて入金されますので、[**受取利息**]（→P.134）の仕訳が必要です。この仕訳例でいえば、受取利息100円のうち15円が所得税として控除されて入金されたので、その15円は[**法人税等**]（→P.160）を使って計上します。

プラスの知識 事業で定期預金に預け入れるメリットはない

定期預金に預け入れると、資金の一部が拘束されます。個人であれば貯蓄の一環として定期預金を活用することはありますが、**事業用の資金の一部を積極的に定期預金に預け入れるメリットはありません**。事業用の資金を定期預金に預け入れるのは、金融機関の担当者から勧められてお付き合いで口座開設することがほとんどです。

▶ 個人事業主の定期預金

例 個人事業主が事業用口座の残高のうち、余剰資金の50万円分を[**定期預金**]に預け入れた。

借方			貸方		
定期預金		500,000円	普通預金		500,000円

個人事業主の場合、定期預金に預け入れた分は[**事業主貸**]（→P.308）で処理しても問題ありません。また、会計帳簿上に[**定期預金**]を明示しておくこともさしつかえありません。ひとまず定期預金に預け入れたけれど、必要があれば事業用で使うというのであれば、あえて[**定期預金**]の勘定科目で処理してもよいでしょう。

第3章 | B/S | 流動資産

定期積金

貸借対照表 (B/S)

資産	流動資産	負債	流動負債
	有形固定資産		固定負債
	無形固定資産	純資産	株主資本
	投資その他		その他
	繰延資産		

借方 ← 増えたら　減ったら → 貸方

- 消費税　課税　非課税　**対象外**
- 対象　**法人　個人**

💡 金融機関で定期積金を行った場合に使用する

　定期積金とは、毎月一定額を積み立てていくものです。個人でも法人でも定期積金を行うことができますが、本来は個人が教育資金など一定の目的のために行う性質が強いものです。

　定期預金（→P.174）と名称が似ていますが、**定期預金は一括で預け入れるもの、定期積金は毎月一定額を預け入れるもの**というように内容が異なります。勘定科目上も区分されていますので、間違えないようにしましょう。積み立てや解約などで残高が増減したときに［**定期積金**］という勘定科目を使用します。いずれにしても、決算書上は「現金および預金」で合算されます。

摘要例　☐定期積金の積み立て　☐定期積金の解約　☐定期積金の利息
　　　　　☐定期積金の中途解約

仕訳の基本

 増加　［**定期積金**］は資産のため、**増える場合は借方**に仕訳！

　例　当月分の積み立てとして、［**普通預金**］から［**定期積金**］に1万円を預けた。

借方	定期積金	10,000円	貸方	普通預金	10,000円

 減少　［**定期積金**］は資産のため、**減る場合は貸方**に仕訳！

　例　［**定期積金**］を解約して、7万円が［**普通預金**］の口座に振り込まれた。

借方	普通預金	70,000円	貸方	定期積金	70,000円

さまざまな仕訳例

▶ 定期積金の集金

例 毎月5万円で満期2年の契約を結んでいる[定期積金]を、営業担当者が集金に来たので[現金]で支払った。

借方	定期積金	50,000円	貸方	現金	50,000円

信用金庫などで定期積金の口座を開設した場合、毎月の積み立て金額を営業担当者が集金に来ることもあります。その際は、積み立て金額を現金で渡します。

ここに注意！ 決算書と日々の仕訳で表示が異なる！

決算書では、総額でいくらのキャッシュがあるかということが重要です。そのため、**決算書には[普通預金]や[定期預金]といった預金の種類ごとに表示することはなく、現金と各預金は「現金および預金」という項目で合算されます**。とはいえ、日々の仕訳では、預金の種類ごとに残高を合わせるために区分します。

▶ 定期積金の満期による払い戻し

例 [定期積金]が満期になったために解約し、解約金10万円が[普通預金]に振り込まれた。その際に利息1,000円が付された。

借方	普通預金	100,850円	貸方	定期積金	100,000円
	法人税等	150円		受取利息	1,000円

[定期積金]を解約した場合、期間に応じて利息が付与されますので、源泉徴収された所得税等についても忘れずに仕訳を行いましょう。

プラスの知識 定期積金も事業で行うメリットはない

[定期積金]も、[定期預金]と同様にキャッシュが拘束されて自由に使えなくなるため、**本来は事業用の資金で行うものではありません**。強いて、メリットを挙げれば、集金の際に担当者に融資等の相談ができる点があります。

第 3 章 | B/S | 流動資産

受取手形
電子記録債権

- 消費税　課　税　非課税　**対象外**
- 対　象　**法　人　個　人**

売掛金を電子記録債権などで回収するときに使用

［売掛金］（→P.182）の回収を、現金ではなく手形で行うときに使われるのが［**受取手形**］です。また、手形を電子化した電子記録債権については、［**電子記録債権**］という勘定科目を使います。**両者とも［売掛金］の回収方法の１つですが、振り込みで回収するよりも現金化されるのが遅いのが通常です。**手形の電子化が広がっており、受取手形については年々その取引量が減少している半面、電子記録債権は利用件数が年々増加傾向にあります。

| 摘要例 | □約束手形による売掛金回収　□約束手形の取り立て　□受取手形の裏書譲渡
□電子記録債権による売掛金回収　□電子記録債権の入金　□電子記録債権の譲渡　□手形の割引による入金　□電子記録債権の割引による入金 |

仕訳の基本

増加　［受取手形］［電子記録債権］は資産のため、**増える場合は借方**に仕訳！

例 ［売掛金］の回収として、［電子記録債権］30万円を発生させた。

| 借方 | 電子記録債権 | 300,000円 | 貸方 | 売掛金 | 300,000円 |

減少　［受取手形］［電子記録債権］は資産のため、**減る場合は貸方**に仕訳！

例 ［電子記録債権］の期日となり、30万円が［普通預金］に入金された。

| 借方 | 普通預金 | 300,000円 | 貸方 | 電子記録債権 | 300,000円 |

さまざまな仕訳例

▶ 受取手形による売掛金の回収

例 取引先への[売掛金]43万円を、約束手形で回収した。

| 借方 | 受取手形 | 430,000円 | 貸方 | 売掛金 | 430,000円 |

[受取手形]や[電子記録債権]は現金化まで数ヵ月かかるため、資金繰りにはマイナスです。できるかぎり[現金]で回収したいところですが、取引先の資金繰りのために[受取手形]で回収することがあります。

> **プラスの知識**
>
> **為替手形は実務ではほとんど使われない**
>
> 手形の種類の1つとして、為替手形もあります。**これは為替手形の振出人が別の第三者（支払人）を指定して、手形の受取人に対して支払わせる手形です**。現在は、実務で見かけることはほとんどないため、詳しい説明は割愛します。

▶ 受取手形の裏書譲渡

例 仕入先への[買掛金]30万円の支払いにあてるため、手元にある[受取手形]を仕入先に裏書譲渡した。

| 借方 | 買掛金 | 300,000円 | 貸方 | 受取手形 | 300,000円 |

[受取手形]は支払期日までに、第三者に現金を受けとる権利を譲渡することができます。これを「手形の裏書譲渡」といいます。手形の裏面に譲渡先を記入するため、「裏書」と呼ばれます。[買掛金]（→P.258）や[未払金]（→P.262）がある取引先に対して約束手形を裏書譲渡することで、代金での支払いに代えるのです。

▶ 電子記録債権の譲渡

例 仕入先への[買掛金]55万円の支払いにあてるため、[電子記録債権]を仕入先に譲渡した。

| 借方 | 買掛金 | 550,000円 | 貸方 | 電子記録債権 | 550,000円 |

［電子記録債権］も仕入先への支払いにあてるために譲渡できます。

手形から電子記録債権へ移行する流れが進んでいる

手形は年々流通枚数が減少していますが、この背景には政府による2026年度末までの手形廃止という政策があります。手形は流通過程において郵送や領収書の発行などの事務負担が大きく、また紛失のリスクもあります。**そのため、政府や金融機関が主体となって、効率性や安全性の面でメリットのある電子記録債権への移行を促しているのです。**近い将来、［受取手形］という勘定科目も消滅する日が来るでしょう。本書でも現代のトレンドに従って、できるかぎり［電子記録債権］をベースに仕訳例を紹介していきます。

▶ 電子記録債権の割引

例 資金繰りのため、受領していた［電子記録債権］を支払期日よりも前に現金化する必要が生じたので、50万円の［電子記録債権］を取引銀行で割り引いた。［割引料］は2万円だった。

借方			貸方		
普通預金	480,000円		電子記録債権	500,000円	
割引料	20,000円				

資金繰りなどの理由から、支払期日よりも前に［電子記録債権］や［受取手形］を現金化したい場合は金融機関などに譲渡します。このプロセスを「割引」といいます。その際、金融機関から［割引料］(→P.138)が差し引かれて入金されます。

割引をすると、［割引料］が差し引かれる

割引をすると自社では早期に現金化できますが、金融機関からすれば現金化できるまでに時間を要します。そのため、金融機関から［割引料］が差し引かれて入金されることになります。**［割引料］は借入れと同じく、利息的な意味合いになりますので「営業外費用」で計上します。**期日前に［売掛金］を振り込んでもらった場合に一部を免除する［売上割引］(→P.140)と同じイメージです。また、［電子記録債権売却損］という勘定科目で処理することもあります。いずれにしても「営業外費用」で計上することになります。

▶ 電子記録債権の支払い不能

例 [売掛金]の回収のために発生した[電子記録債権]30万円分について、期日に取引先の残高不足により支払いがされなかった。

| 借方 | 支払期日経過電子記録債権 300,000円 | 貸方 | 電子記録債権 300,000円 |

[電子記録債権]が支払期日に入金されなかった場合、[電子記録債権]の支払い不能ということで、[支払期日経過電子記録債権]という勘定科目に振り替えます。同様のことが手形で生じた場合は、「手形の不渡り」といいます（→下記の仕訳例を参照）。[電子記録債権]での回収は不可能なので、現金で回収することになります。このとき、[売掛金]に戻すのではなく、不良債権であることがわかるように[支払期日経過電子記録債権]を使用するのです。

▶ 手形の不渡り

例 [売掛金]の回収のために受けとっていた[約束手形]25万円分について、期日に取引先の残高不足により支払いがされなかった。

| 借方 | 不渡手形 250,000円 | 貸方 | 受取手形 250,000円 |

手形が不渡りになった場合は、[不渡手形]という勘定科目で処理します。[支払期日経過電子記録債権]についても、なじみがある[不渡手形]で処理しても問題ありません。不良債権であることが決算書上、わかればよいのです。

▶ 不渡りになった[電子記録債権]の貸倒れ

例 不渡りになった[電子記録債権]10万円について、その後相手先の破産により回収不能が確定した。

| 借方 | 貸倒損失 100,000円 | 貸方 | 支払期日経過電子記録債権 100,000円 |

不渡りになった[電子記録債権]や[受取手形]について、回収不能が確定した場合は[貸倒損失]で計上します。[貸倒損失]を計上する基準については、P.126を参照してください。

第3章 | B/S | 流動資産

売掛金

- 消費税　課税　非課税　**対象外**
- 対象　　法人　個人

借方 ← 増えたら　減ったら → 貸方

💡 掛け取引で商品などを販売したときに使用する

「月末締め、翌月末入金」といったように、商品の販売やサービスの提供を行ったのち、代金は後日回収といった場合に使用するのが[売掛金]です。**とくに事業者間の取引で多いのが、こうした代金後払いの「掛け取引」です。**[売掛金]は経理の現場でも頻出の勘定科目であり、かつ経理の基本的な考え方である「発生主義」(→P.15)の理解の第一歩として重要な勘定科目といえます。

摘要例	□売上計上　□クレジットカード決済　□キャッシュレス決済 □商品代金の入金　□サービス代金の入金　□工事代金の入金 □電子記録債権の発生による振り替え　□約束手形の受領による振り替え □貸倒損失の発生による振り替え　□買掛金と相殺による振り替え

仕訳の基本

増加　[売掛金]は資産のため、**増える場合は借方**に仕訳！

商品13万円分を販売した。支払期日は来月末日である。

借方	売掛金	130,000円	貸方	売上高	130,000円

減少　[売掛金]は資産のため、**減る場合は貸方**に仕訳！

前月販売した商品の代金13万円が入金された。

借方	普通預金	130,000円	貸方	売掛金	130,000円

さまざまな仕訳例

▶ クレジットカードやキャッシュレス決済による売上（売上→入金）

例 商品1万円を売り上げて、支払いはキャッシュレス決済で受けた。

| 借方 | 売掛金 | 10,000円 | 貸方 | 売上高 | 10,000円 |

クレジットカードやキャッシュレス決済で代金決済が行われた場合も、実際の入金はあとになるので［売掛金］で計上します。実際の売り先は消費者であり、決済会社ではありませんが、売上にかかる債権として［売掛金］に含まれます。

例 キャッシュレス決済を行った［売掛金］1万円について、決済会社から決済手数料200円を差し引いて入金された。

| 借方 | 普通預金 | 9,800円 | 貸方 | 売掛金 | 10,000円 |
| | 支払手数料 | 200円 | | | |

クレジットカードやキャッシュレスで決済された代金が入金された際には、手数料が引かれますので忘れずに計上します。決済手数料の計上については、［支払手数料］（→P.102）という勘定科目を使用します。とくにクレジットカードの手数料は消費税が非課税になるので、正確な消費税額計算のために必ず手数料を計上します。

▶ ［売掛金］の入金（振込手数料の負担）

例 ［売掛金］1万円について、振込手数料330円が差し引かれて入金された。

| 借方 | 普通預金 | 9,670円 | 貸方 | 売掛金 | 10,000円 |
| | 支払手数料 | 330円 | | | |

振込手数料を引いて［売掛金］が入金された場合、売り手が買い手に手数料を支払ったと考えて［支払手数料］で処理します。ただし、入金元がインボイス制度の登録をしていない場合には、［売上値引］（→P.141）で処理したほうがよいケースもあります。

第3章 | B/S | 流動資産

有価証券

貸借対照表(B/S)

資産	流動資産	負債	流動負債
	有形固定資産		固定負債
	無形固定資産		
	投資その他	純資産	株主資本
	繰延資産		その他

借方 ← 増えたら　減ったら → 貸方

- 消費税　課税　非課税　**対象外**
- 対　象　**法　人**　個　人

💡 株式などの有価証券を保有する場合に使用する

　貸借対照表において[有価証券]とは、主に株式や投資信託、債券、出資金、持分を指します。そうした株式や投資信託などの購入や売却があったときに、[**有価証券**]という勘定科目を使用します。広い意味で有価証券は、金銭的な価値をもった書類や電子記録のことをいいます。小切手や約束手形、電子記録債権も有価証券に含まれます。ただし、これらは資金繰りにも密接に関係する重要な項目なので、それぞれ独立した勘定科目で計上します（小切手は[**現金**]に含まれます）。なお、個人事業主の場合、有価証券の売買は原則として譲渡所得に該当するため、貸借対照表には計上されません。

摘要例
- □ 株式の購入　□ 株式の売却　□ 有価証券の期末評価　□ 社債の購入
- □ 国債の購入　□ 地方債の購入　□ 投資信託受益証券の購入

仕訳の基本

 増加　[有価証券]は資産のため、**増える場合は借方**に仕訳！

例 売買目的で株式15万円分を購入し、代金を支払った。

借方	有価証券	150,000円	貸方	普通預金	150,000円

 減少　[有価証券]は資産のため、**減る場合は貸方**に仕訳！

例 15万円で購入した有価証券を15万円で売却し、代金が振り込まれた。

借方	普通預金	150,000円	貸方	有価証券	150,000円

さまざまな仕訳例

▶[有価証券]の購入（口座開設→株式の売買）

例 法人名義の証券口座を開設し、20万円を預け入れた。

| 借方 | 預け金 | 200,000円 | 貸方 | 普通預金 | 200,000円 |

証券口座にお金を預け入れた段階では有価証券を購入したわけではないので、[**預け金**]（→P.208）で計上します。

例 開設した口座内で、上場株式15万円分を購入した。

| 借方 | 有価証券 | 150,000円 | 貸方 | 預け金 | 150,000円 |

法人でも、証券会社で口座を開設することができます。その場合、法人の普通預金から証券口座に現金を預けて、その現金をもとに上場株式などを購入することになります。そのように金融機関の預貯金以外に、外部に資金を預け入れる場合に使用するのが[**預け金**]という勘定科目です。

▶[有価証券]の売却（証券口座での売買）

例 15万円で購入した上場株式を17万円で売却した。

| 借方 | 預け金 | 170,000円 | 貸方 | 有価証券 | 150,000円 |
| | | | | 有価証券売却益 | 20,000円 |

上場株式は常に時価が変動しますので、取得額（または時価評価したあとの額）と売却額が異なることが通常です。この場合、その差額を[**有価証券売却益**]（または[**有価証券売却損**]）（→P.142）で計上します。消費税の計算方法にも影響があるため、仕訳にはP.143のような工夫が必要です。

●決算書上の有価証券の種類を知る

有価証券は、その保有目的によっていくつかの種類があります。有価証券そのものにも株式や債券といった種類がありますが、決算書上の[有価証券]はその

種類ごとではなく、保有目的ごとに区分して記載することになっています。そのため、仕訳もその区分で行う必要があります。

具体的には、下記のような種類があります。実際の決算書では、売買目的有価証券は単に[**有価証券**]、満期保有目的債券は[**投資有価証券**]といったように表記されるのが通常です。

種類	保有目的	例	区分
売買目的有価証券	時価の変動により利益を得ることを目的とする	上場株式	流動資産
満期保有目的債券	満期まで保有して金利等を得ることを目的とする	社債国債	投資その他の資産
子会社株式関係会社株式	子会社の支配のために保有する株式	子会社株式	投資その他の資産
その他有価証券	上記に該当しない有価証券	持ち合い株式など	投資その他の資産

▶ 上場株式の時価評価

例 15万円で購入した上場株式について、期末時点で時価が16万円になった。

| 借方 | 有価証券 | 10,000円 | 貸方 | 有価証券評価益 | 10,000円 |

上場株式のように売買目的で保有する[**有価証券**]は、期末に時価で評価し直します。この仕訳例では時価評価により１万円の利益が出たので、その利益分を[**有価証券評価益**]（営業外収益）として計上します。反対に時価評価により損失が出た場合は、その損失分を[**有価証券評価損**]（営業外損失）で計上します。上場株式のようにいつでも市場で売却することができる[**有価証券**]は期末に時価評価することで、決算書の数字がより実体を表すものになります。

プラスの知識 [有価証券]の評価替えをする場合、しない場合

[有価証券]について、上場株式のように時価があれば時価評価、「子会社株式」のように時価がなければ評価替えしないということになります。「その他有価証券」についても、時価があれば時価評価、時価がなければ評価替えしないということになります。**いずれにしても評価替えした場合は、その差額を[有価証券評価益]または[有価証券評価損]で計上します。**

▶ 合同会社への出資

例 合同会社に出資することになり、50万円を合同会社の口座に振り込んだ。

借方	出資金	500,000円	貸方	普通預金	500,000円

合同会社に出資した場合は、[**出資金**](→P.242)という勘定科目を使います。合同会社では出資すると、持分を取得します。持分に時価はありませんので、出資した額でそのまま計上しておくことになります。

▶ [有価証券]による出資

例 他社から、[現金]の代わりに[有価証券]による現物出資を受けた。[有価証券]の時価は300万円である。

借方	有価証券	3,000,000円	貸方	資本金	3,000,000円

[**資本金**](→P.296)を増資するとき、お金ではなく[**有価証券**]などのモノを提供することがあります。これを現物出資といいます。この場合には[**資本金**]の増加に対応して[**有価証券**]を取得することになります。

実務のコツ！ 有価証券の値上がりと納税の関係

上場株式を会社で保有する場合、売却しなくても時価の増加による評価益（含み益）は利益として課税対象になります。つまり、[**有価証券**]を売却して現金化していなくても、課税が発生することがあるのです。そのため、会社で上場株式を投資する場合には、納税資金の確保も重要なポイントとなります。

第 3 章 | B/S | 流動資産

棚卸資産
（商品、製品、仕掛品、原材料、貯蔵品）

- 消費税　課税　非課税　**対象外**
- 対象　法人　個人

貸借対照表（B/S）

資産	流動資産	負債	流動負債
	固定資産（有形固定資産／無形固定資産）		固定負債
	投資その他	純資産	株主資本
	繰延資産		その他

借方 ← 増えたら　減ったら → 貸方

💡 販売・製造のために保有する資産の計上に使用する

　商品や製品など、販売目的の在庫を計上するために使用するのが棚卸資産です。仕入れた商品などのうち、月末時点や期末時点で残っていたものを「棚卸資産」として計上します。棚卸資産は業種に応じてさまざまな形態があるため、**その棚卸資産の性質に応じて、[商品][製品][仕掛品][原材料][貯蔵品]などと勘定科目を使い分ける必要があります**。決算時や、場合によっては月末ごとに計上します。

摘要例	☐ 期首商品棚卸高　☐ 期末商品棚卸高　☐ 期首製品棚卸高　☐ 期末製品棚卸高
	☐ 期首材料棚卸高　☐ 期末材料棚卸高　☐ 期首仕掛品棚卸高
	☐ 期末仕掛品棚卸高　☐ 貯蔵品の計上

仕訳の基本

 増加　「棚卸資産」は資産のため、**増える場合は借方**に仕訳！

例 決算となり、今期末の商品在庫120万円分を[**商品**]に計上した。

| 借方 | 商品 | 1,200,000円 | 貸方 | 期末商品棚卸高 | 1,200,000円 |

 減少　「棚卸資産」は資産のため、**減る場合は貸方**に仕訳！

例 決算となり、前期末の商品在庫120万円分を売上原価（[**期首商品棚卸高**]）に振り替えた。

| 借方 | 期首商品棚卸高 | 1,200,000円 | 貸方 | 商品 | 1,200,000円 |

さまざまな仕訳例

▶ 製造業の場合

例 期末に[製品]150万円分が在庫となったため、棚卸資産に計上した。

| 借方 | 製品 | 1,500,000円 | 貸方 | 期末製品棚卸高 | 1,500,000円 |

製造業の場合は、販売することができる在庫は[商品]ではなく、[製品]として計上します。また、製造途中の場合は[仕掛品]という勘定科目で区別して計上します。

▶ [仕掛品]の計上

例 期末に製造途中の[仕掛品]100万円が在庫になったため、棚卸資産に計上した。

| 借方 | 仕掛品 | 1,000,000円 | 貸方 | 期末仕掛品棚卸高 | 1,000,000円 |

製造途中で、まだ販売できる状態にない在庫は[仕掛品]として計上します。[材料]や[製品]に比べて、[仕掛品]の計上は漏れがちなので注意しましょう。

● 棚卸資産の種類を知る

棚卸資産はその性質ごとに、下記の種類に分けられます。業種や棚卸資産の性質ごとに適切な勘定科目を使用しましょう。

[期末商品棚卸高](→P.36)でも説明していますが、正確な利益の算出のためには、正確な売上原価の計算が必須です。そして在庫をもつ事業者の場合、正確な売上原価の計算には棚卸資産の計上が不可欠です。棚卸資産の勘定科目を正しく使い分けるとともに、数字等の間違いのない仕訳を心がけましょう。

項目	説明
商　品	小売業者や卸売業者が販売目的で保有する商品。
仕掛品	製造過程にあるが、まだ完成しておらず、販売できる状態にはない製品。
製　品	製造業者が製造し、完成して販売できる状態の製品。
半製品	製造業者が製造し、完成していないが販売できる状態の製品。
原材料	製造業や飲食業などで、加工前の材料。
貯蔵品	販売目的ではなく、管理部門や営業部門で使用する備品などの未使用分。

▶ 毎月の棚卸資産の計上

例 7月末に［商品］100万円分が在庫となったため、棚卸資産に計上した。また、6月末の棚卸資産は90万円だった。

借方	期末商品棚卸高	900,000円	貸方	商品	900,000円
	商品	1,000,000円		期末商品棚卸高	1,000,000円

毎月、棚卸資産を計上する場合、まずは前月末の棚卸資産（この仕訳例では6月末の［商品］90万円）を［期末商品棚卸高］に振り替えて、いったん棚卸資産を0円にします。そして、当月末の棚卸資産（この仕訳例では7月末の［商品］100万円）を新たに計上します。前月末分を振り替える際に［期首商品棚卸高］を使用すると、［期末商品棚卸高］と［期首商品棚卸高］の金額がどちらも消えずにふくらんでしまうため、いずれも［期末商品棚卸高］を使用することがポイントです。

毎月の棚卸資産を計上してリアルタイムの業績を把握する

毎月の正確な損益計算のためには、毎月棚卸資産を計上することが理想です。決算のためだけなら期末に一度棚卸しをすればいいのですが、**とくに月によって売上が変動する業態では、月ごとに棚卸資産を計上して把握していないと、場合によっては決算時に売上総利益（→P.19）が赤字だったということになりかねません**。リアルタイムの業績を把握するうえで、毎月の棚卸資産の計上がとても大切なのです。

●棚卸資産の計上にはいくつかの方法がある

棚卸資産は、正確な原価計算のために不可欠なものです。棚卸資産として計上する金額（つまり在庫）の計算方法は、税法では右ページの6つが定められています。税務署に届け出をしない場合、とくに選択をしなければ法人税や所得税の計算上、適用すべき評価方法は最終仕入原価法となります。

ただし、業種によって最終仕入原価法が適切でない場合や、そもそも最終仕入原価法では棚卸資産の金額の算出が困難な場合もあります。自社の業種にあった棚卸資産の計算方法を選択して、あらかじめ税務署に届け出ておくようにしましょう。

評価方法	棚卸資産の金額	適した業種
最終仕入原価法	最後に仕入れた金額	一部の製造業など、価格変動が大きい業種。
個別法	各在庫品を個別に評価した金額	特注品、貴金属、ブランド品など、個々の価値が大きく異なる商品を扱う業種。
先入先出法	最初に入庫した在庫から順に販売されると仮定した金額	食品業など、品質の変化が早い商品を扱う業種。
総平均法	全在庫の総コストを総数量で割って、平均単価を算出した金額	一般消費財の小売業など、在庫が大量、かつ品質や特性が均一である業種。
移動平均法	新たな在庫の追加ごとに平均単価を計算し直し、その平均価格で在庫を評価した金額	燃料業や製造業など、価格変動が比較的小さい業種。
売価還元法	売価から一定の利益率を差し引き、原価を逆算して算出した金額	小売業や出版業など、販売価格から直接原価を逆算しやすい業種。

▶ 商品の売買（三分法）

例 商品を10万円で仕入れて、そのうち9万円分を12万円で販売した。結果として1万円分の商品が在庫となった。

借方			貸方		
	仕入高	100,000円		買掛金	100,000円
	売掛金	120,000円		売上高	120,000円
	商品	10,000円		期末商品棚卸高	10,000円

三分法とは、商品売買の取引を[仕入高]・[売上高]・[商品]など「棚卸資産」の3つの勘定科目を使って記帳するものです。上記の仕訳例は、本来は仕入時、売上時、期末の3つの時点でそれぞれ別々に行う仕訳ですが、三分法の考え方を理解しやすくするために一度に記載してあります。三分法のほかに、仕入れたときに棚卸資産に計上し、販売したタイミングで売上原価に振り替える分記法という記帳方法もあります。分記法は受注販売など、少品種で高額の商品を扱う業種で使用されます。

第3章 | B/S | 流動資産

前払金
（前渡金）

- 消費税　課税　非課税　**対象外**
- 対　象　法　人　個　人

貸借対照表（B/S）

資産	流動資産	負債	流動負債
	有形固定資産		固定負債
	無形固定資産		
	投資その他	純資産	株主資本
	繰延資産		その他

借方 ← 増えたら　減ったら → 貸方

代金を先払いした場合に使用する

［前払金］はその名の通り、代金を先払いしたときに使用する勘定科目です。会計ソフトによっては［前渡金］という勘定科目になっている場合もありますが、同じものです。［前払金］として計上した金額は、実際にモノやサービスの提供を受けた時点で、費用あるいは固定資産に振り替えます。ただし、固定資産の建設や製造のために支出した金額については［前払金］ではなく、［建設仮勘定］（→P.238）で計上します。

摘要例
- □予約金の支払い　□手付金の支払い　□着手金の支払い　□翌月仕入れ分の前払い　□展示会の出展費用の前払い　□セミナー参加費用の前払い　□従業員への給与前貸し　□中間金の支払い　□広告費の前払い　□SNS運用費用の前払い　□記事購読料の前払い　□サイト利用料の前払い

仕訳の基本

 増加　［前払金］は資産のため、**増える場合は借方**に仕訳！

例 翌月納品される商品の仕入れ代金として、13万円を先払いした。

借方	前払金	130,000円	貸方	普通預金	130,000円

減少　［前払金］は資産のため、**減る場合は貸方**に仕訳！

例 先払いしていた13万円の商品が納品された。

借方	仕入高	130,000円	貸方	前払金	130,000円

さまざまな仕訳例

▶ 予約金の支払い（支払い時→納品時）

例 翌月納車される社用車の購入にあたり、予約金として20万円を支払った。

| 借方 | 前払金 | 200,000円 | 貸方 | 普通預金 | 200,000円 |

先払いした代金の一部または全部は、[前払金]で計上します。

例 翌月に社用車が納車され、残りの代金280万円を振り込んだ。

| 借方 | 車両運搬具 | 3,000,000円 | 貸方 | 普通預金
前払金 | 2,800,000円
200,000円 |

モノやサービスが納品されたタイミングで、[前払金]を振り替えます。社用車の購入は[車両運搬具]（→P.224）を使用します。

▶ 数ヵ月先の[前払金]の支払い

例 6ヵ月後に行われる展示会の出展料の前金として、30万円を支払った。

| 借方 | 前払金 | 300,000円 | 貸方 | 普通預金 | 300,000円 |

数ヵ月先の代金を前払いする場合、支払い時に[前払金]で処理しているにもかかわらず、サービスが実施されたタイミングでは現金が動かないため、費用への振り替えを忘れることがあります。[前払金]で計上するときは摘要欄に振替日を記載したり、毎月[前払金]の勘定科目の残高を確認したりして振替漏れを防止しましょう。

▶ 輸入代金の一部先払い

例 商品の輸入にあたり、出荷条件として半額の20万円を海外送金した。

| 借方 | 前払金 | 200,000円 | 貸方 | 普通預金 | 200,000円 |

とくに海外の事業者と取引する場合は、代金の一部を先払いしないと出荷しないという場合があります。代金の一部を先払いしたときにも[前払金]として計上します。

第 3 章 | B/S | 流動資産

立替金

貸借対照表(B/S)

資産	流動資産	負債	流動負債
	有形固定資産		固定負債
	無形固定資産		
	投資その他	純資産	株主資本
	繰延資産		その他

借方 ← 増えたら　減ったら → 貸方

● 消費税　課税　非課税　**対象外**
● 対象　法人　個人

 ほかの者が支払うべきお金を
立て替えて支払ったときに使用する

　他者が支払うべきお金を立て替えて支払った場合に使用するのが、[立替金]です。日常でも立て替えて支払うことはありますが、同じ意味で使用します。一時的な立て替え払いなので、時期を決めて早めに回収する必要があります。

摘要例
- □ 実費立て替え払い　□ 従業員への立替金　□ 役員への立替金
- □ 取引先への立替金　□ 子会社への立替金　□ 関係会社への立替金
- □ 保険料の立替金

仕訳の基本

増加　[立替金]は資産のため、**増える場合は借方**に仕訳！

例 従業員が支払うべき住民税3万円を、立て替えて振り込んだ。

| 借方 | 立替金 | 30,000円 | 貸方 | 普通預金 | 30,000円 |

減少　[立替金]は資産のため、**減る場合は貸方**に仕訳！

 例 従業員に対して立て替えていた3万円について、[現金]で従業員から支払いを受けた。

| 借方 | 現金 | 30,000円 | 貸方 | 立替金 | 30,000円 |

さまざまな仕訳例

▶ 取引先への立て替え払い（支払い時→入金時）

例 取引先が支払うべき配送料1,000円を、[現金]で立て替え払いした。

| 借方 | 立替金 | 1,000円 | 貸方 | 現金 | 1,000円 |

例 取引先から、[売掛金] 2万円と[立替金]1,000円の入金を受けた。

| 借方 | 普通預金 | 21,000円 | 貸方 | 売掛金 | 20,000円 |
| | | | | 立替金 | 1,000円 |

相手から[立替金]の支払いを受けた場合は、[立替金]をマイナスします。

▶ [立替金]を費用で処理した場合

例 取引先が支払うべき配送料1,000円を、[現金]で立て替え払いした。また、取引先に商品の売上代金2万円と配送料1,000円を請求した。

| 借方 | 荷造運賃 | 1,000円 | 貸方 | 現金 | 1,000円 |
| | 売掛金 | 21,000円 | | 売上高 | 21,000円 |

相手が売り先であれば、[立替金]も売上代金の一部と考えることができます。また、インボイス制度の導入により、売り先とのあいだで立替金精算書のやりとりが必要になるなど、経理処理が煩雑になります。そのため、この仕訳例のように[立替金]を売上代金に含めて処理する手もあります（売り先の同意は必要）。その場合、立て替え払いした金額はそのまま費用計上し、請求時も[売上高]に含めて処理します。

従業員の住民税を立て替え払いした場合

従業員が傷病で休職中などの理由により、本来給与から天引きすべき社会保険料や住民税を会社が支払った場合は[立替金]で計上します。この場合、別途従業員から振り込みを受けるか、復帰後に給与天引きするかで回収します。そのまま退職すると回収が困難になるため、毎月立替金を振り込んでもらうように従業員と話し合っておくとよいでしょう。

第3章 | B/S | 流動資産

前払費用

- 消費税　課税　非課税　**対象外**
- 対象　法人　個人

💡 すでに対価の支払いをしていて、サービスの提供が受け終わっていない部分に使う

　[前払費用]は継続してサービスの提供を受ける契約を結び、代金を先に支払っていて、決算時点でまだサービスを受け終わっていない部分に使用する勘定科目です。[前払費用]は**サービスの提供を受け終わったタイミングで、費用に振り替えます。**なお、決算時点でまだサービスを受け終わっていない部分のうち、翌々期以降の期間に対応する分は[**長期前払費用**]（→P.250）として計上します。

摘要例	□翌月分家賃の支払い　□翌期分火災保険料の支払い □翌期分自賠責保険料の支払い　□翌期分保証料の支払い □翌期分システム利用料の支払い　□翌期分コンサルティング料金の支払い □年間サブスクリプション料金の支払い

仕訳の基本

↑ 増加　[前払費用]は資産のため、**増える場合は借方**に仕訳！

例 翌期分の事務所の火災保険料として、1万円を支払った。

借方	前払費用	10,000円	貸方	普通預金	10,000円

↓ 減少　[前払費用]は資産のため、**減る場合は貸方**に仕訳！

例 翌期になり、[前払費用]1万円を[保険料]に振り替えた。

借方	保険料	10,000円	貸方	前払費用	10,000円

さまざまな仕訳例

▶ 家賃の前払い

例 翌月分の事務所家賃として、17万円を振り込んだ。

| 借方 | 前払費用 | 170,000円 | 貸方 | 普通預金 | 170,000円 |

家賃は毎月発生するので、翌月分の家賃は[前払金](→P.192)で処理するという考え方もあります。しかし、不動産の賃貸借は2年間などの期間を定めて行われますので、賃貸契約の代金を分割して支払っていると考えて、[前払費用]で処理するのが一般的です。

[前払金]と[前払費用]の使い分け

[前払金]は将来のある時点で発生するモノの納品やサービスの提供に対して、代金を先払いしたときに使用します。一方、[前払費用]はすでにサービスの提供が開始されていて、そのうち将来の分について費用を期間配分するために使用します。そのため、**1ヵ月単位などの時間経過によって費用化していくのが[前払費用]の特徴です。**

▶ 翌期分も含む保険料の支払い

例 事務所の火災保険料として、1年分の保険料3万円を振り込んだ。そのうち、当期分は2万円である。

| 借方 | 保険料 | 20,000円 | 貸方 | 普通預金 | 30,000円 |
| | 前払費用 | 10,000円 | | | |

保険料などで翌期にかかる分を支払った場合、原則として翌期分は[前払費用]で計上して、翌期の費用とします。ただし、契約に基づいて毎月同等のサービスの提供を受けられるもの(保守契約、賃貸契約、保険契約などが該当。コンサルティング契約、顧問契約など人が業務を行うものは該当しない)で、支払った日から1年以内に提供を受けるサービスについて費用計上している場合は、翌期の分も含めて全額費用として計上できます。この仕訳例のようなケースが当てはまり、保険料を支払った期に全額を費用計上することも認められます。

第3章 | B/S | 流動資産

未収収益

貸借対照表(B/S)

	流動資産	負債	流動負債
資産	有形固定資産		固定負債
	無形固定資産		
	投資その他	純資産	株主資本
	繰延資産		その他

借方 ← 増えたら 減ったら → 貸方

- 消費税: 課税 非課税 **対象外**
- 対象: 法人 個人

💡 サービスの提供が終了していて、対価の支払いを受けていない部分に使う

［未収収益］は継続してサービスを提供する契約を結び、現在もサービスを提供している状態で、かつすでに提供を完了している部分の対価を決算時点でまだ受領をしていない場合に、未収分の金額を計上するための勘定科目です。継続的なサービスの提供を行うビジネスでは、代金を前金として受領するケースが多いため、［未収収益］を使用する場面は実務的にそれほど多くはありません。

摘要例
- ☐ ライセンス料の未収分
- ☐ コンサルティングサービス料の未収分
- ☐ アプリ利用料の未収分
- ☐ 家賃の未収分

仕訳の基本

⬆ 増加 ［未収収益］は資産のため、**増える場合は借方**に仕訳！

例 顧客に提供しているサービス料（月額1万円）が3ヵ月に1回の入金であるため、期末時点で未収になった2ヵ月分2万円を未収計上した。

借方	未収収益	20,000円	貸方	売上高	20,000円

⬇ 減少 ［未収収益］は資産のため、**減る場合は貸方**に仕訳！

例 未収計上していた代金2万円を含めて、3万円が入金された。

借方	普通預金	30,000円	貸方	未収収益	20,000円
				売上高	10,000円

さまざまな仕訳例

▶ 一定期間ごとの利益シェア（決算時点→請求時）

例 当社はA社との共同事業において、3ヵ月に1回、利益の半分を請求することにしている。当社の決算は3月であるが、3ヵ月ごとの利益のシェアが確定するのは毎年1月、4月、7月、10月である。3月の決算時に2月・3月の利益で計算した請求可能額50万円を売上に計上した。

| 借方 | 未収収益 | 500,000円 | 貸方 | 売上高 | 500,000円 |

共同事業では、3ヵ月ごとなどの一定期間で利益をシェアする契約になっている場合があります。このような場合、シェアすべき利益は毎月計上されますが、精算は3ヵ月ごとになります。そのため、発生しているけれど、未精算の利益は[未収収益]で計上します。

例 翌期の4月になり、2月から4月の利益シェアの請求額が確定し、70万円を請求した。

| 借方 | 売掛金 | 700,000円 | 貸方 | 売上高 | 200,000円 |
| | | | | 未収収益 | 500,000円 |

請求書を発行したら、請求額を[売掛金]に計上し、[未収収益]で計上していない分を[売上高]で計上します。

[未収収益]と[売掛金][未収金]の使い分け

[未収収益]と[売掛金][未収金]は、いずれも対価の未受領の状態を表すものです。**両者の明確な違いは、請求処理が完了しているかどうかです。**[売掛金]は売り先への請求が完了していて、あとは相手からの入金を待つだけの状態です。一方、[未収収益]はサービスの提供は完了しているが、契約上の理由などで請求書の発行ができていない状態です。ただし、サービスの提供が完了している部分の収益は確定しているので、その分を[未収収益]で計上します。[未収金]も[売掛金]と同様に、あとは入金を待つ状態であり、[未収収益]とは明確な違いがあります。[未収収益]のように、収益や費用を各期に適切に配分するための勘定科目を経過勘定といいます。その他の経過勘定には[未払費用]（→P.264）があります。

第3章 | B/S | 流動資産

短期貸付金

貸借対照表（B/S）

資産	流動資産	負債	流動負債
	有形固定資産		固定負債
	無形固定資産	純資産	株主資本
	投資その他		その他
	繰延資産		

借方 ← 増えたら　減ったら → 貸方

- 消費税　課税　非課税　**対象外**
- 対象　**法人**　個人

💡 決算日から1年以内に返済予定の貸付金を計上する

　［短期貸付金］は役員や従業員、取引先などにお金を貸した際に使用する勘定科目です。**次に到来する決算日を基準にして、1年以内に返済される予定のものを［短期貸付金］として流動資産に計上します。**

　金融業でもないかぎり、事業資金を貸し出す機会はそれほど多くないため、[借入金]（→P.260）ほど使用頻度は高くありません。また、個人事業主については事業用資金からお金を貸したとしても、あくまで個人的な貸し借りにすぎないため、［短期貸付金］をあえて計上する必要はありません。

摘要例	☐役員への貸し付け　☐従業員への貸し付け　☐取引先への貸し付け
	☐第三者への貸し付け　☐関連会社への貸し付け　☐手形での貸し付け
	☐住宅資金の貸し付け

仕訳の基本

⬆ **増加**　［短期貸付金］は資産のため、**増える場合は借方**に仕訳！

例　従業員の生活費として、10万円を貸し付けた。

借方	短期貸付金	100,000円	貸方	普通預金	100,000円

✓ **減少**　［短期貸付金］は資産のため、**減る場合は貸方**に仕訳！

例　貸し付けたお金のうち、5万円を返済してもらった。

借方	普通預金	50,000円	貸方	短期貸付金	50,000円

さまざまな仕訳例

▶ 貸付金と利息の設定（貸し付け時→返済時）

例 従業員に100万円を貸し付けた。返済は1年後に一括返済とし、金利は年1%とする。

| 借方 | 短期貸付金 | 1,000,000円 | 貸方 | 普通預金 | 1,000,000円 |

会社が役員や従業員、取引先などにお金を貸した場合でも、定められた利率で利息を受けとるようにします。

例 従業員に貸し付けた100万円（利息1％）について、利息を含めて一括返済が行われた。

| 借方 | 普通預金 | 1,010,000円 | 貸方 | 短期貸付金 | 1,000,000円 |
| | | | | 受取利息 | 10,000円 |

返済が行われたときには［短期貸付金］が消滅するとともに、利息分は［受取利息］（→P.134）で計上します。

プラスの知識　無利息や低金利での貸し出しは利益供与とみなされる

　会社本来の事業目的は、利益を出すことです。役員や従業員、取引先などに無利息や低金利でお金を貸し出したとすると、**経済的な利益供与とみなされ、借りた側に所得税の課税が発生します**。そのため、会社が個人にお金を貸すときは利息を設定するのが一般的です。利率は、国税庁が定める利率（金融機関からお金を借りて、それを元手に役員や個人に貸した場合はその借入利率）以上で設定します。この利率を下回った場合も、その差額が所得税の課税対象になります。

　ほかにもこまかいルールがありますが、少なくとも法人がお金を貸した場合は利息をとる必要があることは認識しておきましょう。

▶ 社長による会社資金の個人利用（引き出し時→期末→返済時）

例 社長が個人的な理由で、会社の銀行口座から50万円を引き出した。3ヵ月後に返金するつもりである。

| 借方 | 短期貸付金 | 500,000円 | 貸方 | 普通預金 | 500,000円 |

とくに小規模な会社で社長が自由に会社のお金を出し入れできる場合、個人的な理由で会社のお金を引き出すことがあります。明確に使途が決まっている場合もあれば、役員報酬の手取り以外でお金が足りなくなった場合にその都度引き出すこともありえます。この場合、いったん[短期貸付金]で計上します。このケースは明確に利息について決めていないことも多いため、決算時点で貸付金の残高があれば、国税庁の決めた利率で[受取利息]を未収計上します。この場合、[短期役員貸付金]などの勘定科目を使用することもありますが、決算書上は[短期貸付金]でまとめて表示します。

例 会社から社長に貸し付けた50万円について、期末に未返済だったため、0.9％の基準利率で利息を計上した。

| 借方 | 未収金 | 4,500円 | 貸方 | 受取利息 | 4,500円 |

会社から社長やその他の役員、従業員に貸し付けた金銭については、原則として利息をとる必要があります。期末時点で未返済の残高があれば、利息を[未収金]（→P.204）として計上します。

例 期末時点で未返済だった50万円について、社長から全額の返済があった。その際に、利息5,000円もあわせて入金された。

借方	普通預金	505,000円	貸方	短期貸付金	500,000円
				受取利息	500円
				未収金	4,500円

貸付金の返済があった場合には、[短期貸付金]を消滅させます。また、利息のうち、すでに[未収金]で計上済みの分があれば、その金額を除いて[受取利息]を計上することになります。

貸付金の金利を正しく認識しておく

貸付金に関する金利については、国税庁によって以下のように定められています。計算間違いや入力ミスがないように注意しましょう。

会社が金融機関等から借り入れて貸し付けた場合：その借入金の利率
上記以外：0.9％（2024年中の貸付の場合）

 個人事業主の貸付金の扱い

個人事業主がお金を貸した場合は、金融業者でもないかぎりは個人的にお金を貸したことになります。個人的なお金の貸し借りはよくあることで、会社が貸し付けた場合とは異なり、無利息でも所得税の課税問題が出てくることはありません。なお、個人で利息を受けとった場合は雑所得になるため、[売上高]のように事業として計上する必要はありません。ただし、確定申告の際にはその雑所得を忘れずに申告する必要があります。

▶ 短期貸付金の貸倒れ

例 他社に貸し付けていた[短期貸付金]100万円について、相手先の倒産により回収が不可能となった。

| 借方 | 貸倒損失 | 1,000,000円 | 貸方 | 短期貸付金 | 1,000,000円 |

貸付金の貸倒れについて一定の事由に該当した場合には、[貸倒損失]を計上します。[貸倒損失]を計上できるパターンについては、P.126を参照してください。

▶ [短期貸付金]から[長期貸付金]への転換

例 半年後に一括返済する契約で貸し付けた100万円について、相手先の資金繰りの関係で3年後に一括返済する契約に切り替えた。

| 借方 | 長期貸付金 | 1,000,000円 | 貸方 | 短期貸付金 | 1,000,000円 |

返済時期を先延ばしした結果、返済時期が決算日よりも1年超の時期になった場合、[長期貸付金]（→P.248）に振り替える仕訳を行います。

第 3 章 | B/S | 流動資産

未収金
（未収入金）

- 消費税　課税　非課税　**対象外**
- 対象　法人　個人

💡 売掛金以外で将来受けとるお金を計上する

相手先からまだ受けとっていないお金のうち、本業の売上以外のものについては［未収金］の勘定科目を使用します。会計ソフトによっては［未収入金］となっている場合もありますが、同じものです。売上に対応してまだ受けとっていないお金は、［売掛金］（→P.182）を使用することで区別します。

摘要例	☐ 固定資産売却に伴う未収金　☐ 税金還付に伴う未収金 ☐ 有価証券売却に伴う未収金　☐ 保険金の未収金　☐ 補助金の交付決定 ☐ 助成金の交付決定　☐ 配当の未収金　☐ 損害賠償金の未収金

仕訳の基本

 増加　［未収金］は資産のため、**増える場合は借方**に仕訳！

例）社用車を90万円で売却した。代金は翌月末に入金予定である。

借方	未収金	900,000円	貸方	車両運搬具	900,000円

 減少　［未収金］は資産のため、**減る場合は貸方**に仕訳！

例）翌月末になり、社用車の売却代金90万円が入金された。

借方	普通預金	900,000円	貸方	未収金	900,000円

さまざまな仕訳例

▶ 保険金の［未収金］

例 水漏れにより商品が破損し、損害保険金として20万円の支払いを受けることになった。入金日は翌月10日である。

| 借方 | 未収金 | 200,000円 | 貸方 | 雑収入 | 200,000円 |

保険金は［雑収入］（→P.146）で計上します。［雑収入］は本業以外の収入を計上する勘定科目ですが、本業以外の収入でまだ受けとっていないお金は［未収金］で計上します。そのため、［雑収入］の相手科目は自然に［未収金］になります。

▶ 補助金の交付決定

例 国から、補助金50万円の交付決定を受けた。入金は翌月25日の予定である。

| 借方 | 未収金 | 500,000円 | 貸方 | 雑収入 | 500,000円 |

補助金や助成金の交付決定があったときは、［未収金］で計上します。なお、補助金は本業の売上ではないため、通常は［雑収入］で計上します。ただし、固定資産の取得のための補助金で一定の要件を満たす場合は、固定資産の取得価額から減額することもできます。

▶ 税金還付に伴う［未収金］

例 期末に計算した法人税は10万円だった。なお、中間納付として20万円支払って、［法人税等］で計上していた。

| 借方 | 未収金 | 100,000円 | 貸方 | 法人税等 | 100,000円 |

法人税や消費税など、当期の途中で支払った中間納付（→P.268）が年間の納税額よりも多ければ、納めすぎた中間納付での税額の還付を受けることができます。この場合、還付予定額は［未収金］で計上します。この仕訳例の場合は、期末に確定した納税額より10万円多く中間納付で納めていたため、その金額の還付を受ける仕訳をします。

第3章 | B/S | 流動資産

仮払金

貸借対照表（B/S）

資産	流動資産	負債	流動負債
	有形固定資産		固定負債
	無形固定資産		
	投資その他	純資産	株主資本
	繰延資産		その他

- 消費税　課　税　非課税　**対象外**
- 対　象　法　人　個　人

借方 ← 増えたら　減ったら → 貸方

処理すべき勘定科目が不明な支払いに使用する

　口座から引き落としがあったが、何のための支払いかわからないといった場合や、だれに対して支払ったかわからないといった場合に使用するのが[**仮払金**]です。また、処理すべき勘定科目がわからない支払いに対して使用することもあります。[**仮払金**]はあくまでもやむをえず使用する勘定科目なので、基本的には決算までには解消して[**仮払金**]が０円になるようにします。また、従業員の経費を仮払いで一定額渡す場合に、[**仮払金**]を一時的に使用することがあります。

摘要例	□ 支払い先不明　□ 使途不明金　□ 経費の仮払い　□ 出張旅費の仮払い
	□ 交際費の仮払い　□ 会議費の仮払い　□ 勘定科目の未確定

仕訳の基本

 [**仮払金**]は資産のため、**増える場合は借方**に仕訳！

例）銀行口座から１万円の引き落としがあったが、口座の摘要に明記されておらず支払い先が不明だった。

| 借方 | 仮払金 | 10,000円 | 貸方 | 普通預金 | 10,000円 |

減少 [**仮払金**]は資産のため、**減る場合は貸方**に仕訳！

例）調査の結果、支払い先不明の１万円はA社への[**買掛金**]の支払いだと判明した。

| 借方 | 買掛金 | 10,000円 | 貸方 | 仮払金 | 10,000円 |

さまざまな仕訳例

▶ 経費の仮払い（仮払い時→精算時）

例 出張に行く従業員に仮払いとして、[現金] 1 万円を渡した。

| 借方 | 仮払金 | 10,000円 | 貸方 | 現金 | 10,000円 |

経費について後日精算方式ではなく、仮払い方式を採っている場合、従業員に渡したお金は一時的に[仮払金]で処理します。

例 従業員に仮払いした[現金] 1 万円について、後日精算があり9,000円が旅費で使用され、1,000円は返金された。

| 借方 | 旅費交通費 | 9,000円 | 貸方 | 仮払金 | 10,000円 |
| | 現金 | 1,000円 | | | |

仮払いしたお金が後日精算された場合には、しかるべき勘定科目で処理します。ただし、経費の仮払い方式は経理処理に手間がかかるため、あまりおすすめしません。実務的には従業員に立て替え払いをしてもらって、後日精算方式をとるほうがほとんどです。

ここに注意！ [仮払金]の使用は最後の手段

[仮払金]は経費の仮払い方式をとっている場合以外では、支払い先や支払い内容が不明なときに使用します。**つまり、[仮払金]はお金の支払いについて、内容が管理できていないケースで発生するということです**。そのため、決算書の信頼性を上げるためにも、[仮払金]という勘定科目の使用は、できるかぎり避けたほうがよいでしょう。

とくに内容不明が原因でひとまず[仮払金]で計上したというケースでは、時間が経てば経つほどに内容の調査が困難になります。やむをえず[仮払金]を使用する場合には、例えば「3ヵ月以内には必ず解消する」などのルールを社内で設けておいて、[仮払金]を定期的に精査することが重要です。

第3章 | B/S | 流動資産

預け金
預託金

- 消費税 課税 非課税 **対象外**
- 対象 法人 個人

貸借対照表（B/S）

資産	流動資産	負債	流動負債
	固定資産 有形固定資産		固定負債
	無形固定資産	純資産	株主資本
	投資その他		その他
	繰延資産		

借方 ← 増えたら　減ったら → 貸方

外部に資金を預託したときに使用する

　金融機関の預貯金以外にも、外部に資金を預け入れる場合があります。このときに使用する勘定科目が［預け金］や［預託金］です。ただし、契約に基づいて外部に預け入れているお金は［差入保証金］（→P.246）などを、取引のために前もって支払ったお金は［前払金］（→P.192）を使用します。いつでも手元に戻せる状態であれば［預け金］、1年を超える長期に渡って預け入れる場合は［預託金］を使います。

摘要例
- □ 証券口座への預け金　□ リサイクル預託金　□ 電子決済サービスへの預け金
- □ ゴルフ会員権　□ 供託金　□ 裁判所保管金

仕訳の基本

 増加　［預け金］［預託金］は資産のため、**増える場合は借方**に仕訳！

例 社用車を購入した際のリサイクル預託金として2万円を預託した。

借方	預託金	20,000円	貸方	普通預金	20,000円

減少　［預け金］［預託金］は資産のため、**減る場合は貸方**に仕訳！

例 社用車を廃車にしたため、リサイクル預託金2万円はその廃車費用にあてられた。

借方	固定資産除却損	20,000円	貸方	預託金	20,000円

さまざまな仕訳例

▶ 証券口座への入金

例 法人で上場会社の株式を売買するための証券口座を開設して、100万円を預け入れた。

| 借方 | 預け金 | 1,000,000円 | 貸方 | 普通預金 | 1,000,000円 |

証券口座に預けたお金は[預け金]で計上します。また、例えば仮想通貨を購入するためのウォレットに入れたお金も[預け金]で計上します。

▶ 電子決済サービスの利用

例 電子決済サービスを利用して、[売掛金]1万円を回収した。

| 借方 | 預け金 | 10,000円 | 貸方 | 売掛金 | 10,000円 |

電子決済サービスとは、銀行口座への振り込み以外で[売掛金]や[未収金]を回収するサービスのこと。預金ではないため、回収したお金は[預け金]で処理します。

▶ 電子決済サービスから[普通預金]への入金

例 電子決済サービスの残高がたまったため、50万円を[普通預金]に出金した。

| 借方 | 普通預金 | 500,000円 | 貸方 | 預け金 | 500,000円 |

電子決済サービスのアカウントには一定の金額をためておけますが、一般的に上限が設定されています。その場合、金融機関の預金口座への払い出しが必要です。

▶ 車両の購入（リサイクル預託金の支払い）

例 社用車を購入し、車両本体200万円とリサイクル預託金1万円を支払った。

| 借方 | 車両運搬具 | 2,000,000円 | 貸方 | 普通預金 | 2,010,000円 |
| | 預託金 | 10,000円 | | | |

車を購入した際に支払うリサイクル預託金は、[預託金]で計上します。

第3章 | B/S | 流動資産

仮払消費税

貸借対照表 (B/S)

資産	流動資産	負債	流動負債
	有形固定資産		固定負債
	無形固定資産	純資産	株主資本
	投資その他		その他
	繰延資産		

- 消費税　課税　非課税　**対象外**
- 対象　　法人　個人

借方 ← 増えたら　減ったら → 貸方

💡 外部に支払った消費税を計上する際に使用する

　消費税は原則として売上などで預かった消費税と、仕入れやその他の費用で外部に支払った消費税との差額を納税します。仕入れなどで外部に支払った消費税を、仮に計上しておく勘定科目が［**仮払消費税**］です。一方、売上など外部から預かった消費税を、仮に計上しておく勘定科目が［**仮受消費税**］（→P.286）です。**決算時に［仮払消費税］と［仮受消費税］を相殺してその差額を納めます。**ただし、税込経理方式を採用している場合、［**仮払消費税**］は使いません。

摘要例
- ☐ 決算時の消費税の仕訳　☐ 輸入消費税の納税　☐ 中間消費税の納税
- ☐ 課税期間の特例適用時の消費税の仕訳

仕訳の基本

 増加　［仮払消費税］は資産のため、**増える場合は借方**に仕訳！

例　商品の仕入れを行い、税込みで11万円を普通預金口座から振り込んだ。

借方	仕入高	100,000円	貸方	普通預金	110,000円
	仮払消費税	10,000円			

 減少　［仮払消費税］は資産のため、**減る場合は貸方**に仕訳！

例　仕入れた商品のうち、税込みで5,500円を返品した。代金は未払いだった。

借方	買掛金	5,500円	貸方	仕入高	5,000円
				仮払消費税	500円

> **プラスの知識** 税抜経理方式と税込経理方式という2つの方法がある
>
> 売上や仕入れ、事務所の家賃やその他経費の支払いなど、さまざまな取引に消費税が含まれています。その消費税の仕訳方法には、**税込額で計上する税込経理方式**と、**税抜額で計上する税抜経理方式**があります。
>
> 税込経理方式は消費税を区分して仕訳する必要がないため、経理処理がかんたんといわれています。ただし、会計ソフトを使用すれば、左ページの仕訳例のような［仮払消費税］の区分計算は自動で行ってくれます。実際、［仮払消費税］がいくらになるか、仕訳をするたびに計算している人はほとんどいないと思います。税抜経理方式だから、経理処理が複雑になるということは現在ではほぼないでしょう。また、会計ソフトを使用している場合、税込経理方式であっても消費税の課税区分を設定する必要があります。
>
> 税抜経理方式のメリットの1つとして、**［仮払消費税］や［仮受消費税］の計上を通して、その差額を見れば納税額の予測を立てられることが挙げられます**。また、一定額以下の取引について税法上の特例を受けられる場合、多くのケースでは貸借対照表や損益計算書に計上される金額で判定しますので、税抜経理方式のほうがその点でも有利です。
>
> 会計ソフトを使用するのであれば、特段の事情がないかぎりは税抜経理方式を採用したほうがよいでしょう。特段の事情の1つとして、損益計算書上の利益を多く見せたいことが挙げられます。**税込経理方式の場合、消費税の納税額を［租税公課］で納税する翌期に計上することができるので、税抜経理方式に比べてその期の利益について消費税の納税額分多くすることができます**。

さまざまな仕訳例

▶商品の輸入

例 商品10万円を海外から輸入して、税関からの引き取りの際に関税5,000円と消費税1万円を納税した。

借方			貸方		
仕入高	105,000円		現金	115,000円	
仮払消費税	10,000円				

商品輸入時に支払った消費税は［**仮払消費税**］で計上します。［**仮払消費税**］は会計ソフトでは自動計算されますが、例外的に輸入の際の消費税については、あえて［**仮払消費税**］を選択して処理する必要があります。

211

支払った関税は[仕入高]に含める

　輸入時に支払う関税については、**商品の仕入れのための付随費用なので、商品代金に含めて[仕入高]で計上します**。また、消費税を支払う必要がない免税事業者については、関税も消費税もいずれも[仕入高]で処理します（ただし、備品の輸入にかかるものであれば、[消耗品費]など該当する勘定科目で処理します）。

▶ 軽減税率の仕訳

例　当社は飲食業である。野菜を1万800円、お酒を1万1,000円仕入れた。

借方			貸方		
仕入高		10,000円	買掛金		21,800円
仮払消費税		800円			
仕入高		10,000円			
仮払消費税		1,000円			

　食料品や一定の紙の新聞については、軽減税率が適用されます。これは事業者間の取引でも同様です。軽減税率の適用を受けるもの（この仕訳例では野菜）と適用を受けないもの（この仕訳例ではお酒）をいっしょに購入した場合、[**仮払消費税**]も8％のものと10％のものが混在しますので、注意しましょう。

 品目によって消費税が変わる「軽減税率」の処理

　軽減税率は対象となる飲食料品（外食やケータリング等は除く）や新聞について、消費税を8％とする制度です。軽減税率の対象となる食品などについては、仕訳上も軽減税率を適用した[**仮払消費税**]で計上することが義務づけられています。税率が混在する場合、請求書やレシート、領収書でも税区分ごとに分けて表示する義務があります。軽減税率の対象になるかどうかについては、請求書やレシートに明記されていますので、その区分に従って計上すればよいでしょう。会計ソフトを使用していれば、**10％の対象か8％の対象かを仕訳を行うごとに設定できるので、正しく設定すれば[仮払消費税]の額は自動計上されます**。

▶ インボイス制度と経過措置

例 取引先との打ち合わせのために喫茶店を利用し、1,100円を支払った。その喫茶店は適格請求書発行事業者（インボイス登録者）ではない。

借方			貸方		
交際費		1,020円	現金		1,100円
仮払消費税		80円			

インボイス制度に未登録の相手に支払った消費税は、本来[仮払消費税]として計上することができません。ただし、現在は経過措置が設けられており、本来であれば[仮払消費税]に計上する額の8割を[仮払消費税]として計上できます。

プラスの知識　インボイス制度と経過措置の扱い

2023年10月1日から、インボイス制度が始まりました。インボイスを**適格請求書等**といい、インボイス事業者として登録をしている事業者を**適格請求書発行事業者**といいます。取引先がインボイス制度の登録をしていない場合、支払った側は[**仮払消費税**]を計上することができず、支払った全額が費用として計上されます。費用で計上するよりも、消費税の納税額を直接減らせる[仮払消費税]に個別に計上できたほうが支払う側にとってはお得です。つまり、インボイス登録をしていない事業者への支払いは、税金面だけを見れば支払う側にとって不利ということです。

ただし、以下の経過措置が設けられているため、それに合わせて[仮払消費税]を計上する必要があります。会計ソフトを使用していれば、経過措置も反映された税区分の設定が可能です。

- 2023年10月1日～2026年9月30日
  消費税の80％を[仮払消費税]に計上できる
- 2026年10月1日～2029年9月30日
  消費税の50％を[仮払消費税]に計上できる
- 2029年10月1日～
  インボイス制度の登録をしていない事業者への支払いについては、[仮払消費税]の計上ができない。

インボイス制度の登録をしていない事業者については、経過措置の進行によって取引先の消費税の納税額に影響を与えるため、それに応じて取引条件が変わっていく可能性があります。

第3章 | B/S | 流動資産

貸倒引当金

貸借対照表(B/S)

資産	流動資産	負債	流動負債
	有形固定資産		固定負債
	無形固定資産		
	投資その他	純資産	株主資本
	繰延資産		その他

- 消費税　課税　非課税　**対象外**
- 対　象　法人　個人

借方 ← 減ったら　増えたら → 貸方

💡 取引先への債権の回収不能に備えて計上する

　100％現金商売でなければ、売上代金やその他の債権が回収できずに回収不能となることもあります。**そうした将来的な回収不能に備えて、一定額を見積もって費用を計上しておくときに使う勘定科目が［貸倒引当金］です。**［貸倒引当金］は、［貸倒引当金繰入額］や［貸倒引当金戻入］（いずれも→P.128）とセットで計上されます。

摘要例	□売掛金の貸倒引当金の繰り入れ　□貸付金の貸倒引当金の繰り入れ
	□売掛金の貸倒れ　□貸付金の貸倒れ　□貸倒引当金の戻し入れ

仕訳の基本

 ［貸倒引当金］は資産のマイナスで表示されるため、**増える場合は貸方**に仕訳！

例 決算時に［貸倒引当金］を3万円計上した。

借方	貸倒引当金繰入額	30,000円	貸方	貸倒引当金	30,000円

 ［貸倒引当金］は資産のマイナスで表示されるため、**減る場合は借方**に仕訳！

例 貸倒れの可能性がなくなったため、前期までの［貸倒引当金］のうち1万円を減少させた。

借方	貸倒引当金	10,000円	貸方	貸倒引当金戻入	10,000円

さまざまな仕訳例

▶ 差額補充法による［貸倒引当金］の繰り入れ

例 当期末の［売掛金］は100万円、［貸倒引当金］の繰入率は１％である。当期の繰り入れ前の［貸倒引当金］は8,000円である。

| 借方 | 貸倒引当金繰入額　2,000円 | 貸方 | 貸倒引当金　2,000円 |

差額補充法はあるべき［貸倒引当金］を計算して、その金額に合わせて［貸倒引当金繰入額］を計上するものです（→P.131）。この仕訳例でいえば、当期の［貸倒引当金］として計上すべき金額は100万円×１％＝１万円で、繰り入れ前の金額が8,000円なので、差額の2,000円を計上する仕訳を行います。

▶ 洗替法による［貸倒引当金］の繰り入れ

例 当期末の［売掛金］は100万円、［貸倒引当金］の繰入率は１％である。当期の繰り入れ前の［貸倒引当金］は8,000円である。

| 借方 | 貸倒引当金　　　　　8,000円
貸倒引当金繰入額　10,000円 | 貸方 | 貸倒引当金戻入　8,000円
貸倒引当金　　　10,000円 |

洗替法の場合、いったん［貸倒引当金］を０円にして、計算した［貸倒引当金］の金額を新たに計上します（→P.131）。この仕訳例でいえば、8,000円を戻し入れて０円にし、そのうえで新たに１万円を繰り入れる仕訳をします。

▶ 貸倒れ時の処理

例 ［売掛金］10万円が貸倒れになった。その［売掛金］のために、８万円の［貸倒引当金］が計上されていた。

| 借方 | 貸倒引当金　80,000円
貸倒損失　　20,000円 | 貸方 | 売掛金　100,000円 |

貸倒れが発生した場合、その債権について［貸倒引当金］が計上されていれば、その差額だけが［貸倒損失］（→P.124）となります。

第 3 章 | B/S | 固定資産（有形）

建物

- 消費税　課税　非課税　対象外
- 対象　法人　個人

💡 事務所や倉庫などの建造物を所有するときに使う

業務で利用するための自社ビルやマンションの一室、倉庫などを賃貸ではなく、所有している場合に使う勘定科目が［建物］です。建物の取得には、新たに建設する場合と他者から購入する場合の2パターンがあります。いずれの場合も、本体価格以外に、取得するためにかかった付随費用も［建物］の取得価額に含めて処理します。

摘要例	□本社ビルの取得　□業務用マンションの購入　□社宅の購入　□工場の建設 □建物購入の仲介手数料の支払い　□前所有者への立退料の支払い □保養施設の持分取得　□賃借オフィスの内装工事　□賃借店舗の内装工事 □区分所有建物の取得　□建物の持分取得

仕訳の基本

 増加　［建物］は資産のため、**増える場合は借方**に仕訳！

例 仕事で利用するために、マンションの一室を2,000万円で購入した。

借方	建物	20,000,000円	貸方	普通預金	20,000,000円

 ［建物］は資産のため、**減る場合は貸方**に仕訳！

例 ［建物］の［減価償却費］50万円を計上した。減価償却は直接法を採用している。

借方	減価償却費	500,000円	貸方	建物	500,000円

さまざまな仕訳例

▶[建物]の取得(付随費用の処理)

例 本社ビルを3,000万円で購入した。その際に不動産会社への仲介手数料として150万円、登記費用として40万円(うち登録免許税30万円、司法書士報酬10万円)を支払った。

借方			貸方		
建物	31,500,000円		普通預金	31,900,000円	
租税公課	300,000円				
支払手数料	100,000円				

[建物]を購入した場合、本体の代金以外に取得にかかった付随費用も、[建物]の取得金額に含めます。ただし、例外的に不動産取得税と登記費用などは取得価額に含めず、費用として処理することができます(詳しくは下記の「プラスの知識」を参照)。

プラスの知識 [建物]とは別に、個別に費用計上できるものがある

[建物]を取得した際にかかった付随費用のうち、例外的に個別に費用として計上できるものとして、下記があります。
①不動産取得税
②建物の所有権移転登記のための登記費用(登録免許税や司法書士報酬)
　①②以外に支払う付随費用、例えば不動産会社への仲介手数料や固定資産税の精算金、前の所有者に支払う立退料、建設時の地鎮祭や上棟式の費用などは[建物]の取得価額に含めることになります。

▶[建物]の取得(自社建設)

例 本社ビルの建設が完了し、引き渡し時に2,000万円を支払った。なお、着工時と中間金として3,000万円支払っていた。

借方			貸方		
建物	50,000,000円		普通預金	20,000,000円	
			建設仮勘定	30,000,000円	

自社建設により[建物]を取得する場合は、一般的に着手金や中間金の支払いが発生します。その場合、完成までに支払った金額は[建設仮勘定](→P.238)で処理し、

完成して引き渡しの際に[建物]に振り替えます。

▶[建物]の売却

例 [建物]を3,000万円で売却した。[建物]の取得価額は4,000万円、[減価償却累計額]は1,500万円だった。減価償却は間接法を採用している。

借方		貸方	
普通預金	30,000,000円	建物	40,000,000円
減価償却累計額	15,000,000円	固定資産売却益	5,000,000円

[建物]を売却した場合、売却代金と[建物]の未償却額に差額が生じることがほとんどです。その差額を[固定資産売却益](または[固定資産売却損])で計上します。この際、消費税を考慮する必要があります（詳しくは[固定資産売却益]を参照、→P.150）。この仕訳例でいうと、取得価額4,000万円のうち、1,500万円は減価償却済みで、残高2,500万円のものが3,000万円で売れたのだから、売却益が500万円となったという仕訳をします。

ここに注意！ 個人事業主が[建物]を売却した場合は譲渡所得で処理する

個人事業主が事業用の[建物]を売却した場合、[固定資産売却益]や[固定資産売却損]は計上しません。**個人による不動産の売却は譲渡所得として、事業所得とは別途で確定申告が必要です。**個人事業主で事業用の[建物]を計上している例は少ないですが、もし個人事業主が貸借対照表に計上していた[建物]を売却した場合には、売却損益を決算書に計上しないように注意しましょう。

▶賃貸物件への造作工事

例 飲食店開業のために借りた店舗の内装工事のため、工事業者に対して、500万円を支払った。

借方		貸方	
建物	5,000,000円	普通預金	5,000,000円

他者が所有する建物を賃貸して、その内部に内装工事を行った場合も[建物]で処理します。

▶ [建物]の取得（在庫としての取得）

例 当社は不動産の売買を行っている不動産会社である。売買用のマンション1室を2,000万円で購入して、当社への登記変更まで完了した。

| 借方 | 商品 | 20,000,000円 | 貸方 | 普通預金 | 20,000,000円 |

固定資産の[建物]として計上するのは、自社利用のための場合です。不動産会社が販売用に購入したものは[建物]ではなく、[商品]で計上します。仕入時は三分法（→P.191）であれば[仕入高]、分記法であれば[商品]で計上します。この仕訳例では、分記法を採用しています。分記法は不動産や自動車など、在庫の金額が大きく少数の場合に使用されることが多いです。

プラスの知識　貸借対照表への計上は不動産の登記名義に合わせる

建物は登記することによって、その所有権を第三者に主張できます。そのため、一般的には建物を売買などで取得すれば、登記の変更も同時に行います。登記は所有権の取得に必要なものではなく、他者に所有権を主張するための手段です。そのため、登記上の所有者と実際の所有者が異なるケースもありえますが、貸借対照表への計上においては登記名義に合わせるのが通常です。

社長個人で保有している不動産について、法人の貸借対照表に計上して法人で賃料収入を計上したり、[減価償却費]を計上したりしたいのであれば、まずは会社名義に所有権を移転させる登記を行うべきでしょう。

▶ [建物]の持分取得

例 福利厚生用にリゾートマンションの持分100分の1を、300万円（うち建物200万円、土地100万円）で購入した。

| 借方 | 建物 | 2,000,000円 | 貸方 | 普通預金 | 3,000,000円 |
| | 土地 | 1,000,000円 | | | |

役員や従業員の福利厚生施設としてリゾート施設の持分を購入した場合のように、他社と建物を共有する場合も自社の持ち分を[建物]で計上します。

第 3 章 | B/S | 固定資産（有形）

建物付属設備

 建物に付属して一体として機能する設備に対して使用する

［建物付属設備］とは、建物に付属し、建物を利用するために機能する設備を建物に取りつけたときに使用します。電気設備や冷暖房、照明設備、給排水設備など、それ単体では機能せずに建物に取りつけることで機能し、かつ建物に固定して取りつけられたものが該当します。

| 摘要例 | ☐ 電気設備工事　☐ 埋め込み式エアコン設置工事　☐ 給水管・排水管工事
☐ ガス配管工事　☐ スプリンクラー設置工事　☐ 間仕切り設置工事
☐ 袖看板設置工事　☐ 固定式陳列棚の設置　☐ 照明設備工事
☐ ソーラーシステムの設置 |

仕訳の基本

 ［建物付属設備］は資産のため、**増える場合は借方**に仕訳！

例 賃貸した店舗に排水用の配管工事を行うため、100万円を支払った。

| 借方 | 建物付属設備 | 1,000,000円 | 貸方 | 普通預金 | 1,000,000円 |

減少 ［建物付属設備］は資産のため、**減る場合は貸方**に仕訳！

例 ［建物付属設備］の［減価償却費］10万円を計上した。減価償却は直接法を採用している。

| 借方 | 減価償却費 | 100,000円 | 貸方 | 建物付属設備 | 100,000円 |

さまざまな仕訳例

▶ 空調設備の新設工事（［工具器具備品］との違い）

例 オフィスの空調設備を100万円かけて新設工事した。この空調設備は天井に埋め込まれて、取り外しできないものである。

| 借方 | 建物付属設備 | 1,000,000円 | 貸方 | 普通預金 | 1,000,000円 |

［建物付属設備］は建物に固定されて、それ単体では使用しないものです。天井に埋め込むタイプのエアコンは［建物付属設備］に該当します。一方、家庭などで使用するような、取り外しできるエアコンをオフィスや店舗に取りつけた場合は［工具器具備品］（→P.228）となります。

▶ 間仕切りの設置工事

例 オフィスの会議室スペースをつくるため、間仕切りを設置する工事を行い、50万円支払った。間仕切りは床に固定されて、移動できないものである。

| 借方 | 建物付属設備 | 500,000円 | 貸方 | 普通預金 | 500,000円 |

オフィス内に固定式の間仕切りを設置した場合は、［建物付属設備］で計上します。ただし、キャスターつきなどでかんたんに移動できる間仕切りは、［工具器具備品］で計上します。

▶ 内装工事

例 店舗の新規開店のために、500万円かけて工事を行った。400万円は内装工事分、100万円は電気工事分である。

| 借方 | 建物 | 4,000,000円 | 貸方 | 普通預金 | 5,000,000円 |
| | 建物付属設備 | 1,000,000円 | | | |

店舗などの内装工事を行った場合は、内装工事本体と電気工事や給排水管の工事をあわせて行うことがあります。この場合、内装工事本体は［建物］、電気工事などは［建物付属設備］で計上します。両者は耐用年数が異なるので、見積書などを確認して必ず区分して計上しましょう。

第 3 章 | B/S | 固定資産（有形）

構築物

- 消費税　**課税**　非課税　対象外
- 対象　**法人**　**個人**

建物以外の施設などを建造や舗装したときに使う

［建物］以外で土地に定着した施設を建造したり、土地を整備したりしたときに使用する勘定科目が［構築物］です。鉄道工事やトンネル工事など大規模なものから、フェンス工事や広告看板の設置、駐車場の整備といった規模のものまであります。

> 摘要例
> ☐ 広告看板の設置工事　☐ 駐車場の舗装工事　☐ フェンスの設置工事
> ☐ カーポートの設置工事　☐ 花壇の設置工事　☐ ブロック塀の設置工事
> ☐ 鉄塔の設置工事　☐ 街路樹の植栽工事　☐ 屋上看板の設置
> ☐ 野立看板の設置

仕訳の基本

増加　［構築物］は資産のため、**増える場合は借方**に仕訳！

例 社用車の駐車場に日よけのカーポートを設置して、50万円を支払った。

借方	構築物	500,000円	貸方	普通預金	500,000円

減少　［構築物］は資産のため、**減る場合は貸方**に仕訳！

例 ［構築物］の［減価償却費］として10万円を計上した。減価償却は直接法を採用している。

借方	減価償却費	100,000円	貸方	構築物	100,000円

さまざまな仕訳例

▶ 看板の設置工事

例 店舗の前の土地に固定された鉄製の看板を設置して、150万円を支払った。

| 借方 | 構築物 | 1,500,000円 | 貸方 | 普通預金 | 1,500,000円 |

建物と独立して設置された看板で、土地に固定されたものは[構築物]となります。路上に置いただけの看板は[工具器具備品]（→P.228）や[消耗品費]（→P.88）、袖看板など建物に固定された看板は[建物付属設備]（→P.220）で計上します。

▶ 土地の舗装工事

例 社用車をとめるための駐車場について、砂利からアスファルトに舗装する工事を行い、200万円を支払った。

| 借方 | 構築物 | 2,000,000円 | 貸方 | 普通預金 | 2,000,000円 |

駐車場や社有地などを舗装したときの費用は[構築物]となります。土地そのものは減価償却しませんが、舗装工事部分は[構築物]に該当するので減価償却の対象です。

▶ オフィス周辺の緑化工事

例 オフィス周辺の緑化工事を行い、15万円を支払った。

| 借方 | 構築物 | 150,000円 | 貸方 | 普通預金 | 150,000円 |

緑化工事など個々の植物が集まって1つのものを構成している場合には、すべてを合わせて1つの固定資産として計上します。緑化工事は土地に固定したものとして、[構築物]で計上します。

実務のコツ！ [構築物]と[建物付属設備]、[工具器具備品]の使い分け

[構築物]はそれ単体で利用されるという点で、[建物付属設備]と異なります。また、[構築物]は土地に固定されているのが前提であり、自由に移動できるものは[工具器具備品]に区分されます。

第 3 章 | B/S | 固定資産（有形）

車両運搬具

- 消費税　課税　非課税　対象外
- 対象　法人　個人

💡 移動を目的とした車両を購入したときに使用する

［車両運搬具］は事業などで使用する自動車やオートバイ、自転車など、人やモノの移動に用いるものを購入したときに使用します。とくに自動車など登録が必要となるものについては、さまざまな付随費用がかかりますが、［建物］（→P.216）などと同様に、そうした付随費用も取得価額に含めて減価償却の対象となります。

摘要例
- □社用車の購入　□自転車の購入　□トラックの購入　□スクーターの購入
- □フォークリフトの購入　□リヤカーの購入　□オートバイの購入
- □車両の改造費用

仕訳の基本

⬆ 増加　［車両運搬具］は資産のため、**増える場合は借方**に仕訳！

例 社用車を購入して、100万円を支払った。

借方	車両運搬具	1,000,000円	貸方	普通預金	1,000,000円

⬇ 減少　［車両運搬具］は資産のため、**減る場合は貸方**に仕訳！

例 ［車両運搬具］の［減価償却費］として10万円を計上した。減価償却は直接法を採用している。

借方	減価償却費	100,000円	貸方	車両運搬具	100,000円

さまざまな仕訳例

▶ 営業車の購入（付随費用の処理）

例 営業車を購入して本体価格100万円のほかに、オプション費用20万円、自動車重量税3万円、自賠責保険料2万5,000円、検査登録・車庫証明取得代行費用3万円、検査登録手数料・車庫証明費用1万円、リサイクル預託金1万5,000円を振り込んだ。

借方			貸方		
車両運搬具	1,200,000円		普通預金	1,310,000円	
租税公課	40,000円				
保険料	25,000円				
支払手数料	30,000円				
預託金	15,000円				

自動車の購入には車両本体価格以外に、付随費用がいくつかあります。付随費用のうち、取得価額に含めなければいけないものと、含めるかどうかを任意で決めてよいものがあります（詳しくは下記の「プラスの知識」を参照）。この仕訳例では、本体価格とオプション費用のみ[車両運搬具]に含めています。

プラスの知識 自動車購入の付随費用として、取得価額に含めるもの・任意のもの

自動車の購入時には、主に下記の費用がかかりますが、取得価額に必ず含めるものと、取得価額に含めるかどうか任意のものがあります。取得価額に含めなくてもよいものについては、費用で計上するケースが多くあります。**もし全額を[車両運搬具]で処理する場合でも、税金などには消費税がかからないため、適切な消費税の処理が必要となります。**車両を購入した際には、必ず注文書などの明細を確認しましょう。

項目	勘定科目	消費税	取得価額への算入
本体価格	車両運搬具	対象	強制
オプション費用	車両運搬具	対象	強制
自動車重量税	租税公課	対象外	任意
自賠責保険料	保険料	対象外	任意
検査登録・車庫証明取得代行費用	支払手数料	対象	任意
検査登録手数料・車庫証明費用	租税公課	対象外	任意
リサイクル預託金	預託金	対象	含められない

さまざまな仕訳例

▶ 自転車の購入

例 近距離の移動用に、電動自転車を15万円で購入した。

| 借方 | 車両運搬具 | 150,000円 | 貸方 | 普通預金 | 150,000円 |

[車両運搬具]の定義は、人やモノの移動に使用するものです。自動車などエンジンがついたもの以外の自転車やリヤカーなども、[車両運搬具]に該当します。タイヤがついていれば、[車両運搬具]と考えておけばよいでしょう。ただし、10万円未満であれば、[消耗品費](→P.88)として費用計上できます。

▶ フォークリフトの購入

例 倉庫内の運搬用に、フォークリフトを200万円で購入した。

| 借方 | 車両運搬具 | 2,000,000円 | 貸方 | 普通預金 | 2,000,000円 |

フォークリフトは基本的に倉庫や工場内でのみ使用されるものですが、モノの運搬を行うためのものなので、[車両運搬具]に該当します。一方、工事現場で使用するショベルカーなどは、人やモノの移動目的で使用するわけではないので、[機械装置]で計上します。人が乗っているかということではなく、人やモノの移動のために使用するかどうかで、[車両運搬具]に該当するかが決まるのです。

社用車として減価償却の対象にしたい場合

登録が必要な自動車には車検証があり、車検証で所有者となっている者が車両を所有している者、使用者となっている者が車両を使っている者になります。つまり、**社長個人が所有している自動車を社用車にして、会社で[減価償却費]を計上したい場合には、車検証の名義変更が必要となります**。具体的には陸運局で所有者を個人から、法人に変更する手続きを行います。

また、法人がローンで自動車を購入した場合、所有者は信販会社、使用者は法人となります。この場合、車検証の上での所有者は信販会社となりますが、それはあくまで信販会社の債権確保のためです。実質的には法人が所有者であるため、車検証上の使用者が法人になっていれば、法人として[車両運搬具]を計上し、減価償却しても問題ありません。

さまざまな仕訳例

▶ 中古車の購入

例 知人から、次の車検期間まで半年ある中古車を30万円で購入した。

| 借方 | 車両運搬具 | 300,000円 | 貸方 | 普通預金 | 300,000円 |

中古車を購入した場合、次の車検まで期間があれば購入時に自賠責保険料や重量税はかかりません。また、ディーラーからの購入でなければ、中古車購入時の明細が細かく分かれていないことがあります。この場合、購入額全額を[**車両運搬具**]で処理することになります。

▶ ローンでの車両購入（割賦手数料の扱い）

例 社用車100万円をローンで購入した。ローンにあたって、割賦手数料として10万円がローン残高に組み込まれた。

| 借方 | 車両運搬具 | 1,000,000円 | 貸方 | 長期未払金 | 1,100,000円 |
| | 長期前払費用 | 100,000円 | | | |

この仕訳例では、購入時に割賦手数料を[**長期前払費用**]（→P.250）で計上して、決算時に[**支払手数料**]に振り替える方法を採っています。購入時に[**支払手数料**]や[**長期前払費用**]などに按分する方法でも問題ありません。あるいは、割賦手数料は取得価額に含めずに、返済期間で費用化することもできます。この場合は返済期間で按分して、[**支払手数料**]で計上することになります。割賦手数料にかかる消費税は非課税になります。また、ローン返済時は[**長期未払金**]（→P.262）を減少させます。

▶ 車両の仕入れ

例 当社は中古車販売業である。販売用の中古車を30万円で購入した。

| 借方 | 商品 | 300,000円 | 貸方 | 普通預金 | 300,000円 |

中古車販売業で[**商品**]として車両を仕入れた場合、その金額にかかわらず[**車両運搬具**]ではなく、[**商品**]で計上します。仕入時は三分法（→P.191）であれば[**仕入高**]、分記法であれば[**商品**]で計上します。この仕訳例では、分記法を採用しています。分記法は、不動産や自動車など在庫の金額が大きく、かつ少数の場合に使用されることが多いです。

227

第3章 | B/S | 固定資産（有形）

工具器具備品

- 消費税　課税　非課税　対象外
- 対象　法人　個人

10万円以上の備品などを購入したときに使用する

［工具器具備品］は、**10万円以上で1年を超える期間に渡って使用する資産を購入した場合に使用します**。工具とは製造業の工場などで使用する道具、器具備品とは事務機器やその他の備品を指します。10万円を超える資産は固定資産に該当しますが、ほかの固定資産の勘定科目に該当しない固定資産を［工具器具備品］で計上するイメージです。

摘要例
- □ パソコンの購入　□ プリンターの購入　□ 応接セットの購入
- □ 事務用所デスクの購入　□ カメラの購入　□ 絵画の購入　□ 置物の購入
- □ ドローンの購入　□ 冷蔵庫の購入　□ テレビの購入　□ エアコンの購入
- □ 書棚の購入　□ デジタルサイネージの購入

仕訳の基本

増加　［工具器具備品］は資産のため、**増える場合は借方**に仕訳！

例）パソコンを購入して、20万円を支払った。

借方		貸方	
工具器具備品	200,000円	普通預金	200,000円

減少　［工具器具備品］は資産のため、**減る場合は貸方**に仕訳！

例）［工具器具備品］の［減価償却費］として10万円を計上した。減価償却は直接法を採用している。

借方		貸方	
減価償却費	100,000円	工具器具備品	100,000円

さまざまな仕訳例

▶ パソコンとセキュリティソフトの同時購入

例 事務所用のパソコンを20万円で購入した。あわせて、セキュリティソフトを1万円で購入した。

借方	工具器具備品	200,000円	貸方	普通預金	210,000円
	消耗品費	10,000円			

[**工具器具備品**]は、一体として使用するものすべてを取得価額に含める必要があります。パソコンであれば、本体とディスプレイ、アプリケーションソフトなどが該当します。これらは金額を分けることができたとしても、個別ではなく一体として使用することから、合算した金額で固定資産に該当するかどうかを判定するのです。ただし、セキュリティソフトについては必要不可欠というわけではないため、別途[**消耗品費**]（→P.88）などで費用計上することができます。

▶ 事務所用の机・イスの購入（[消耗品費]との区分）

例 事務所用の机12万円とイス4万円をそれぞれ購入した。

借方	工具器具備品	120,000円	貸方	普通預金	160,000円
	消耗品費	40,000円			

机とイスも一体として使用しますが、それぞれ個別に使用することもできるので、個別に[**工具器具備品**]に該当するかどうかを判定します。この仕訳例でいうと、机は10万円以上なので[**工具器具備品**]として、イスは10万円以下なので[**消耗品費**]としてそれぞれ計上しています。ただし、一体で使用することを前提にデザインされた応接セットなどである場合は、1つの[**工具器具備品**]として判定します。

▶ 美術品の購入

例 事務所に飾るための絵画を30万円で購入した。

借方	工具器具備品	300,000円	貸方	普通預金	300,000円

絵画などの美術品については、原則として100万円以上のものは減価償却できないことになっています。これ以外にも美術品の減価償却についてこまかい判定がありますが、費用化したい場合には最低限取得価額に注意しましょう。

第3章 | B/S | 固定資産（有形）

一括償却資産

- 消費税　課税　非課税　対象外
- 対　象　法人　個人

💡 10万円以上20万円未満の固定資産を計上する

　取得価額が10万円以上20万円未満の少額な固定資産は、[一括償却資産]として計上して、3年間で均等額を減価償却することができます。対象となる固定資産は問われませんが、通常は取得価額がそれほど高くならない[工具器具備品]（→P.228）が中心となります。[一括償却資産]の金額は、税抜経理方式であれば税抜金額、税込経理方式であれば税込金額で判断します。ちなみに、[一括償却資産]の対象にした場合は、固定資産税（償却資産税）の対象外にできます。

| 摘要例 | ☐ パソコンの購入　☐ スキャナーの購入　☐ タブレットの購入 ☐ スマートフォンの購入　☐ ソフトウェアの購入　☐ 中古車の購入 |

仕訳の基本

 増加　[一括償却資産]は資産のため、**増える場合は借方**に仕訳！

例）パソコンを15万円で購入して、[一括償却資産]の対象とした。

| 借方 | 一括償却資産 | 150,000円 | 貸方 | 普通預金 | 150,000円 |

 減少　[一括償却資産]は資産のため、**減る場合は貸方**に仕訳！

例）当期の[一括償却資産]の[減価償却費]として10万円を計上した。減価償却は直接法を採用している。

| 借方 | 減価償却費 | 100,000円 | 貸方 | 一括償却資産 | 100,000円 |

さまざまな仕訳例

▶ [一括償却資産] の取得

例 パソコンを20万円で購入して、[一括償却資産] の対象とした。

| 借方 | 工具器具備品 | 200,000円 | 貸方 | 普通預金 | 200,000円 |

対象となる固定資産を取得した場合、[一括償却資産] を使う以外に、固定資産台帳で管理していれば、貸借対照表上は [工具器具備品] など該当の固定資産科目で処理しても問題ありません。

▶ [一括償却資産] の減価償却

例 15万円のパソコンを12月に6台購入して、[一括償却資産] としていた。決算期は12月末であり、[減価償却費] を計上した。

| 借方 | 減価償却費 | 300,000円 | 貸方 | 一括償却資産 | 300,000円 |

[一括償却資産] の [減価償却費] は、「すべての一括償却資産の取得価額の合計×その事業年度の月数÷36」で計算します。この仕訳例でいえば、90万円×12÷36＝30万円となります。一括償却は月割りがされないので、創業1年目など特殊な事情がなければ、年度のどのタイミングで購入しても1年分の [減価償却費] の計上が可能です。そのため、[一括償却資産] は「すべての一括償却資産の取得価額の合計÷3」と覚えておいてよいでしょう。

プラスの知識　[一括償却資産] の場合、[固定資産除却損] は計上されない

　[一括償却資産] は事務負担の軽減を目的としていますので、いったん対象にすれば途中で廃棄した場合でも、[固定資産除却損] は計上せずに3年間で減価償却することになります。

　同様に [一括償却資産] を償却の途中で売却した場合でも、[固定資産売却益][固定資産売却損]（→P.150）で説明しているような [減価償却累計額] などを使用した仕訳は行わず、売却した金額全額を [固定資産売却益] に計上することになります。

少額減価償却資産の特例（[減価償却費]での計上）

例 15万円のパソコンを12月に6台購入して、少額減価償却資産とした。決算期は12月末であり、[**減価償却費**]を計上した。減価償却は間接法を採用している。

| 借方 | 減価償却費 | 900,000円 | 貸方 | 減価償却累計額 | 900,000円 |

青色申告を行っている中小企業者（主に資本金1億円以下の法人）の場合、取得価額10万円以上30万円未満の固定資産について、取得した年度に全額を減価償却できる特例（中小企業者等の少額減価償却資産の取得価額の損金算入の特例）があります。この仕訳例は1台15万円の固定資産の取得なので、この特例を適用できます。利益が大きく出たときは、この特例を利用して利益を圧縮することができます。

少額減価償却資産の特例（[消耗品費]での計上）

例 15万円のパソコンを12月に6台購入して、少額減価償却資産とした。減価償却は間接法を採用している。

| 借方 | 消耗品費 | 900,000円 | 貸方 | 減価償却累計額 | 900,000円 |

少額減価償却資産は全額費用に計上できることから、取得時に[**消耗品費**]で計上する方法もあります。ただし、固定資産であることには変わりないので、いったん固定資産に計上してから[**減価償却費**]を計上するほうが、正しい貸借対照表の姿を表しているといえます。

少額の減価償却資産の取得

例 税込10万8,000円のパソコンを購入した。当社は税抜経理方式を採用している。

| 借方 | 消耗品費
仮払消費税 | 98,182円
9,818円 | 貸方 | 現金 | 108,000円 |

取得価額が10万円未満の資産については、たとえ長期で使用する目的のものでも、金額で判断して[**消耗品費**]（→P.88）で計上することができます。この場合、税抜経理方式であれば税抜の金額、税込経理方式であれば税込の金額、つまり損益計算書に計上されるべき金額で判定します。

●固定資産の取得時の処理には3パターンがある

　固定資産の減価償却には、**通常の減価償却**のほかに**一括償却資産**、**少額減価償却資産の特例**の3パターンの処理があります。取得価額については、税込経理方式であれば税込金額、税抜経理方式であれば税抜金額で判断する必要があります。

	通常の固定資産	一括償却資産	少額減価償却資産の特例
取得価額	10万円以上	10万円以上 20万円未満	10万円以上 30万円未満
適用条件	とくになし	とくになし	青色申告者であること 中小企業等である場合
償却方法	定額法、定率法など、耐用年数に基づく償却	3年間の均等償却	取得年度に全額減価償却
固定資産税の対象	対象	対象外	対象
目的	長期に渡って使用される固定資産の取得コストの期間配分	減価償却の事務負担の軽減	●取得した期の利益圧縮 ●減価償却の事務負担の軽減
制限	なし	なし	年間300万円まで

▶ 固定資産の取得（税抜経理方式の場合）

例 税込31万9,000円のパソコンを購入して、少額減価償却資産とした。当社は税抜経理方式を採用している。

借方			貸方		
工具器具備品	290,000円		普通預金	319,000円	
仮払消費税	29,000円				

　少額減価償却資産に該当するかどうかについては、貸借対照表に計上される金額で判断します。税抜経理方式を採用している場合は税抜金額で計上されますので、少額減価償却資産の判定も税抜金額で行います。税込経理方式を採用している場合は、この仕訳例であれば、取得価額が30万円以上となるので少額減価償却資産の適用は受けられず、通常の減価償却を行うことになります。

第3章 | B/S | 固定資産（有形）

減価償却累計額

- 消費税　課税　非課税　**対象外**
- 対　象　法　人　個　人

💡 ［減価償却費］を間接法で計上する場合に使用する

［減価償却費］を間接法（→P.121）で計上する場合に使用するのが、［**減価償却累計額**］です。**間接法とは、固定資産の取得価額を貸借対照表に表示させたうえで、［減価償却累計額］をマイナス表示し、減価償却していない残存価額を表示させる方法です。**そのため、［**減価償却累計額**］は資産の部に含まれますが、例外的にマイナスで表示されることになります。

| 摘要例 | ☐ 建物の減価償却費の計上　☐ 工具器具備品の減価償却費の計上
☐ 機械装置の減価償却費の計上　☐ 構築物の減価償却費の計上
☐ 建物付属設備の減価償却費の計上　☐ 固定資産の売却　☐ 固定資産の除却 |

仕訳の基本

 増加　［減価償却累計額］は固定資産のマイナスとして表示されるため、**増える場合は貸方**に仕訳！

例　［減価償却費］10万円を計上した。減価償却は間接法を採用している。

| 借方 | 減価償却費 | 100,000円 | 貸方 | 減価償却累計額 | 100,000円 |

 減少　［減価償却累計額］が除却や売却により、対象資産の計上分が**減る場合は借方**に仕訳！

例　全額減価償却済みの取得価額20万円のパソコンを除却した。減価償却は間接法を採用している。

| 借方 | 減価償却累計額 | 200,000円 | 貸方 | 工具器具備品 | 200,000円 |

さまざまな仕訳例

▶ 固定資産の取得から売却まで

例 事業用のパソコンを20万円で購入した。

| 借方 | 工具器具備品 | 200,000円 | 貸方 | 普通預金 | 200,000円 |

パソコンの購入時は、[工具器具備品]（→P.228）で計上します。

例 期末になり、購入したパソコンの[減価償却費]として、13万円を計上した。減価償却は間接法を採用している。

| 借方 | 減価償却費 | 130,000円 | 貸方 | 減価償却累計額 | 130,000円 |

相手科目は[減価償却累計額]を使い、固定資産のマイナスとして計上する。

例 取得価額20万円のパソコンを10万円で売却した。当該パソコンについて、13万円の[減価償却費]が計上されている。

| 借方 | 普通預金 | 100,000円 | 貸方 | 工具器具備品 | 200,000円 |
| | 減価償却累計額 | 130,000円 | | 固定資産売却益 | 30,000円 |

間接法を採用している場合、除却や売却の対象となった固定資産に対する[減価償却累計額]を借方に計上することで、貸借対照表から消します。固定資産の売却代金よりも未償却額が大きければその差額が[固定資産売却損]、少なければその差額が[固定資産売却益]（いずれも→P.150）になります。

プラスの知識　間接法は有形固定資産にのみ適用できる

　[減価償却累計額]を用いた[減価償却費]の計上方法である間接法は、有形固定資産にのみ適用できます。無形固定資産については買い替えたり、いずれ工事などで更新したりすることがないため、取得価額を直接減額していくのです。

　つまり、**間接法で計上する理由の１つは、有形固定資産の取得価額を貸借対照表に表示することで、いずれくるであろう有形固定資産の買い替えや設備投資の金額の目安を明示することにあります**。将来の資金需要を予測する一助となるのです。

第3章 | B/S | 固定資産（有形）

土地

貸借対照表（B/S）

資産	流動資産	負債	流動負債
	有形固定資産		固定負債
	無形固定資産		
	投資その他	純資産	株主資本
	繰延資産		その他

- 消費税　課税　**非課税**　対象外
- 対象　法人　個人

借方 ← 増えたら　減ったら → 貸方

土地を購入した場合に使用する

［土地］は、土地を購入した場合に使用する勘定科目です。土地そのものを購入した場合のほか、オフィス用のマンションなどを購入した場合の敷地権も［土地］として計上することになります。［土地］に関する取引については、売買・賃貸借のいずれも消費税は非課税です。また、［土地］は年数経過により減耗することがないので、減価償却の対象にはなりません。

摘要例
- □ 土地の購入　□ 土地造成工事　□ 前所有者への立退料の支払い
- □ 取得時の建物取り壊し費用の支払い　□ マンション購入による敷地権の取得
- □ 土地購入時の固定資産税相当額の支払い
- □ 造成時の土地開発負担金の支払い

仕訳の基本

 ［土地］は資産のため、**増える場合は借方**に仕訳！

例 事業用に［土地］を購入して、3,000万円を支払った。

| 借方 | 土地 | 30,000,000円 | 貸方 | 普通預金 | 30,000,000円 |

減少 ［土地］は資産のため、**減る場合は貸方**に仕訳！

例 1,000万円で購入した［土地］を、1,200万円で売却した。

| 借方 | 普通預金 | 12,000,000円 | 貸方 | 土地 | 10,000,000円 |
| | | | | 固定資産売却益 | 2,000,000円 |

さまざまな仕訳例

▶ [土地]の取得（付随費用の処理）

例 [土地]を3,000万円で購入した。その際に既存建物の取り壊し費用100万円、不動産会社への仲介手数料150万円、登記費用の40万円（うち登録免許税30万円、司法書士報酬10万円）を支払った。

借方		貸方	
土地	32,500,000円	普通預金	32,900,000円
租税公課	300,000円		
支払手数料	100,000円		

[土地]購入時の付随費用の取り扱いは、[建物]購入時と同様です（→P.216）。なお、既存建物の取り壊しを予定していた場合の取り壊し費用は、[土地]の取得価額に含めます。

▶ 敷地権つきのマンションの購入

例 事務所用に区分所有のマンションを3,000万円で購入した。建物部分は2,000万円、土地部分が1,000万円である。

借方		貸方	
建物	20,000,000円	普通預金	30,000,000円
土地	10,000,000円		

マンションを購入した場合、原則、敷地は各部屋の所有者で共有している扱いになります。そのため、購入時も[建物]と[土地]に分けて計上します。マンションの場合、[土地]を取得したという実感はあまりないかもしれませんが、[減価償却費]（→P.120）や消費税の計算に影響しますので、必ず分けて計上しましょう。

▶ [土地]の舗装工事

例 [土地]を購入後、アスファルトで舗装する工事を200万円かけて行った。

借方		貸方	
構築物	2,000,000円	普通預金	2,000,000円

土地そのものの埋め立てや造成工事は、[土地]の取得価額に含めます。一方、舗装工事については別途[構築物]（→P.222）で計上して、減価償却を行います。土地そのものの上に舗装した路面部分（構築物）が乗っているイメージです。

第 3 章 | B/S | 固定資産（有形）

建設仮勘定

 消費税　課税　非課税　**対象外**
 対　象　法　人　個　人

💡 建物建設の前払いや自社建設の材料費を計上する

［建物］や［機械装置］などの建設・設置で完成まで長期に渡る場合、建設・設置のために支払った着手金や中間金、自社建設する場合の材料費や外注費、人件費などを完成までの期間、計上しておくための勘定科目が［建設仮勘定］です。対象となる固定資産が完成した時点で、［建設仮勘定］から該当の固定資産に振り替えます。建物そのものの建設以外に、店舗内装工事などが長期に渡る場合も［建設仮勘定］で計上します。

摘要例	□着手金　□契約金　□中間金　□設計料　□建設用材料費　□建設用外注費 □建設のための許認可費用　□自社建設労務費　□自社建設経費 □地鎮祭の費用　□上棟式の費用

仕訳の基本

⬆ 増加　［建設仮勘定］は資産のため、**増える場合は借方**に仕訳！

例　新規オープンする店舗の内装工事の着手金として、100万円を支払った。

借方	建設仮勘定	1,000,000円	貸方	普通預金	1,000,000円

⬇ 減少　［建設仮勘定］は完成した段階で、該当の固定資産に仕訳！

例　内装工事が完成し、［建設仮勘定］500万円を［建物］に振り替えた。

借方	建物	5,000,000円	貸方	建設仮勘定	5,000,000円

さまざまな仕訳例

▶［建物］完成時の処理

例 ［建物］が完成して、最後の支払い分として300万円を1ヵ月後に支払う予定である。この［建物］について、［建設仮勘定］700万円が計上されている。

借方	建物	10,000,000円	貸方	未払金	3,000,000円
				建設仮勘定	7,000,000円

仕入れ以外（販売管理費や固定資産の取得）でモノを受けとったとき、まだ代金を支払っていない場合は、［未払金］（→P.262）で計上します。また、［建設仮勘定］は該当の固定資産が完成した段階で、全額を振り替えます。

▶建築工事の契約金の支払い（［前払金］との違い）

例 1ヵ月後に開始する店舗の建築工事のために、契約金100万円を支払った。

借方	建設仮勘定	1,000,000円	貸方	普通預金	1,000,000円

［建設仮勘定］は前もって支払うお金という点では、［前払金］と同じ性質をもちます。ただし、［建設仮勘定］は将来的に固定資産の取得価額になりますが、［前払金］（→P.192）は将来的に費用に振り替えられます。

▶設計料の支払い（消費税の扱い）

例 6ヵ月後に完成予定の［建物］の設計料として、110万円を振り込んだ。

借方	建設仮勘定	1,000,000円	貸方	普通預金	1,100,000円
	仮払消費税	100,000円			

消費税はモノやサービスの提供があったタイミングで課税処理します。［建設仮勘定］の段階でも設計というサービスを受けているので、このタイミングで課税処理するのが原則です。ただし、完成して固定資産に振り替えるタイミングで、一括して課税処理することも認められます。自社にとって消費税の納税額を考え、より有利な方法で処理すればよいでしょう。［建設仮勘定］計上時と固定資産への振り替え時の2段階で課税処理することがないように、どちらの方法を採るのかをあらかじめ決めておきましょう。

第 3 章 | B/S | 固定資産（無形）

ソフトウェア

- 消費税　課税　非課税　対象外
- 対象　法人　個人

ソフトウェアの購入や自社開発をしたときに使う

　業務のために必要だったり、業務を効率化したりするためのソフトウェアを購入したとき、**10万円以上であれば［ソフトウェア］という勘定科目を使用して計上します**。固定資産として、減価償却の対象となります（ただし、直接法のみ）。［ソフトウェア］は形があるわけではないので、「無形固定資産」として計上します。また、ソフトウェアの開発会社であれば、販売するためのソフトを開発した場合も［ソフトウェア］として計上します。

> 摘要例　□デザイン用ソフトの購入　□顧客管理ソフトの購入　□勤怠管理ソフトの購入　□ソフトウェア開発のための外注費の支払い　□ソフトウェア開発のための人件費の支払い　□ソフトウェア追加開発　□ソフトウェア除却

仕訳の基本

 増加　［ソフトウェア］は資産のため、**増える場合は借方**に仕訳！

例 業務管理ソフトを購入して、20万円を支払った。

借方	ソフトウェア	200,000円	貸方	普通預金	200,000円

減少　［ソフトウェア］は資産のため、**減る場合は貸方**に仕訳！

例 業務管理ソフトの［減価償却費］として、10万円を計上した。

借方	減価償却費	100,000円	貸方	ソフトウェア	100,000円

さまざまな仕訳例

▶［ソフトウェア］の自社開発

例 来期に完成予定のソフトウェアの開発費として、100万円を外注先の会社に支払った。

| 借方 | ソフトウェア仮勘定 1,000,000円 | 貸方 | 普通預金 1,000,000円 |

自社開発のソフトウェアの場合、完成までに時間がかかります。開発のために完成まで支払った金額については、いったん［**ソフトウェア仮勘定**］として無形固定資産に計上して、完成時点で［**ソフトウェア**］に振り替えます。有形固定資産の［**建設仮勘定**］（→P.238）と同じイメージです。［**外注費**］（→P.64）などで費用計上しないように注意しましょう。

▶ サブスクリプション形式の［ソフトウェア］の利用

例 サブスクリプションで利用しているソフトウェアの年間利用料として、12万円を支払った。

| 借方 | 支払手数料 120,000円 | 貸方 | 普通預金 120,000円 |

サブスクリプション契約の場合、購入とは異なるため、ソフトウェアの利用料は無形固定資産ではなく、［**支払手数料**］（→P.102）（または［**賃借料**］→P.110）などで費用計上します。利用期間が複数年に渡る場合は期間按分が必要ですが、1年間の利用料であれば、全額を支払い時点で費用計上できます（短期前払費用の特例）。

▶［ソフトウェア］の除却

例 使用しているソフトウェアが古くなり、使用を中止した。未償却額は10万円である。

| 借方 | 固定資産除却損 100,000円 | 貸方 | ソフトウェア 100,000円 |

ソフトウェアの使用を中止して、再使用の見込みがなければ除却対象となります。［**ソフトウェア**］の［**減価償却費**］の計上は、直接法のみです。帳簿価額をそのまま［**固定資産除却損**］に振り替えれば問題ありません。

第3章 | B/S | 固定資産（その他）

出資金

消費税　課　税　非課税　**対象外**
対　象　法　人　個　人

💡 株式以外のかたちで
ほかの法人に出資を行った場合に使う

　同業者団体への出資金や、取引のある信用金庫などへの出資を行った際に使用するのが[出資金]です。また、法人として合同会社などの持分会社に出資した場合も、[**出資金**]で計上します。

> 摘要例　□同業者団体への出資　□信用金庫への出資　□信用組合への出資
> 　　　　□合同会社への出資　□匿名組合への出資　□合名会社への出資
> 　　　　□合資会社への出資

仕訳の基本

 増加　[**出資金**]は資産のため、**増える場合は借方**に仕訳！

例 信用金庫に30万円を出資した。

| 借方 | 出資金 | 300,000円 | 貸方 | 普通預金 | 300,000円 |

 減少　[**出資金**]は資産のため、**減る場合は貸方**に仕訳！

例 信用金庫の口座解約時に、[**出資金**]30万円が返金された。

| 借方 | 普通預金 | 300,000円 | 貸方 | 出資金 | 300,000円 |

さまざまな仕訳例

▶ 持分会社への出資

例 他社と共同事業を開始するために合同会社を設立し、100万円を出資した。

| 借方 | 出資金 | 1,000,000円 | 貸方 | 普通預金 | 1,000,000円 |

合同会社や合名会社、合資会社は持分会社と呼ばれます。これらの会社に出資した場合は、[**出資金**]で計上します。持分会社は株式のような有価証券が発行されるわけではないため、出資を行っても[**有価証券**]などの勘定科目は使用しません。

▶ 組合への出資

例 地域で共同の事業を行うための匿名組合に、15万円を出資した。

| 借方 | 出資金 | 150,000円 | 貸方 | 普通預金 | 150,000円 |

法人を設立せずにお金を集めて事業投資などを行う場合に、匿名組合という形態が選択されることがあります。この組合に出資したお金も、[**出資金**]で計上します。

▶ [出資金]の譲渡（譲渡による損益の処理）

例 出資していた合同会社の業績が悪化し、出資持分30万円を0円でほかの出資者に譲渡した。

| 借方 | 出資金売却損 | 300,000円 | 貸方 | 出資金 | 300,000円 |

[**出資金**]を他者に譲渡して損失が生じた場合、[**出資金売却損**]として営業外費用に計上します。売却による利益が出た場合は[**出資金売却益**]を使用します。

ここに注意 現金で行った出資の計上漏れに注意！

実務上、[**出資金**]で計上するもののほとんどは、信用金庫や信用組合などの金融機関に対する出資です。信用金庫などから融資を受ける際には通常、出資を求められます。**出資は口座から支払う方法のほか、現金で支払う場合もあります**。現金で行った出資については、計上が漏れるケースもありますので注意しましょう。

第 3 章 | B/S | 固定資産（その他）

敷金

貸借対照表（B/S）

資産	流動資産	負債	流動負債
	有形固定資産		固定負債
	無形固定資産		
	投資その他	純資産	株主資本
	繰延資産		その他

- 消費税　課税　非課税　**対象外**
- 対　象　法人　個人

借方 ← 増えたら　減ったら → 貸方

不動産の賃借時に貸主に支払うお金を計上する

［敷金］は不動産を賃貸するときに、貸主（大家さん）に敷金を預けた場合に使用します。［敷金］は賃料の支払いが滞った場合や、退去時の原状回復の費用にあてるために預けるお金であり、支払った時点では費用になりません。**費用となるのは、賃料不払いによる充当や退去時の原状回復があったときです。**契約によっては保証金という名目になることもありますが、不動産を借りるために支払った保証金については［敷金］の勘定科目で計上します。

摘要例	□事務所賃貸に伴う敷金の支払い　□店舗賃貸に伴う保証金の支払い
	□オフィス賃貸に伴う保証金の支払い　□敷金の償却　□保証金の償却

仕訳の基本

 ［敷金］は資産のため、**増える場合は借方**に仕訳！

例 新たに事務所を借りて、［敷金］30万円を支払った。

借方	敷金	300,000円	貸方	普通預金	300,000円

減少 ［敷金］は資産のため、**減る場合は貸方**に仕訳！

例 オフィスの解約にあたり、［敷金］30万円から原状回復費用20万円が引かれて返金された。

借方	修繕費	200,000円	貸方	敷金	300,000円
	普通預金	100,000円			

さまざまな仕訳例

▶ [敷金]の積み増し

例 オフィスの賃料が増額され、[敷金]も10万円分追加されたので支払った。

| 借方 | 敷金 | 100,000円 | 貸方 | 普通預金 | 100,000円 |

[敷金]が家賃の月額をもとに決められている場合、家賃が途中で上がったら、[敷金]の積み増しが必要となります。追加分も[敷金]で計上します。

▶ [敷金]の償却

例 期首に店舗を借り、[敷金]500万円を支払った。そのうち100万円は契約で償却されることが決まっており、契約は2年更新である。

借方	敷金	4,000,000円	貸方	普通預金	5,000,000円
	地代家賃	500,000円			
	前払費用	500,000円			

[敷金]や[差入保証金]のうち、契約時点で償却が決まっている額は、返金されないことが確定しています。その分は、契約時点で費用となり、[地代家賃]で計上します(貸主が受けとる対価であり、また毎年、税務署に提出する家賃の法定調書に敷金償却額も合算しなければならないが、別科目で計上してしまうと漏れてしまうことが多いため)。ただし、税務上の繰延資産に該当するため、償却額が20万円以上の場合は契約期間(この仕訳例の場合は2年間)で按分が必要で、翌期に繰り延べる分は[前払費用](→P.196)で仕訳します。

▶ 原状回復費用の支払い(固定資産の撤去にあたる場合)

例 飲食店の店舗を退去するにあたり、[敷金]100万円から内装工事の撤去費用50万円を除いた金額が返金された。

| 借方 | 普通預金 | 500,000円 | 貸方 | 敷金 | 1,000,000円 |
| | 固定資産除却損 | 500,000円 | | | |

内装工事の撤去費用として[敷金]による原状回復費用があてられる場合は、[固定資産除却損]で計上します。この場合、[固定資産除却損]は消費税の課税対象です。

第3章 | B/S | 固定資産（その他）

差入保証金
（保証金）

- 消費税　課税　非課税　**対象外**
- 対　象　法人　個人

💡 営業関係の保証金を預け入れた場合に使用する

［敷金］は不動産の賃借時に貸主に対して預けるお金で、とくに新規に取引する場合などに求められることがあります。**新規の仕入先などにも同じように、代金の支払いが滞った際に充当したり、損害が生じたときの賠償にあてたりするためにお金を預ける場合があります。**このような営業関係の保証金については、［差入保証金］（または［保証金］）を使用します。

摘要例	□ 仕入先への保証金の支払い　□ 代理店契約時の保証金の支払い □ フランチャイズ加盟時の保証金の支払い □ バーチャルオフィス利用時の保証金の支払い □ 事業開始時の保証金の支払い　□ 契約解除による保証金の返金 □ 支払い遅延による保証金の充当

仕訳の基本

増加　［差入保証金］は資産のため、**増える場合は借方**に仕訳！

例）新たに仕入先と取引を開始するにあたり、営業保証金50万円を支払った。

借方	差入保証金	500,000円	貸方	普通預金	500,000円

減少　［差入保証金］は資産のため、**減る場合は貸方**に仕訳！

例）仕入先と取引が終了し、営業保証金50万円が返還された。

借方	普通預金	500,000円	貸方	差入保証金	500,000円

さまざまな仕訳例

▶ バーチャルオフィスの契約

例 バーチャルオフィスの契約にあたり、保証金として3万円を支払った。

| 借方 | 差入保証金 | 30,000円 | 貸方 | 普通預金 | 30,000円 |

バーチャルオフィスは「オフィス」と名がついていますが、不動産を借りているわけではないので、[敷金]ではなく[差入保証金]で計上します。

▶ フランチャイズへの加盟

例 フランチャイズ加盟時に保証金として、100万円を支払った。

| 借方 | 差入保証金 | 1,000,000円 | 貸方 | 普通預金 | 1,000,000円 |

フランチャイズ加盟時など、将来的に生じる支払いにあてるために保証金を支払うことがあります。ほかに不動産業や旅行業などの許認可を受ける際にも、保証金の支払いが必要です。

保証金を支払うか、前払金を支払うか

[差入保証金]には主に継続的な取引を行うための保証金と、フランチャイズ加盟のように契約時に差し入れる保証金の2パターンがあります。前者については、保証金を預けるかわりに代金を前払いすることで対応できる場合もあります。**保証金はどの取引先からいくら預かっているのかという管理が必要になるため、前払金方式が好まれるケースもあります。**

▶ 取引終了による保証金の返還

例 仕入先と取引の契約期間が終了し、営業保証金25万円が返還された。

| 借方 | 普通預金 | 250,000円 | 貸方 | 差入保証金 | 250,000円 |

保証金は預けているお金であり、取引が終了した際に返金を受けられます。営業関係の保証金は原状回復がないので、通常は預けた金額がそのまま返金されます。

第3章 | B/S | 固定資産（その他）

長期貸付金

- 消費税　課税　非課税　**対象外**
- 対象　**法人**　個人

💡 返済期限が決算日から1年超のものを計上する

［長期貸付金］は役員や従業員、取引先などにお金を貸した際に使用する勘定科目です。次に到来する決算日を基準にして、1年を超えた期間に返済される予定のものを［長期貸付金］として固定資産に計上します。［短期貸付金］（→P.200）と同じく、［短期借入金］（→P.260）ほど使用頻度が高い勘定科目ではありません。個人事業主の場合、事業用資金からお金を貸したとしても、あくまで個人的な貸し借りにすぎないため、［長期貸付金］をあえて計上する必要はありません。

> **摘要例**
> □ 役員への貸し付け　□ 従業員への貸し付け　□ 取引先への貸し付け
> □ 第三者への貸し付け　□ 貸付金の返済　□ 貸付金の返済免除
> □ 貸倒れによる貸倒損失の計上

仕訳の基本

 増加　［長期貸付金］は資産のため、**増える場合は借方**に仕訳！

例）取引先の資金繰りのために、100万円を貸し付けた。返済は2年後に一括返済とした。

借方	長期貸付金	1,000,000円	貸方	普通預金	1,000,000円

 減少　［長期貸付金］は資産のため、**減る場合は貸方**に仕訳！

例）取引先への［長期貸付金］100万円が一括返済された。

借方	普通預金	1,000,000円	貸方	長期貸付金	1,000,000円

さまざまな仕訳例

▶ 貸付金の振り替え

例 決算を迎え、[**長期貸付金**]のうち、1年以内（翌期中）に返済予定の30万円を[**短期貸付金**]（流動資産）に振り替えた。

| 借方 | 短期貸付金 | 300,000円 | 貸方 | 長期貸付金 | 300,000円 |

貸付金のうち、決算日を基準に1年以内に現金化される予定のものは[**短期貸付金**]に振り替えます。このとき、当初から1年以内に返済される予定だった[**短期貸付金**]と区別して、[**長期貸付金**]の年間返済額を決算書上で把握するために、[**1年以内返済予定長期貸付金**]という勘定科目を用いて区分することもあります。

▶ 社長による会社資金の個人利用（返済日が未定の場合）

例 社長が個人的な理由で、会社から100万円を引き出した。会社に返済する目途は立っていない。

| 借方 | 長期貸付金 | 1,000,000円 | 貸方 | 普通預金 | 1,000,000円 |

社長が会社の預金から個人的に引き出したお金について、1年以内に返済できる目途がない場合は[**長期貸付金**]で計上します。なお、社長への貸し付けが多い会社は、投資や融資を受ける場合にマイナスとなります。出資や融資したお金が、社長個人のために使われる可能性が高いからです。代表者への貸し付けが発生しないように、またどうしても発生してしまった場合は、短期で解消できるような手取りの金額を確保できるように[**役員報酬**]の金額を設定しましょう。

▶ 社長への貸付金と経費立て替えの相殺

例 社長が出張費用として5万円を立て替えたので、社長への[**未払金**]を計上し、社長への[**長期貸付金**]と相殺した。

| 借方 | 旅費交通費 | 50,000円 | 貸方 | 未払金 | 50,000円 |
| | 未払金 | 50,000円 | | 長期貸付金 | 50,000円 |

会社のための経費を社長が支払ったときの経費精算額など、社長が会社から引き出すことができるお金があれば、[**長期貸付金**]と相殺することができます。

第 3 章 | B/S | 固定資産（その他）

長期前払費用

貸借対照表（B/S）

- 消費税　課税　非課税　**対象外**
- 対　象　法　人　個　人

[前払費用]のうち、決算日から1年を超える部分を計上する

　継続してサービスを提供する契約を結び、代金を先に支払っていて、まだサービスを受け終わっていないときに使用する勘定科目が[前払費用]（→P.196）でした。さらに[前払費用]のうち、その期の決算日から1年を超える期間に対応する部分については、[長期前払費用]で計上します。また、税法独自の繰延資産を計上する際にも、[長期前払費用]を使用します。

摘要例
- □ 火災保険料の支払い　□ 自賠責保険料の支払い　□ 信用保証料の支払い
- □ 割賦手数料の支払い　□ 礼金の支払い　□ 敷金の償却　□ 加盟金の支払い

仕訳の基本

 [長期前払費用]は資産のため、**増える場合は借方**に仕訳！

例　期首に2年分の火災保険料3万円を振り込み、[長期前払費用]に計上した。

借方	長期前払費用	30,000円	貸方	普通預金	30,000円

減少　[長期前払費用]は資産のため、**減る場合は貸方**に仕訳！

例　決算となり、[長期前払費用]のうち1年以内に費用化する分を[前払費用]に振り替えた。

借方	支払保険料	15,000円	貸方	長期前払費用	30,000円
	前払費用	15,000円			

250

さまざまな仕訳例

▶ 複数年分の保険料の支払い（支払い時→決算時）

例 4期目の期首に3年分の火災保険料として、3万円を支払った。

借方			貸方		
支払保険料	10,000円		普通預金	30,000円	
前払費用	10,000円				
長期前払費用	10,000円				

実務上、振替漏れを防ぐために支払い時点で適切な期に計上されるように、それぞれの勘定科目に按分する場合があります。この場合、その期の決算時点で振替仕訳をする必要はありません。この仕訳例でいえば、支払い時点で当期分を[**支払保険料**]として、当期から1年以内分を[**前払費用**]として、当期から1年超分を[**長期前払費用**]として計上するのです。

例 5期目の決算になり、前払いしていた保険料を振り替えた。

借方			貸方		
支払保険料	10,000円		前払費用	10,000円	
前払費用	10,000円		長期前払費用	10,000円	

決算時に[**長期前払費用**]のうち、決算日を基準に1年以内に費用化する部分を[**前払費用**]に振り替えます。

▶ 繰延資産の計上

例 期首にオフィスの賃貸借契約の更新を行い、更新料45万円を振り込んだ。更新後の賃貸契約期間は3年間である

借方			貸方		
地代家賃	150,000円		普通預金	450,000円	
前払費用	150,000円				
長期前払費用	150,000円				

不動産の更新料は「更新」という事柄に対する費用なので、本来であれば更新時に費用計上すべきです。ただし、オフィスの更新料は繰延資産に該当します。繰延資産に該当した場合は、決められた償却年数で費用化していくことになります（オフィス賃貸借契約の更新料については、賃貸契約期間と同じ年数）。ただし、支払総額が20万円未満であれば、支払い時点で経費計上できます。

第3章 | B/S | 繰延資産

創立費

貸借対照表（B/S）

資産	流動資産	負債	流動負債
	有形固定資産		固定負債
	無形固定資産		
	投資その他	純資産	株主資本
	繰延資産		その他

- 消費税　課税　非課税　**対象外**
- 対象　**法人**　個人

借方 ← 増えたら　減ったら → 貸方

法人設立前にかかった費用を計上できる

　法人の設立前、つまり登記申請前に発生した費用で、法人設立のためにかかったものを計上するための勘定科目が［創立費］です。**法人を設立するまでにかかった費用はいったん繰延資産の［創立費］に計上して、費用にする時期を先延ばしすることができます。** 費用計上時は、［繰延資産償却］の勘定科目を使用します。［創立費］は法人設立のためのものなので、個人事業主では発生しません。

摘要例	☐ 公証役場での定款認証費用　☐ 法人設立時の登録免許税 ☐ 法人設立時の司法書士費用　☐ 法人設立前の事務所賃料 ☐ 法人設立前の事務所・店舗の契約金　☐ 法人設立前の事務所の仲介手数料 ☐ 創立費の償却

仕訳の基本

 増加　［創立費］は資産のため、**増える場合は借方**に仕訳！

例 会社設立前に事務所を契約し、家賃として10万円を［現金］で支払った。

借方	創立費	100,000円	貸方	現金	100,000円

減少　［創立費］は資産のため、**減る場合は貸方**に仕訳！

例 決算となり、［創立費］のうち10万円を償却した。

借方	繰延資産償却	100,000円	貸方	創立費	100,000円

さまざまな仕訳例

▶ 法人設立にかかる費用

例 株式会社の設立のために定款認証手数料5万円、登録免許税15万円、司法書士報酬5万円を司法書士に支払った。

| 借方 | 創立費 | 250,000円 | 貸方 | 現金 | 250,000円 |

会社設立費用は[租税公課](→P.114)や[支払手数料](→P.102)などに分けて計上するか、[創立費]として資産計上するかを選択できます。[創立費]で計上しておけば、期末の利益の状況に応じて費用化できて便利です。

▶ 会社設立前にかかる経費

例 会社を設立する半年前に取引先候補との打ち合わせを行い、その経費として1万円を支払っていた。

| 借方 | 会議費 | 10,000円 | 貸方 | 現金 | 10,000円 |

法人の設立前にかかった費用で[創立費]に該当しない項目であっても、設立後に費用計上することができます(詳しくは下記の「プラスの知識」を参照)。その際の仕訳の日付は、設立日となります。

プラスの知識 [創立費]に当てはまらない設立前費用の扱い

[創立費]は法人税法上、下記のように定義されています。

「発起人に支払う報酬、設立登記のために支出する登録免許税その他法人の設立のために支出する費用で、当該法人の負担に帰すべきもの」

ただし、これ以外にも会社設立のためにかかる費用はあります。例えば、取引予定の事業者との打ち合わせ費用や、会社経営のためのセミナー参加費用です。こうした費用は[創立費]とは別に、費用計上することができます。**設立前のどの程度の期間であれば費用計上できるかは明確に定められていませんが、会社設立の準備期間として通常必要な期間として、一般的には長くても1年から半年前が妥当でしょう。**

第3章 | B/S | 繰延資産

開業費

貸借対照表（B/S）

資産	流動資産	負債	流動負債
	有形固定資産 無形固定資産 投資その他		固定負債
		純資産	株主資本
	繰延資産		その他

- 消費税　課税　非課税　**対象外**
- 対象　**法人　個人**

借方 ← 増えたら　減ったら → 貸方

法人や個人が開業前にかかった費用を計上できる

　法人の設立登記後で事業開始までの期間や、個人事業主の開業前の準備期間にかかった費用を計上する勘定科目が[開業費]です。[開業費]は「開業準備のために特別に支出する費用（資産の取得にかかった金額や[前払費用]は除く）」ですので、開業前の費用をすべて[開業費]にできるわけではありません。[開業費]に該当しない開業前の費用は、それぞれの勘定科目で処理すれば費用計上できます。費用計上時の相手科目は[繰延資産償却]を使用します。そもそも[開業費]の計上は任意なので、最初から個別の勘定科目で計上しても問題ありません。

摘要例
- □開業前の店舗家賃　□開業前のホームページ作成費
- □開業前のチラシ製作費　□許認可取得費用　□仲介手数料　□試作費
- □開業前の市場調査費用　□開業前の法律相談費用
- □開業前の事業計画作成費用　□開業前の従業員研修費

仕訳の基本

 [開業費]は資産のため、**増える場合は借方**に仕訳！

例　会社を設立してから開業までの家賃として、30万円を支払った。

| 借方 | 開業費 | 300,000円 | 貸方 | 普通預金 | 300,000円 |

減少　[開業費]は資産のため、**減る場合は貸方**に仕訳！

例　決算となり、[開業費]のうち10万円を償却した。

| 借方 | 繰延資産償却 | 100,000円 | 貸方 | 開業費 | 100,000円 |

さまざまな仕訳例

▶ 開業前の店舗家賃

例 新規開業して店舗をオープンするにあたり、仲介手数料30万円と翌月分の家賃30万円を支払った。

借方			貸方		
開業費	300,000円		普通預金	600,000円	
前払費用	300,000円				

開業前に支払う仲介手数料は[開業費]で計上できます。ただし、[前払費用]（→P.196）に該当するものは[開業費]に計上できないため、翌月分の家賃は[前払費用]として計上します。そのうえで翌月も開業前であれば[地代家賃]に計上するかわりに、[開業費]に振り替えることもできます。[開業費]に振り替えることで任意償却が可能になるので、[地代家賃]に計上する方法に比べて決算時の選択の幅が広がります。

▶ 開業前の資産購入（[開業費]に該当しないもの）

例 新規開業して店舗をオープンするにあたり、厨房機器9万円、パソコン20万円を購入した。

借方			貸方		
消耗品費	90,000円		普通預金	290,000円	
工具器具備品	200,000円				

資産の取得のための金額は、[開業費]には計上できないため、それぞれ該当の勘定科目で処理します。

プラスの知識

[創立費][開業費]は任意の事業年度に費用計上できる

　[創立費]や[開業費]は税務上、任意償却が可能です。任意償却とは、任意の事業年度に任意の金額を償却できるということです。償却の期限も決まっていませんので、大きく黒字が出た事業年度に償却して、納税額を抑えることもできます。

　よく[創立費]や[開業費]は5年以内に償却するといったことがいわれますが、これは会計基準に従ったルールです。つまり、決算書上の表示のルールです。会計ルールと税法ルールが異なる例ですが、実務上はとくに中小企業の場合、税法ルールに従って決算書上も、任意償却で計上しているケースが多いものです。

第 3 章 | B/S | 流動負債

支払手形
電子記録債務

- 消費税　課税　非課税　**対象外**
- 対　象　**法人**　**個人**

取引先に約束手形を振り出した際に使用する

［支払手形］は［買掛金］（→P.258）の支払いなどで、約束手形を振り出したときに使用する勘定科目です。約束手形で支払うお金は、当座預金から支払われます。そのため、［支払手形］の勘定科目を使用する事業者は、当座預金の口座をもっていることになります。約束手形のほかに、為替手形の引き受けを行ったときも［支払手形］を使用しますが、実務的に為替手形はほとんど発生しません。

摘要例	□ 買掛金支払いのための手形の振り出し
	□ 未払金支払いのための手形の振り出し
	□ 工事代金支払いのための手形の振り出し
	□ 固定資産購入のための手形の振り出し　□ 為替手形の引き受け
	□ 当座預金からの手形代金の支払い

仕訳の基本

増加　［支払手形］は負債のため、**増える場合は貸方**に仕訳！

例　［買掛金］の支払いのために、約束手形30万円を振り出した。

借方	買掛金	300,000円	貸方	支払手形	300,000円

減少　［支払手形］は負債のため、**減る場合は借方**に仕訳！

例　［支払手形］30万円の支払期日となり、［当座預金］から引き落とされた。

借方	支払手形	300,000円	貸方	当座預金	300,000円

さまざまな仕訳例

▶ 手形の更改

例 振り出した約束手形50万円分の支払期日を1ヵ月延長するために、取引先の承諾のもと、利息2万円を加えた金額で新たに約束手形を振り出した。

借方			貸方		
支払手形	500,000円		支払手形	520,000円	
支払利息	20,000円				

資金繰り上、[支払手形]の引き落としができない見込みであれば、手形の「更改」を行うことがあります。手形の更改とは、すでに振り出していた約束手形を破棄し、新たに支払期日などを設定した約束手形を振り出すことです。

ここに注意 不渡りに要注意！

手形の支払いが期日に行われないと、不渡りになります。**不渡りは6ヵ月以内に2度繰り返すと、当座預金の取引停止などのペナルティが科されます**。また、新規融資の停止など企業の資金繰りに重大な影響を与え、場合によっては企業の存続にまで影響が及ぶ恐れがあります。手形の不渡りは企業にとって致命的な問題になるため、数ヵ月先までの資金繰りをしっかりと行うことが重要です。

▶ [電子記録債務]の処理（発行時→支払い時）

例 [買掛金]の支払いのために、[電子記録債務]30万円を発行した。

借方			貸方		
買掛金	300,000円		電子記録債務	300,000円	

[受取手形]と[電子記録債権]の関係（→P.178）は、そのまま[支払手形]と[電子記録債務]の関係となります。

⬇

例 発行した[電子記録債務]30万円が期日となり、口座から引き落とされた。

借方			貸方		
電子記録債務	300,000円		当座預金	300,000円	

[電子記録債務]の支払いは通常、[当座預金]から行われます。

第3章 | B/S | 流動負債

買掛金

- 消費税　課税　非課税　**対象外**
- 対象　法人　個人

掛け取引で商品などを仕入れたときに使用する

「月末締め、翌月末支払い」といったように、商品やサービスの提供を受けてから、代金は後日支払いという場合に使用するのが［買掛金］です。［売掛金］（→P.182）と同じように使用頻度が高く、事業者間の取引でよく用いられます。［買掛金］は［支払手形］（→P.256）とともに仕入債務と呼ばれていて、**とくに売上原価を構成する費用を計上する際に使用します。**

摘要例	□商品の仕入れ　□材料の仕入れ　□原料の仕入れ　□未払外注費 □外注加工費　□教材・テキストの仕入れ　□講演開催時の講師代 □外注エンジニア費用

仕訳の基本

増加　［買掛金］は負債のため、**増える場合は貸方**に仕訳！

　商品30万円分を掛けで仕入れた。代金は翌月末払いである。

借方	仕入高	300,000円	貸方	買掛金	300,000円

減少　［買掛金］は負債のため、**減る場合は借方**に仕訳！

例　翌月末になり、［買掛金］30万円を支払った。

借方	買掛金	300,000円	貸方	普通預金	300,000円

さまざまな仕訳例

▶ 掛け取引による外注

例 当社はホームページ制作会社である。ホームページ制作の一部を、外部のデザイナーに30万円で依頼した。代金は翌月末払いである。

| 借方 | 外注費(原価) | 300,000円 | 貸方 | 買掛金 | 300,000円 |

材料や商品などのモノ以外の取引でも、掛け取引は発生します。なお、売上原価を構成する場合の[外注費]は、売上原価に含まれるように[外注費(原価)]として計上し、販売管理費のものと分ける必要があります。

▶ 掛け取引による食材などの仕入れ(軽減税率の適用)

例 当社は飲食業である。食材10万円と酒13万円を、翌月末支払いの掛け取引で仕入れた。

| 借方 | 仕入高 | 100,000円 | 貸方 | 買掛金 | 230,000円 |
| | 仕入高 | 130,000円 | | | |

食料品には、軽減税率(→P.212)が適用されるため、食材を仕入れた場合はその他の仕入れと区別して会計ソフト上で税区分を設定する必要があります。なお、消費税の免税事業者であれば、税区分の設定は必要ありません。

▶ [買掛金]の支払い(振込手数料の負担)

例 [買掛金]1万円について、振込手数料330円を差し引いて支払った。

| 借方 | 買掛金 | 10,000円 | 貸方 | 普通預金 | 9,670円 |
| | | | | 雑収入 | 330円 |

振込手数料を差し引いて[買掛金]を支払った場合は、[雑収入]か、[支払手数料]のマイナスか、[仕入値引](→P.33)のいずれかで計上します。どの方法でも損益計算書の数字は変わりませんが、社内で統一した処理を行いましょう。

第3章 | B/S | 流動負債

短期借入金

- 消費税　課税　非課税　**対象外**
- 対象　法人　個人

💡 決算日から1年以内に返済する借入金を計上する

［短期借入金］は金融機関や役員、その他の第三者などからお金を借りた際に使用する勘定科目です。**次に到来する決算日を基準にして、1年以内に返済される予定のものを［短期借入金］として流動負債に計上します**。1年を超えて返済予定の借入金は［**長期借入金**］（→P.290）として固定負債に計上します。返済時に利息を支払った場合、［**支払利息**］（→P.138）もいっしょに仕訳します。

摘要例	□金融機関からの短期借入れ　□手形借入れ　□当座借越
	□代表者からの借入れ　□取引先からの短期借入れ

仕訳の基本

 増加　［短期借入金］は負債のため、**増える場合は貸方**に仕訳！

例 金融機関から、2ヵ月後の仕入れ資金のために100万円の融資を受けた。返済期間は10ヵ月である。

| 借方 | 普通預金 | 1,000,000円 | 貸方 | 短期借入金 | 1,000,000円 |

 減少　［短期借入金］は負債のため、**減る場合は借方**に仕訳！

例 上記で受けた融資のうち、1回目の返済として元本10万円と利息3,000円を支払った。

| 借方 | 短期借入金 | 100,000円 | 貸方 | 普通預金 | 103,000円 |
| | 支払利息 | 3,000円 | | | |

さまざまな仕訳例

▶ 役員からの借入れ

例 資金繰りのため、社長個人が会社の口座に50万円を預け入れた。3ヵ月後に、会社の口座から引き出して精算する予定である。

| 借方 | 普通預金 | 500,000円 | 貸方 | 短期借入金 | 500,000円 |

一時的な資金繰りのために、社長やその他の役員が会社にお金を貸した場合、通常は[短期借入金]で計上します。

▶ 金融機関からの手形貸付

例 金融機関からお金を借りるために、約束手形1,000万円を振り出した。

| 借方 | 普通預金 | 10,000,000円 | 貸方 | 短期借入金 | 10,000,000円 |

約束手形を振り出して、その手形を担保に金融機関が貸し付けを行うのが手形貸付です。手形貸付は、[支払手形]ではなく[短期借入金]で計上します。当座預金口座がない事業者でも利用できます。

手形貸付は、通常の貸し付けに比べて金融機関での審査が早く、書類も少ないため、短期で資金を調達したい場合に向いています。また、常に仕入れ資金が必要なアパレル業などでは、手形の支払期日を変更した新たな手形を振り出すことで、短期の借入れを繰り返す「短期転がし（通称短コロ）」で利用されることもあります。「短コロ」では、手形の支払期日が来ても新たな手形借入で返済したことになるので、実際にお金が出ていくことなく、[短期借入金]を継続することができます。

▶ 借入金の振り替え

例 決算となり、[長期借入金]のうち、1年以内（翌期中）に返済予定の120万円を[短期借入金]に振り替えた。

| 借方 | 長期借入金 | 1,200,000円 | 貸方 | 短期借入金 | 1,200,000円 |

[長期借入金]のうち翌期中に返済予定の分は、決算時に[短期借入金]に振り替えます。これにより、翌期の資金繰りへの影響額が明示されるようになります。または[1年内返済予定長期借入金]で、本来の[短期借入金]と区別する場合もあります。

第3章｜B/S｜流動負債／固定負債

未払金
長期未払金

- 消費税　課税　非課税　**対象外**
- 対　象　**法人**　**個人**

貸借対照表（B/S）

資産	流動資産	負債	**流動負債**
	有形固定資産		**固定負債**
	無形固定資産		
	投資その他	純資産	株主資本
	繰延資産		その他

借方　← 減ったら　増えたら →　貸方

💡［買掛金］以外の代金の未払い分を計上する

［未払金］はモノやサービスを受けて費用や資産として計上したもののうち、代価を支払っていない分を計上します。ただし、仕入れなど掛け取引によるものは、［買掛金］（→P.258）で計上します。掛け取引は主に仕入れなど、原価性があるものが中心です。［未払金］は販売管理費や固定資産の購入にかかるものなど、掛け取引によらない幅広い支払いに使用されます。

摘要例	☐ 備品購入代金の未払い分　☐ パソコン購入代金の未払い分 ☐ クレジットカード利用の未払い分　☐ 給与の未払い分　☐ 従業員経費の未精算分　☐ オフィス清掃費の未払い分　☐ 営業代行会社への未払い分 ☐ 事務代行会社への未払い分　☐ 税理士顧問料の未払い分

仕訳の基本

 増加　　［未払金］は負債のため、**増える場合は貸方**に仕訳！

例）打ち合わせで喫茶店を利用し、代金1,000円を会社のクレジットカードで支払った。

借方	会議費	1,000円	貸方	未払金	1,000円

 減少　　［未払金］は負債のため、**減る場合は借方**に仕訳！

例）会社のクレジットカード利用分として、10万円が口座から引き落とされた。

借方	未払金	100,000円	貸方	普通預金	100,000円

さまざまな仕訳例

▶ 商品の配送

例 配送業者に売り上げた商品の配送を依頼した。代金1万円は、翌月末払いである。

| 借方 | 荷造運賃 | 10,000円 | 貸方 | 未払金 | 10,000円 |

商品の配送料金は売上に付随してかかるものですが、掛け取引によらない取引に当てはまるため、[未払金]を使用します。また、[給与手当]（→P.42）など、その他の掛け取引によらずに未払いとなっているお金を計上する際も、同じく[未払金]を使用します。

▶ 備品の購入（支払い完了まで1年を超える場合）

例 期末に30万円のパソコンを購入し、代金は翌月から毎月1万円ずつの30回払いとした。

| 借方 | 工具器具備品 | 300,000円 | 貸方 | 未払金
長期未払金 | 120,000円
180,000円 |

[未払金]のうち、決算から1年を超えて支払い時期が到来する分は[長期未払金]（固定負債）に計上します。この仕訳例でいえば、翌期内に支払われる12万円と、それ以外の18万円を分けて計上するということです。

▶ フリーランスへの報酬（源泉徴収が必要な場合）

例 個人のデザイナーへのデザイン料として計上していた10万円について、1万210円を源泉徴収して支払った。

| 借方 | 未払金 | 100,000円 | 貸方 | 普通預金
預り金 | 89,790円
10,210円 |

個人のデザイナーへの報酬の支払いなど、源泉徴収が必要な支払いについて源泉徴収した金額は[預り金]（→P.278）に計上します。

第3章｜B/S｜流動負債

未払費用

- 消費税　課税　非課税　**対象外**
- 対　象　法人　個人

💡 サービスの提供は終了しているが、対価の支払いをまだ完了していない部分に使う

　継続してサービスの提供を受ける契約を結び、現在もサービスを受けている状態で、かつすでにサービスの提供が完了している部分の対価をまだ支払っていない場合に、未払い分の費用を計上するための勘定科目が［未払費用］です。継続的なサービス契約では前金で支払うケースが多いため、［未払費用］を使用する場面は実務的にはそれほど多くありません。

摘要例	☐ ライセンス料の未払い分　☐ コンサルティングサービス料の未払い分 ☐ アプリ利用料の未払い分　☐ 家賃の未払い分　☐ 給与の未払い分 ☐ 利息の未払い分

仕訳の基本

増加　［未払費用］は負債のため、**増える場合は貸方**に仕訳！

> 例 顧問先から受けているサービス料（月額1万円）が3ヵ月に1回の支払いであるため、期末時点で未払いになった2ヵ月分2万円を未払い計上した。

借方	支払手数料	20,000円	貸方	未払費用	20,000円

減少　［未払費用］は負債のため、**減る場合は借方**に仕訳！

> 例 未払い計上していた代金2万円を含めて、3万円を支払った。

借方	未払費用 支払手数料	20,000円 10,000円	貸方	普通預金	30,000円

さまざまな仕訳例

▶ 未払い給与の計上（締め日から決算日までの分）

例 当社の給与は15日締めである。決算時に16日から決算日までに発生した[給与手当]50万円を未払い計上した。

| 借方 | 給与手当 | 500,000円 | 貸方 | 未払費用 | 500,000円 |

給与の締め日が末日でない場合、決算日までに発生した給与については[未払費用]で計上します。未払い給与も雇用契約に基づいて発生する費用であり、[未払費用]で計上すべきものです。また、決算期での給与の見込み計上分の処理については、P.44を参照してください。

▶ 未払いの水道光熱費の計上（決算日までの分）

例 決算にあたり、末日までに発生した水道光熱費2,000円を未払い計上した。請求は翌月15日である。

| 借方 | 水道光熱費 | 2,000円 | 貸方 | 未払費用 | 2,000円 |

[水道光熱費]や利息などで決算までに発生している分については、まだ請求が確定していない場合でも[未払費用]で計上します。ただし、[水道光熱費]など売上に直接ひもづく原価ではないものは、毎期の請求ベースで計上していれば、[未払費用]で計上しなくても問題はありません。実務上、給与以外で[未払費用]で計上するケースはそれほど多くありません。

[未払費用]と[未払金]の使い分け

[未払費用]と[未払金]（→P.262）は、いずれも対価の未払いの状態を表す勘定科目です。**両者の違いは、請求書が発行されているかどうかです。**[未払金]はサービスの提供者から請求書が発行されていて、あとは支払いを待つだけの状態です。一方、[未払費用]はサービスの提供はすでに受けているが、契約上の理由などで請求書の受領ができていない状態です。ただし、サービスの提供が完了している部分の費用は確定しているので、[未払費用]でその分の費用を計上することになります。[未収収益]と[未収金]の関係と同じです（→P.199）。

265

第3章 | B/S | 流動負債

未払法人税等

貸借対照表（B/S）

資産	流動資産	負債	流動負債
	有形固定資産		固定負債
	無形固定資産		
	投資その他	純資産	株主資本
	繰延資産		その他

借方 ← 減ったら　増えたら → 貸方

- 消費税　課税　非課税　**対象外**
- 対象　**法人**　個人

決算で確定した法人税・住民税・事業税の合計額を計上する

　法人が納付する法人税や住民税、事業税については、決算で利益が確定することで納税額も確定します。**しかし、決算日から2ヵ月以内という納期限があり、決算日時点の貸借対照表では未払いの状態です。**そのため、[未払法人税等]という勘定科目で表示されます。[未払法人税等]を計上するときは、損益計算書では[**法人税等**]または[**法人税、住民税及び事業税**]（→P.160）で計上します。

摘要例	□法人税等の計上　□法人税等の納付　□地方法人税の納付
	□都道府県民税の納付　□市町村民税の納付　□法人事業税の納付
	□地方法人特別税の納付

仕訳の基本

 [未払法人税等]は負債のため、**増える場合は貸方**に仕訳！

例 決算で税引前当期純利益が確定し、[**法人税等**]の金額が30万円に確定した。

| 借方 | 法人税等 | 300,000円 | 貸方 | 未払法人税等 | 300,000円 |

減少 [未払法人税等]は負債のため、**減る場合は借方**に仕訳！

例 決算で確定した[**法人税等**]30万円を納税した。

| 借方 | 未払法人税等 | 300,000円 | 貸方 | 普通預金 | 300,000円 |

さまざまな仕訳例

▶ 中間納付を行った場合

例 法人税の中間納付として、50万円を納税した。

| 借方 | 法人税等 | 500,000円 | 貸方 | 普通預金 | 500,000円 |

法人税や住民税、事業税は前期の納税額が一定額を超えていた場合、中間納付が必要です。中間納付した金額は[**法人税等**]で計上する方法と、[**仮払法人税等**]でひとまず資産に計上しておく方法があります。中間納付で支払った納税額は、決算時に確定した納税額から控除することができます。

▶ 中間納付後の決算（確定した納税額＞中間納付額）

例 法人税の中間納付として50万円を納税しており、期末に確定した法人税額は70万円だった。

| 借方 | 法人税等 | 200,000円 | 貸方 | 未払法人税等 | 200,000円 |

中間納付時に[**法人税等**]で計上した場合、期末に納税額が確定したときに計上する[**未払法人税等**]は、確定した納税額と中間納付の差額です。[**法人税等**]のかわりに、[**法人税、住民税及び事業税**]という勘定科目を使用することもありますが、両者の使用方法は同じです。

▶ 中間納付後の決算（確定した納税額＜中間納付額）

例 法人税の中間納付として50万円を納税しており、期末に確定した法人税額は30万円だった。

| 借方 | 未収金 | 200,000円 | 貸方 | 法人税等 | 200,000円 |

中間納付よりも期末に確定した納税額が少なければ、その差額は還付されます。還付される予定の金額は[**未収金**]（→P.204）で計上し、中間納付時に計上していた[**法人税等**]をマイナスします。

▶ 中間納付後の決算（[仮払法人税]を使用した場合）

例 法人税の中間納付として50万円を納税しており、期末に確定した法人税額は70万円だった。

借方	法人税等	700,000円	貸方	未払法人税等	200,000円
				仮払法人税等	500,000円

中間納付時に[仮払法人税等]で計上した場合、期末に納税額が確定したときに計上する[未払法人税等]は、確定した納税額と[仮払法人税等]の差額です。

プラスの知識 　中間納付は税法上の義務

　法人税や住民税、事業税は決算時の利益をもとに計算します。多くの会社では決算は年1回であるため、税額が確定するのも原則として年1回となります。しかし、これだと納税も1年分をまとめて1回となり、納税額が決算時に集中してしまいます。納税先の国や地方自治体としては、できるかぎり確実に納税を行ってもらうために、税金を複数回に分けて納めてもらったほうが都合がよいということもあります。**そこで、法人税や住民税、事業税の納税額が一定額以上の会社については、前期の決算の納税額をもとに期首から8ヵ月経過日を納期限として中間納付という制度が設けられています。**会社としても中間納付を行うことで、納税資金の管理がしやすくなるなどのメリットがあるといわれています。

　注意しておかなければならないのは、期末に確定した税額を納めるのだから中間納付は納めなくてもよいという理屈は通らない点です。**中間納付は税法で定められた義務であり、発生した以上は納税する必要があります。**

　なお、中間納付の前提として中間申告が必要です。中間納付の金額は前年の実績に応じて自動で決まるため、中間納付の納期限までに中間申告書を提出しなかった場合は、前年実績に応じた中間申告書が提出されたとみなされます。中間申告書は前年の業績からあまりにも変動があり、中間納付が困難であるなどの事情がある場合にのみ実際の提出を行うものです。

| COLUMN 3 |

法人税の申告期限を延長した場合は、見込み納付の税額に注意する

　法人税には、申告期限と納期限の2つがあります。申告期限は法人税の申告書を提出する期限をいいます。一方、納期限とは、その名の通り法人税を納付する期限です。しかし、法人税のように申告が必要な税金については、その税金を計算した申告書の提出を行って初めて納める税金が発生するので、申告期限は納期限以上に重要といえます。

　法人税の申告期限と納期限は、いずれも事業年度終了時から2ヵ月以内です。ただし、申告期限については、事情があれば延長できる制度が設けられています。例えば、株主総会で決算書を承認してから、申告書を作成するための期間として3カ月必要であるなどの事情です。**延長を希望する企業は、事業年度終了前までに税務署に申請し、認められれば原則として1ヵ月の延長が許可されます。**この延長期間中に申告を行えば、期限内申告とみなされます。

　一方、納期限にこのような延長制度はないため、注意が必要です。なぜなら、申告書ができていないのに、納税は2ヵ月以内に行わなければならないといったケースも発生するためです。**この場合、まずは事業年度終了時から2ヵ月以内に見込みの金額で納税を行い、実際に申告書が完成し、納税額が確定したあとで、差額を精算する必要があります。**

　ここで重要なのは、見込みの納税額とはいえ、ある程度の正確性をもって納付する必要があることです。例えば、見込み納付として100万円を納税したあと、確定した税額が300万円だったとします。**差額の200万円を2ヵ月経過したあとに追納した場合、追納した200万円について延滞税がかかる可能性があります。**そのため、見込み納付をする場合はある程度の正確性をもって、かつ資金が許せばやや多めに納付しておくとよいでしょう。見込み納付よりも確定した納税額が少なければ差額は還付してもらえますし、延滞税などの心配もありません。

第3章 | B/S | 流動負債

未払消費税等

貸借対照表（B/S）

資産	流動資産	負債	流動負債
	有形固定資産		固定負債
	無形固定資産		
	投資その他	純資産	株主資本
	繰延資産		その他

- 消費税　課税　非課税　**対象外**
- 対象　法人　個人

借方 ← 減ったら　増えたら → 貸方

納税が確定した消費税額を計上する

　消費税の納税額が確定した段階で計上するのが、[未払消費税等]です。消費税は基本的に年に1回、決算時に納税額が確定するので、[未払法人税等]（→P.266）の計上と同じタイミングで計上します。消費税の納税を行ったら、その時点で[未払消費税等]はなくなるので、0円にするように仕訳します。「等」という文字がついている理由は、厳密には消費税は国に納税する国税としての「消費税」と、都道府県に納税する「地方消費税」の合計額であるためです。

摘要例　□消費税納税額の計上　□消費税の納付

仕訳の基本

　[未払消費税等]は負債のため、**増える場合は貸方**に仕訳！

例　決算により、[仮払消費税]が350万円、[仮受消費税]が390万円となった。差額の40万円を[未払消費税等]として計上した。

借方		貸方	
仮受消費税	3,900,000円	未払消費税等	400,000円
		仮払消費税	3,500,000円

　[未払消費税等]は負債のため、**減る場合は借方**に仕訳！

例　決算で確定した[未払消費税等]40万円を納税した。

借方		貸方	
未払消費税等	400,000円	普通預金	400,000円

270

さまざまな仕訳例

▶ 決算時の消費税の計上（端数の処理→納税）

例 決算により、[**仮払消費税**]が350万円、[**仮受消費税**]が390万円となった。消費税の申告書における納税額は、39万9,000円と計算された。

借方	仮受消費税	3,900,000円	貸方	未払消費税等	399,000円
				仮払消費税	3,500,000円
				雑収入	1,000円

実際には[**仮受消費税**]と[**仮払消費税**]の差額と消費税申告書における納税額に、数百円から数千円程度までの差額が発生します。[**仮払消費税**]や[**仮受消費税**]は個々の仕訳をもとに積み上げていく一方で、実際に支払う消費税の納税額は年間のトータルの金額から算出したり、消費税納税額の計算で100円未満の端数は切り捨てたりするためです。生じた端数は、[**雑収入**]で計上します。

例 決算で確定した消費税39万9,000円の納税を行った。

借方	未払消費税等	399,000円	貸方	普通預金	399,000円

消費税の納税については、金融機関の窓口などで現金で支払うほか、ペイジーなどを利用して口座から直接支払う方法、クレジットカードで納税する方法があります。

▶ 中間納付を行った場合

例 消費税の中間納付を行い、100万円を納付した。

借方	中間消費税	1,000,000円	貸方	普通預金	1,000,000円

消費税は前期の消費税の申告額をもとに、年に1回〜11回の中間納付が発生します。中間納付した金額は[**仮払消費税**]で計上するか、[**中間消費税**]などの勘定科目で計上します。いずれの場合も中間納付した消費税額は、決算時に必ず0円になるので管理しやすい方法で計上すればよいでしょう。

消費税の申告回数に関する特例がある

消費税の申告は原則として、決算期の年1回ですが、**税務署に申請することで毎月または3ヵ月ごとに消費税の申告書を提出することができます**。輸出業など消費税の還付が発生しやすい業種を中心に利用されている制度ですが、この場合は中間納付を行う意味がありませんので、中間納付は発生しません。

中間納付は決算時に納税額が集中することをふせいで、国や地方自治体が徴税しやすくするために、前期の納税額の実績をもとに見込み額を納税する制度です。しかし、消費税の申告回数に関する特例を適用した場合は、3ヵ月ごとや1ヵ月ごとに消費税を申告することになるため、その申告するタイミングごとに実際の仕訳の金額をもとに消費税額が計算されます。そして、その都度確定した消費税額を納税することになるため、見込み額を納付する中間納付は必要ないのです。

▶ 中間納付後の決算（確定した納税額＜中間納付額）

例 決算により、[仮払消費税]が500万円、[仮受消費税]が550万円だった。なお、消費税の中間納付として100万円を納めている。

借方		貸方	
仮受消費税	5,500,000円	中間消費税	1,000,000円
未収金	500,000円	仮払消費税	5,000,000円

消費税の中間納付をした場合、その金額は決算時の消費税の仕訳で0円となります。また、決算時点で確定した納税額よりも中間納付の金額が大きければ、その差額は還付されることになるので[未収金]（→P.204）で計上します。金額が大きい場合は、[未収消費税等]という独立した勘定科目で計上することもあります。

▶ 中間納付後の決算（確定した納税額＞中間納付額）

例 決算により、[仮払消費税]が500万円、[仮受消費税]が550万円だった。消費税の中間納付として40万円を納めている。

借方		貸方	
仮受消費税	5,500,000円	中間消費税	400,000円
		仮払消費税	5,000,000円
		未払消費税等	100,000円

決算時点で確定した納税額のほうが、中間納付した納税額よりも大きければ、差額を［未払消費税等］で計上します。

▶ 税込経理方式の場合

例 決算時点で消費税の申告書を作成したところ、納税額は50万円だった。税込経理方式を採用している。

| 借方 | 租税公課 | 500,000円 | 貸方 | 未払消費税等 | 500,000円 |

税込経理方式（→P.211）を採用している場合、［仮払消費税］や［仮受消費税］は計上されません。消費税の申告書で計算された納税額は、［租税公課］（→P.114）で計上します。税込経理方式を採用した場合の［租税公課］の計上時期は、本来は納付したときなので［未払消費税等］の科目は使用せずに、翌期に実際に払ったときに［租税公課］で計上するのが原則です。ただし、上記の仕訳例のように［未払消費税等］の勘定科目を用いて、決算時に計上することも可能です。［租税公課］は計上した期の費用となりますので、利益の出方次第で、この仕訳例のように［未払消費税等］を使用して決算時に［租税公課］を計上する方法か、実際に納税したタイミングで［租税公課］を計上するかを選択することになります（下記の「実務のコツ！」も参照）。

税込経理方式と税抜経理方式の切り替えは避けるべき

　税込経理方式と税抜経理方式のどちらの方法で処理するかについては、事業者が選択することができます。どちらの方法を選択しても消費税の納税額が変わるわけではなく、選択にあたって届け出をする必要もありません。そのため、ある年度は税込経理方式、ある年度は税抜経理方式と切り替えることも可能です。ただし、**損益の年度比較という点や処理の継続性といった点からは、一度決めた処理方法はよほどの事情がないかぎり変更すべきではありません。**

第3章 | B/S | 流動負債／固定負債

前受金
長期前受金

- 消費税　課税　非課税　**対象外**
- 対　象　法人　個人

💡 代金の先払いを受けた場合に使用する

[前受金]は、代金の先払いを受けたときに使用する勘定科目です。[前受金]として計上した金額は、実際にモノやサービスの提供を行ったときに[売上高]などに振り替えます。似たような勘定科目の[前受収益]（→P.282）は受けとった代金が複数の事業年度にまたがるために、収益を期間按分するために使用します。なお、決算時点でまだ商品やサービスの提供を行っていない部分のうち、翌々期以降の期間に対応する分は[長期前受金]として計上します。

摘要例	☐ 予約金の受けとり　☐ 手付金の受けとり　☐ 着手金の受けとり ☐ 翌月出荷分の商品代金の受けとり　☐ 翌月提供分のサービス代金の受けとり ☐ 翌月開催のセミナー料金の受けとり　☐ 回数券の販売 ☐ 翌月提供分のコンサルティング代金の受けとり

仕訳の基本

 増加　[前受金]は負債のため、**増える場合は貸方**に仕訳！

例 翌月納品分の商品の販売代金として、17万円を受領した。

借方	普通預金	170,000円	貸方	前受金	170,000円

 減少　[前受金]は負債のため、**減る場合は借方**に仕訳！

例 前受けした売上代金17万円分について、商品を納品した。

借方	前受金	170,000円	貸方	売上高	170,000円

さまざまな仕訳例

▶ 予約金の受領

例) 翌月に納品する商品20万円の受注にあたり、予約金として10万円を受けとった。

| 借方 | 普通預金 | 100,000円 | 貸方 | 前受金 | 100,000円 |

モノやサービスを提供する前に受けとった代金の一部、または全額を［前受金］で計上します。

例) 翌月に上記の商品を納品した。残りの代金10万円は、1ヵ月後に受けとる予定である。

| 借方 | 売掛金
前受金 | 100,000円
100,000円 | 貸方 | 売上高 | 200,000円 |

モノやサービスを納品したタイミングで、［前受金］を［売上高］などに振り替えます。そのとき、未受領の代金残額は［売掛金］(→P.182)で計上します。

▶ 複数回分のコンサルティング報酬の受領

例) 毎月のコンサルティング報酬の年間合計分として、120万円（月額10万円）を受けとった。

| 借方 | 普通預金 | 1,200,000円 | 貸方 | 前受金 | 1,200,000円 |

複数回分の売上をまとめて、先に受領することもあります。この場合も、ひとまとめにして［前受金］で計上します。この仕訳例でいえば、12件の［前受金］が同時に発生したイメージです。また、1年分で1つの契約として［前受収益］に計上してもOKです。

例) 当月分のコンサルティング報酬として、10万円を振り替えた。

| 借方 | 前受金 | 100,000円 | 貸方 | 売上高 | 100,000円 |

複数回分の［前受金］を受領している場合は、毎月必ず［売上高］への振り替えを行います。［前受金］の振り替えはお金が動かないため、つい忘れがちです。くれぐれも気をつけましょう。

▶ 期首から1年を超える分の料金の受領

例 期首に当月からのシステム保守料金3年分として、36万円（月額1万円）を受けとった。

借方	普通預金	360,000円	貸方	前受金	120,000円
				長期前受金	240,000円

複数年分の［前受金］を受けとった際、サービスを提供する期間が決算から1年を超える期間分については、［長期前受金］（固定負債）に計上します。この仕訳例では、当期分の12万円以外は［長期前受金］として計上します。

例 当月分の保守料金として、1万円を振り替えた。

借方	前受金	10,000円	貸方	売上高	10,000円

前述のコンサルティング報酬と同じように、毎月の［売上高］への振り替えが必要です。

例 期末となり、［長期前受金］のうち、翌期に売上計上する分を［前受金］に振り替えた。

借方	長期前受金	120,000円	貸方	前受金	120,000円

決算時点で翌期に売上計上する1年分については、［長期前受金］から［前受金］に振り替えます。

▶ 回数券の販売

例 当社はエステサロンである。エステの回数券を販売して、30万円を受けとった。この回数券の利用可能期限は販売から6ヵ月間で、その期間中に10回の施術を受けられるものである。

| 借方 | 普通預金 | 300,000円 | 貸方 | 前受金 | 300,000円 |

回数券の場合、販売時点では［前受金］に計上し、実際に回数券が使われたときに［売上高］として計上します。エステサロン以外では、スポーツジムの回数券なども同様です。

例 施術を行い、回数券が1枚利用された。

| 借方 | 前受金 | 30,000円 | 貸方 | 売上高 | 30,000円 |

回数券が利用された場合、［売上高］に振り替えます。この仕訳例の場合、30万円で10回の施術を受けられる回数券なので、1回あたり3万円として計上します。

例 6ヵ月経過して利用されていない回数券が失効し、未使用分9万円を［雑収入］に振り替えた。

| 借方 | 前受金 | 90,000円 | 貸方 | 雑収入 | 90,000円 |

回数券の利用可能期間が経過し、未使用だった分があれば［雑収入］(→P.146)に振り替えます。サービスを提供したわけではないので、本来は［売上高］に計上するべきではありませんが、［売上高］で計上することも差しつかえありません。なお、サービスの提供は行われていないため、未使用分の回数券を収益に振り替える際は消費税の課税対象とはなりません。

［前受金］使用時における［売上高］の確定方法

　［前受金］によって将来の売上代金を前受けするサービスの場合、［売上高］の計上方法には2種類があります。

　1つめは、回数券1回ごとなどの売上金額を決めておいて、その使用分に応じて［売上高］を計上する方法です。2つめは、未使用の回数券など［前受金］に計上されるべき金額を確定して、その金額になるように差額で［売上高］を計上する方法です。

　とくに不特定多数の顧客から［前受金］を受領するビジネスにおいては、後者のように［前受金］を確定させてから［売上高］を計上する方法が用いられます。

第3章 | B/S | 流動負債

預り金

貸借対照表(B/S)

	流動資産	負債	流動負債
資産	有形固定資産		固定負債
	無形固定資産		
	投資その他	純資産	株主資本
	繰延資産		その他

- 消費税　　課税　非課税　**対象外**
- 対　象　　**法人**　**個人**

借方 ← 減ったら　増えたら → 貸方

💡 取引先や従業員などから預かった金額を計上する

　［預り金］は、一時的に取引先や従業員から預かったお金を計上するための勘定科目です。**実務上は役員や従業員の給与から天引きする源泉所得税や社会保険料を計上する際に使うことが多く、実際にお金を預かることはほとんどありません。**同様に個人事業主との取引時に預かった所得税も、［預り金］で処理します。似た勘定科目に［預け金］（→P.208）がありますが、［預り金］は所得税の源泉徴収などがあるため、［預け金］に比べて使用頻度は高いです。

摘要例
- □所得税の源泉徴収　□住民税の特別徴収　□社会保険料の従業員負担分
- □雇用保険料の従業員負担分　□預り敷金　□預り保証金　□源泉所得税の納付
- □住民税の納付　□社会保険料の納付　□労働保険料の納付

仕訳の基本

 増加　［預り金］は負債のため、**増える場合は貸方**に仕訳！

例 従業員の給与から1万5,000円の源泉所得税を徴収し、28万5,000円を支払った。

借方	未払金	300,000円	貸方	普通預金	285,000円
				預り金	15,000円

 減少　［預り金］は負債のため、**減る場合は借方**に仕訳！

例 翌月になり、源泉徴収した［預り金］1万5,000円を銀行口座から納付した。

借方	預り金	15,000円	貸方	普通預金	15,000円

さまざまな仕訳例

▶ 給与手当（計上時→社会保険料の納付時→源泉所得税の納付時）

例 当社の給与は毎月末日締め、翌月25日払いである。[**給与手当**]20万円について、各種控除のうえ未払い計上した。

借方			貸方		
	給与手当	200,000円		未払金	159,000円
				預り金(社会保険料)	20,000円
				預り金(雇用保険料)	1,000円
				預り金(所得税)	10,000円
				預り金(住民税)	10,000円

所得税や住民税、社会保険料、雇用保険料などの控除は、本来であれば支払いのタイミングで行います。そのため、仕訳上も支払い時、つまり実際に現金が出ていくときに[**預り金**]を計上するのが、支払い時点で給与天引きが発生しているという仕訳の実態を正確に反映しています。ただし、実務上は[**給与手当**]を計上するときに[**預り金**]を計上することもよくあります。

例 翌月になり、社会保険料4万円が月末に銀行口座から引き落とされた。

借方			貸方		
	法定福利費	20,000円		普通預金	40,000円
	預り金(社会保険料)	20,000円			

社会保険料の半分は会社負担分です。会社負担分は[**法定福利費**]（→P.54）で、従業員負担分は[**預り金**]のマイナスで計上します。

例 給与を支払った翌月10日に、税務署に源泉所得税1万円を納税した。

借方			貸方		
	預り金(所得税)	10,000円		普通預金	10,000円

給与から控除した所得税や住民税は、給与を支払った月の翌月10日までに税務署や地方自治体に納付します。ただし、給与や役員報酬を受けとる人が常時10人未満の場合は、税務署や地方自治体に申請することで半年に1回の納付にできます。

▶ 個人の士業への報酬（計上時→支払い時）

例 顧問税理士に当月の顧問料2万2,000円（税込）を未払い計上した。

| 借方 | 支払手数料 | 22,000円 | 貸方 | 未払金 | 22,000円 |

士業への報酬は[**支払手数料**]（→P.102）で計上します。

例 顧問税理士に前月分の顧問料2万2,000円（税込）から、源泉所得税2,042円を引いて差額を支払った。

| 借方 | 未払金 | 22,000円 | 貸方 | 普通預金 | 19,958円 |
| | | | | 預り金 | 2,042円 |

士業の個人事業主に業務対価を支払うときも、[**給与手当**]（→P.42）と同じく源泉徴収が必要です。士業への報酬に対する源泉所得税についても税務署に申請することで、給与と同じく半年に1回の納付にすることができます。

▶ フリーランスへの報酬（計上時→支払い時）

例 個人事業主であるライターに当月の原稿料8万円（税込）を未払い計上した。

| 借方 | 外注費 | 80,000円 | 貸方 | 未払金 | 80,000円 |

フリーランスへの外注費用は[**外注費**]（→P.64）で計上します。

例 個人事業主であるライターに前月分の原稿料8万円（税込）から、源泉所得税8,168円を引いて差額を支払った。

| 借方 | 未払金 | 80,000円 | 貸方 | 普通預金 | 71,832円 |
| | | | | 預り金 | 8,168円 |

ライター業やデザイナー業など、特定の個人事業主に報酬を支払う場合も源泉徴収が必要です。個人への支払いであっても、源泉徴収が不要なケースもあります（右ページの「プラスの知識」を参照）。不必要な源泉徴収を行って、余計な事務負担を増やさないように注意しましょう。

▶ 海外居住者や海外企業への家賃の支払い

例 オフィスの貸主が海外在住者であり、翌月分の家賃40万円から所得税として8万1,680円を源泉徴収したうえで残額を海外送金した。

借方	前払費用	400,000円	貸方	普通預金	318,320円
				預り金	81,680円

海外に住んでいる個人や法人に家賃を支払う場合は、所得税の源泉徴収が必要です（海外の貸主への源泉税率は20.42%。国内居住者に家賃を支払う場合は不要）。ただし、支払いを受ける者が居住する国とのあいだで租税条約を締結していて事前に税務署に届け出をしていれば、源泉徴収が不要となる場合もあります。

プラスの知識　源泉徴収は支払う側の義務

源泉徴収が必要な給与や士業、外注先への報酬を支払う者を「源泉徴収義務者」といいます。**つまり、支払う側に所得税を徴収する義務があるのです**。もし相手から届いた請求書に源泉所得税の記載がなかったとしても、支払う側で源泉徴収の必要性の有無を判断し、必要ならば源泉徴収の金額を計算し、控除したうえで支払います。請求書に源泉所得税の記載がなかったからと、控除せずにそのまま振り込んで、税金のペナルティが発生した場合、**ペナルティに対する責任をもつのは支払う側です**。とくに個人事業主に報酬を支払う場合は、源泉徴収の対象になるかどうかをしっかりと判断しましょう。

本来、源泉徴収する必要がない支払いまで源泉徴収すると、納税の手間が増えるだけでなく、不必要な未納リスクを負うことにもなります。源泉徴収の対象になる支払いかどうかについては所得税法でこまかく定められていますが、判断がつきかねるケースも実務上、多く発生します。そのようなときは顧問税理士に相談したり、税務署に確認したりするとよいでしょう。

第3章 | B/S | 流動負債

前受収益

- 消費税　課税　非課税　**対象外**
- 対象　法人　個人

貸借対照表（B/S）

資産	流動資産	負債	**流動負債**
	有形固定資産		固定負債
	無形固定資産	純資産	株主資本
	投資その他		その他
	繰延資産		

借方 ← 減ったら　増えたら → 貸方

 すでに対価の支払いを受けていて、サービスの提供が完了していない分を計上する

［前受収益］は継続してサービスを提供する契約を結び、代金を先に受領していて、まだサービスを提供し終わっていないときに使用する勘定科目です。［前受収益］は、**時間の経過とともに収益に振り替えていきます**。資産における［前払費用］（→P.196）のようなイメージです。混同しやすい［前受金］（→P.274）との違いについては、右ページ下の「実務のコツ」を参考にしてください。

摘要例
- ☐ 翌月分家賃の受けとり　☐ 翌期分コンサルティング料金の受けとり
- ☐ 年間サブスクリプション料金の受けとり　☐ 翌期分顧問料金の受けとり

仕訳の基本

 増加　［前受収益］は負債のため、**増える場合は貸方**に仕訳！

例）翌期分のシステム利用料金として、1万円を受領した。

借方	普通預金	10,000円	貸方	前受収益	10,000円

減少　［前受収益］は負債のため、**減る場合は借方**に仕訳！

例）翌期になり、［前受収益］1万円を［売上高］に振り替えた。

借方	前受収益	10,000円	貸方	売上高	10,000円

さまざまな仕訳例

▶ 保守料金の前受け（前受け時→決算時）

例 ソフトウェアの年間保守料金として、先に10万円を受けとった。

| 借方 | 普通預金 | 100,000円 | 貸方 | 前受収益 | 100,000円 |

1年間の保守料金をまとめて受領した場合、まずは[前受収益]に計上します。受けとり時に[売上高]に計上して、期末に翌期分を[前受収益]に振り替える方法もあります。ただし、この方法では期末にすべき振り替えを忘れて、本来は[前受収益]として貸借対照表の流動負債として計上されるべき金額が、損益計算書の[売上高]に含まれてしまうことがよく起こります。そこで、まずは貸借対照表に計上することをおすすめします。

例 期末になり、前受けしたソフトウェアの年間保守料金のうち、当期分に該当する5万円を[売上高]に振り替えた。

| 借方 | 前受収益 | 50,000円 | 貸方 | 売上高 | 50,000円 |

入金時に[前受収益]に計上した場合、決算時もしくは毎月の処理で[売上高]に計上します。この仕訳例は決算時に計上したケースです。毎月計上する場合は、1年分の料金を月割計算するなどして計上していくとよいでしょう。

[前受金]と[前受収益]の使い分け

[前受金]は将来のある時点で発生するモノの納品やサービスの提供に対して、代金を前金で受けとったときに使用します。一方、[前受収益]はすでにサービスの提供を開始していて、そのうち将来分について収益を期間配分するために使用します。そのため、**1ヵ月単位などの時間経過によって収益化していくのが[前受収益]の特徴です**。[前受金]がある時点で受けとったお金をある時点で収益に振り替えるものであるのに対し、[前受収益]は受けとったお金を継続した期間で収益に按分していくイメージです。

第 3 章 | B/S | 流動負債

仮受金

貸借対照表（B/S）

	流動資産	負債	流動負債
資産	有形固定資産		固定負債
	無形固定資産		
	投資その他	純資産	株主資本
	繰延資産		その他

- 消費税　課税　非課税　**対象外**
- 対　象　法人　個人

借方 ← 減ったら　増えたら → 貸方

処理すべき勘定科目が不明な入金に使用する

　銀行口座に入金があったが、何のための入金かわからない場合や、だれから受けとったのかわからない場合に使用するのが[仮受金]です。その他、処理すべき勘定科目が不明といった場合にも使用することがあります。[仮受金]はあくまでやむをえず使用する勘定科目なので、基本的には決算までには解消して科目残高が0円になるようにします。資産の[仮払金]（→P.206）に対応する科目です。

摘要例
- □ 内容不明入金　□ 入金元不明のための仮受処理　□ 誤入金のための返金
- □ 処理すべき勘定科目不明による仮受処理　□ 誤入金のための仮受処理

仕訳の基本

 増加　[仮受金]は負債のため、**増える場合は貸方**に仕訳！

例 銀行口座にA社から、内容不明の入金10万円があった。

| 借方 | 普通預金 | 100,000円 | 貸方 | 仮受金 | 100,000円 |

 減少　[仮受金]は負債のため、**減る場合は借方**に仕訳！

例 A社からの内容不明の入金は、商品の予約代金だったことが判明した。

| 借方 | 仮受金 | 100,000円 | 貸方 | 前受金 | 100,000円 |

さまざまな仕訳例

▶ 入金元の不明（入金時→判明時）

例 B社から10万円の入金があったが、当社の得意先に登録がなく、ひとまず［仮受金］で計上した。

| 借方 | 普通預金 | 100,000円 | 貸方 | 仮受金 | 100,000円 |

入金元に心当たりがないため、ひとまず［仮受金］で計上します。

例 B社は得意先であるA社の社名変更後の社名であることが判明し、10万円を［売掛金］に振り替えた。

| 借方 | 仮受金 | 100,000円 | 貸方 | 売掛金 | 100,000円 |

内容が判明したら、適切な勘定科目に振り替えます。ただし、実務上は不明点があれば、心あたりのある関係先への問い合わせや検索などで調査を行い、最初から適切な勘定科目で処理することが望ましいです。できるかぎり［仮受金］は使用しないことを心がけましょう。

▶ 入金のケタ間違い

例 C社から10万円の入金があったが、［売掛金］1万円のところを1ケタ間違えて入金したとのことだった。

| 借方 | 普通預金 | 100,000円 | 貸方 | 売掛金
未払金 | 10,000円
90,000円 |

取引先も内容もわかっているので、［仮受金］ではなく、返金すべきお金として［未払金］（→P.262）で計上します。［仮受金］は一時的に受けたお金を処理するという意味ではなく、処理すべき勘定科目が不明なために「仮」に使用する勘定科目です。この仕訳例のように一時的とはいえ、返金すべきであるとわかっているお金は［仮受金］ではなく、適切な勘定科目で計上しましょう。

第3章 | B/S | 流動負債

仮受消費税

- 消費税　課税　非課税　**対象外**
- 対象　法人　個人

💡 外部から受けとった消費税を計上する

　消費税は原則として売上などで預かった消費税と、仕入れやその他の費用で外部に支払った消費税との差額を納税します。消費税のうち、**外部から受けとった消費税を計上するために使用する勘定科目が［仮受消費税］**です。ただし、税込経理方式を採用している場合、［仮受消費税］は計上されません。会計ソフトを使用していれば、［仮受消費税］は自動的に計算されますので、決算時の消費税仕訳以外に［仮受消費税］を選択することはありません。

> **摘要例**　☐決算時の消費税仕訳　☐商品販売　☐サービス販売　☐製品販売

仕訳の基本

 増加　［仮受消費税］は負債のため、**増える場合は貸方**に仕訳！

例）商品を販売し、税込みで1万1,000円を受けとった。

借方	普通預金	11,000円	貸方	売上高	10,000円
				仮受消費税	1,000円

 減少　［仮受消費税］は負債のため、**減る場合は借方**に仕訳！

例）販売した商品のうち、5,500円が返品された。代金は未回収である。

借方	売上高	5,000円	貸方	売掛金	5,500円
	仮受消費税	500円			

さまざまな仕訳例

▶ 消費税の受領（軽減税率の適用がある場合）

例 当社は飲食店である。店内で1,100円分、テイクアウトで1,080円分販売した。

借方	現金	2,180円	貸方	売上高	1,000円
				仮受消費税	100円
				売上高	1,000円
				仮受消費税	80円

食品類やテイクアウトの飲食などは、軽減税率の対象です。軽減税率の対象品は税率が8％になるため、消費税率10％の売上とは区別して仕訳します。軽減税率は強制適用のため、店内とテイクアウトで税込価格が同じでも、税率は区別します。

▶ 決算時の消費税の計上（簡易課税を採用している場合）

例 決算により、［仮払消費税］が400万円、［仮受消費税］が550万円となった。簡易課税を採用しており、納税額は110万円となった。

借方	仮受消費税	5,500,000円	貸方	仮払消費税	4,000,000円
				未払消費税等	1,100,000円
				雑収入	400,000円

簡易課税を選択している場合、納税額は［仮受消費税］のみから計算されます。そのため、［雑収入］や［雑損失］が単なる端数とは異なる大きな金額で計上されます。この仕訳例でいうと、本来の納税額は550万円から400万円を差し引いた150万円になります。しかし、簡易課税を採用した結果、110万円の納税額になり、40万円得したことになります。この40万円を［雑収入］で計上します。

▶ 決算時の消費税の計上（簡易課税の選択により、納税額が多くなった場合）

例 決算により、［仮払消費税］が400万円、［仮受消費税］が550万円となった。簡易課税を採用しており、納税額は275万円となった。

借方	仮受消費税	5,500,000円	貸方	仮払消費税	4,000,000円
	雑損失	1,250,000円		未払消費税等	2,750,000円

原則課税よりも簡易課税の納税額が多くなった場合、その差額は[雑損失]として計上されます。原則課税か簡易課税かについては、その年度が始まる前日までに決めておく必要があります。結果として簡易課税の選択によって消費税の納税額が多くなったとしても、その通りに納税する必要があります（災害など特殊な事情がある場合を除く）。

プラスの知識　簡易課税の事業区分

簡易課税とは、2期前の[売上高]が5,000万円以下の場合に選択できる消費税の納税額の計算方法です。簡易課税の場合、[売上高]にかかる消費税額に、下記の事業区分ごとのみなし仕入率をかけた金額を仕入れにかかる消費税として計算します。

例えば、もし小売業で売上高にかかる消費税が550万円の場合、第2種事業なので、550万円×80％＝440万円が仕入れにかかる消費税となります。この場合、550万円－440万円＝110万円を[未払消費税等]として計上します。

事業区分	みなし仕入率	主な事業
第1種事業	90％	卸売業
第2種事業	80％	小売業、農業・林業・漁業（飲食料品の譲渡に係る事業）
第3種事業	70％	農業・林業・漁業（飲食料品の譲渡に係る事業を除く）、鉱業、建設業、製造業、製造小売業、電気業、ガス業、熱供給業および水道業
第4種事業	60％	飲食店業
第5種事業	50％	運輸通信業、金融・保険業、サービス業
第6種事業	40％	不動産業

▶ 簡易課税を採用している飲食業の売上

例　当社は飲食店である。税込で1万1,000円の飲食の売上があった。当社は簡易課税を採用している。

| 借方 | 現金 | 11,000円 | 貸方 | 売上高 | 10,000円 |
| | | | | 仮受消費税(第4種事業) | 1,000円 |

簡易課税を採用している場合でも、期中の仕訳ではみなし仕入率は関係ありません。通常の10%（軽減税率の対象であれば8％）の消費税額で計上します。ただし、簡易課税を採用している場合は、どの事業区分に該当する売上かを判断して、その区分を明確にしておく必要があります。会計ソフトであれば、簡易課税を選択している場合の事業区分について、仕訳の行ごとに設定できます。

> **プラスの知識　原則課税と簡易課税の違い**
>
> 　原則課税とは、売上などで預かった消費税と、費用などで外部に支払った消費税（税抜経理方式であれば[仮受消費税]と[仮払消費税]の差額）を納税する方式です。例えば、税抜経理方式を採用していて、[仮受消費税]が100万円、[仮払消費税]が90万円であれば、差額の10万円を納税するということです。
>
> 　一方、簡易課税とは、外部に支払った消費税は無視して、売上で預かった消費税の一定額だけを納税する方式です。例えば、飲食業であれば、みなし仕入れ率が60％なので、飲食業の売上で10万円の消費税を預った場合、納税額は10万円－10万円×60％＝4万円となります。もし、ここで[仮払消費税]が5万円であれば、原則課税ならば5万円の納税のところ、簡易課税では4万円で済んだということなり、差額の1万円は[雑収入]として計上します。

▶ 簡易課税で複数種類の売上があった場合

例 当社は雑貨の製造販売業を営んでいる。当社で製造した雑貨について、税込で1万1,000円の売上があった。また、他社から仕入れた雑貨の売上が税込で5,500円あった。当社は簡易課税を採用している。

借方		貸方	
現金	16,500円	売上高	10,000円
		仮受消費税(第3種事業)	1,000円
		売上高	5,000円
		仮受消費税(第2種事業)	500円

簡易課税での注意点は、適用するみなし仕入れ率は会社単位ではなく、取引単位だということです。この仕訳例でいえば、自社で製造販売したものは第3種事業（製造業）、他社から仕入れて販売したものは第2種事業（小売業）として、行を分けて仕訳します。会計ソフトを使用している場合、複数の区分に該当する売上があるなら、その都度仕訳の行を分けて該当する税区分を設定する必要があります。

第3章 | B/S | 固定負債

長期借入金

貸借対照表(B/S)

資産	流動資産	負債	流動負債
	有形固定資産 固定資産 無形固定資産		固定負債
	投資その他	純資産	株主資本
	繰延資産		その他

- 消費税　課税　非課税　**対象外**
- 対象　　法人　個人

借方 ← 減ったら　増えたら → 貸方

決算日から1年を超えて返済する借入金を計上する

[**長期借入金**]は金融機関や役員、その他の第三者などからお金を借りた際に使用する勘定科目です。**次に到来する決算日を基準にして、1年を超えて返済される予定のものを[長期借入金]として固定負債に計上します**。1年以内に返済予定の借入金は、[**短期借入金**](→P.260)として計上します。

摘要例	☐金融機関からの長期借入れ　☐代表者からの借入れ
	☐取引先からの長期借入れ　☐役員からの借入れ　☐借入金の返済
	☐借入金の借換え

仕訳の基本

 [**長期借入金**]は負債のため、**増える場合は貸方**に仕訳！

例 金融機関から800万円の融資を受けた。返済期間は7年間である。

借方	普通預金	8,000,000円	貸方	長期借入金	8,000,000円

減少 [**長期借入金**]は負債のため、**減る場合は借方**に仕訳！

例 上記で受けた融資のうち、1回目の返済として元本10万円と利息3,000円を支払った。

借方	長期借入金	100,000円	貸方	普通預金	103,000円
	支払利息	3,000円			

さまざまな仕訳例

▶ 借入金の返済（利息の支払い）

例 金融機関から受けていた融資のうち、1回目の返済として元本20万円と利息6,000円を支払った。

借方			貸方		
長期借入金	200,000円		普通預金	206,000円	
支払利息	6,000円				

返済時に利息を支払った場合、[支払利息]（→P.138）も計上します。

▶ 借入金の計上（付随費用の扱い）

例 期首に金融機関から700万円の融資（返済期間7年間）を受け、信用保証協会の信用保証料7万円と印紙代1万円が引かれて692万円が入金された。

借方			貸方		
普通預金	6,920,000円		長期借入金	7,000,000円	
租税公課	10,000円				
支払手数料	10,000円				
前払費用	10,000円				
長期前払費用	50,000円				

この仕訳例では、信用保証料は支払い時点で当期に費用化する分を[支払手数料]（消費税は対象外）で、次回の決算日から1年以内に費用化する分を[前払費用]（→P.196）で、1年を超えて費用化する分を[長期前払費用]（→P.250）で、融資に関する契約書のための印紙代を[租税公課]（→P.114）でそれぞれ計上しています。ほかに保証料の全額を[支払手数料]で計上して、決算時に[前払費用]や[長期前払費用]に計上する方法や、支払い時点で[長期前払費用]に計上して、決算時に[前払費用]や[支払手数料]に振り替える方法もあります。

> **プラスの知識　信用保証協会の保証が必要となる場合がある**
>
> 金融機関から長期融資にあたり、とくに信用力がない創業期などの場合、信用保証協会による保証を受ける必要があります。**この場合、保証料は直接、信用保証協会に支払うのではなく、融資を受けた金額から控除されるのが一般的です。**

> **プラスの知識　保証料は販売管理費か、営業外費用か**
>
> [長期借入金]の保証料は、**事業用の資金を借りるために必要な費用として前ページの仕訳例のように[支払手数料]（販売費および一般管理費）に計上する考え方と、[支払利息]（営業外費用）に計上する考え方が**あります。どちらの方法でも最終的な利益は変わりませんが、どちらかの方法に決めて画一的に処理していく必要があります。

▶ 役員からの借入れ

例 資金繰りのため、社長個人が会社の銀行口座に500万円を入金した。会社から社長への返済の目途は立っていない。

| 借方 | 普通預金 | 5,000,000円 | 貸方 | 長期借入金 | 5,000,000円 |

資金繰りのために社長やその他の役員が会社にお金を貸して、返済の目途が立っていない場合は[**長期借入金**]で計上します。こうした場合は返済期限を設けないことが多く、1年を超えて返済期限が到来すると考えるためです。

▶ 借入金の振り替え

例 決算となり、[**長期借入金**]のうち、翌期中に返済予定の120万円を[**短期借入金**]に振り替えた。

| 借方 | 長期借入金 | 1,200,000円 | 貸方 | 短期借入金 | 1,200,000円 |

[**長期借入金**]のうち翌期の返済予定の分は、決算時に[**短期借入金**]に振り替えます。これにより、翌期の資金繰りへの影響額が明示されるようになります。[**1年内返済予定長期借入金**]として、本来の[**短期借入金**]と区別する場合もあります。

▶ 借入金の借換え

例 [**長期借入金**]について、より利率が有利な借入金に借換えた。借換え前の[**借入金**]の残高は300万円、借入れ後の[**借入金**]の残高は500万円であり、差額の200万円が振り込まれた。

借方	長期借入金	3,000,000円	貸方	長期借入金	5,000,000円
	普通預金	2,000,000円			

利率の見直しなど、より有利な条件の借入金に乗り換えることを「借換え」といいます。「借換え」があった場合は、いったん既存の借入金を全額返済して、新たに借入れを行ったことになるので、その動きを仕訳で反映させます。

▶ 借入金のリスケジュール

例 資金繰りの関係で借入金の元本返済ができないため、金融機関と交渉して元本の返済期間を半年間、先延ばししてもらった。そのため、今月の支払いは利息の5,000円だけとなった。

借方	支払利息	5,000円	貸方	普通預金	5,000円

資金繰りの関係などから元本の返済を先延ばししてもらうことを、「リスケジュール」といいます。「リスケジュール」をした場合でも、お金を借りていることには変わりはないので、利息は発生し続けます。

▶ リスケジュールによる[短期借入金]から[長期借入金]への転換

例 半年後に一括返済する契約で借入れた100万円について、資金繰りの関係で3年後に一括返済する契約に切り替えてもらった。

借方	短期借入金	1,000,000円	貸方	長期借入金	1,000,000円

返済時期を先延ばしした結果、返済時期が決算日よりも1年超の時期になった場合、[長期借入金]に振り替える仕訳を行います。

▶ 借入金の返済免除

例 役員から借りていた500万円について、返済を全額免除してもらった。

借方	長期借入金	5,000,000円	貸方	債務免除益	5,000,000円

債務免除があった場合、その借入金を消すとともに、免除分は返済を免れたという利益を受けているため、[債務免除益]という勘定科目で特別利益に計上します。

第3章｜B/S｜固定負債

社債

貸借対照表（B/S）

資産	流動資産	負債	流動負債
	固定資産 有形固定資産		固定負債
	無形固定資産		
	投資その他	純資産	株主資本
	繰延資産		その他

- 消費税　課税　非課税　**対象外**
- 対　象　法　人　個　人

借方 ← 減ったら　増えたら → 貸方

社債を発行して現金を調達した場合に使用する

　社債の発行は、企業による資金の調達方法の1つです。社債を発行した企業は、一定期間後に、投資家（社債の購入者）に対して元本と利息（金利）を支払う義務があります。社債を発行し、現金を調達した場合には[**社債**]という勘定科目で計上します。利息を支払った際には、利息の金額を[**社債利息**]（営業外費用）として計上します。社債の発行企業は返済の義務があるため、負債として扱います。**とくに固定負債に含まれ、[長期借入金]の一形態ですが、投資家は他者に元本や利息を受けとる権利を譲渡できるなど、株式のような側面もあります。**

摘要例	□社債の発行　□私募債の発行　□公募債の発行　□社債の償還
	□社債の平価発行　□社債の割引発行　□社債の打歩発行

仕訳の基本

 増加　　[社債]は負債のため、**増える場合は貸方**に仕訳！

例　私募債を平価発行して、300万円を調達した。

借方	普通預金	3,000,000円	貸方	社債	3,000,000円

減少　　[社債]は負債のため、**減る場合は借方**に仕訳！

例　[社債]の償還期限が到来し、300万円と[社債利息]3万円を支払った。

借方	社債	3,000,000円	貸方	普通預金	3,030,000円
	社債利息	30,000円			

さまざまな仕訳例

▶ [社債利息] の支払い

例 発行した[社債]の利息として、2万円を投資家に支払った。

| 借方 | 社債利息 | 20,000円 | 貸方 | 普通預金 | 20,000円 |

社債の利息を支払った際は、[社債利息]（営業外費用）で計上します。借入金の利息を[支払利息]（→P.138）で計上するものとは区別しましょう。

プラスの知識 社債の発行金額の設定には、3種類ある

社債には**50名以上から集める公募債**と、**50名未満の投資家から集める私募債**があります。公募債は、上場企業が発行するものです。中小企業は通常、私募債となります。また、社債の発行金額の設定には、以下の3種類があります。それぞれ目的に応じて使い分けます。

名称	内容	経理上の特徴
平価発行	額面そのままで発行する方法	会計処理が単純。
割引発行	額面よりも低い金額で発行する方法	発行時の資金流出が少なくなる。差額は[社債発行差金]（繰延資産）という勘定科目で計上し、会計処理が複雑になる。
打歩発行	額面よりも高い金額で発行する方法	発行時に多くの金額を調達できる。発行時の上乗せ部分（プレミアム）の会計処理（償却原価法）が複雑。

▶ 社債の購入

例 企業が発行した[社債]100万円分を購入した。

| 借方 | 投資有価証券 | 1,000,000円 | 貸方 | 普通預金 | 1,000,000円 |

社債は有価証券の一種であり、市場で売買できるものもありますが、多くのケースでは満期まで保有する目的をもっています。そのため、一般的に[**投資有価証券**]（→P.158）で計上します。保有目的ではない場合は、[**有価証券**]（→P.184）で計上します。

第 3 章 | B/S | 株主資本

資本金

- 消費税 　課税　非課税　**対象外**
- 対　象　**法　人**　個　人

💡 株主などから出資を受けた金額を計上する

[**資本金**]は株式会社であれば株主、合同会社であれば社員から受けた出資の金額を計上します。ただし、出資を受けた金額のうち、一定の金額は[**資本剰余金**]（→P.298）として計上することができます。[**資本金**]は借入金とは異なり、返済する必要がないお金です。[**資本金**]を利用して事業を拡大して、事業から得た利益を分配（配当）することで、出資者に利益を還元します。減資をする場合は単に振り替えればよいというわけではなく、会社法に決められた手続きを踏んで登記をする必要があります。

摘要例　☐第三者割当の増資　☐株主割当の増資　☐新規社員の加入　☐利益剰余金の資本金組み入れ　☐資本剰余金の資本金組み入れ　☐会社設立時の資本金　☐減資

仕訳の基本

増加　[**資本金**]は純資産のため、**増える場合は貸方**に仕訳！

 株主総会で増資の決議をして、払込日に100万円が会社の銀行口座に入金された。

借方	普通預金	1,000,000円	貸方	資本金	1,000,000円

減少　[**資本金**]は純資産のため、**減る場合は借方**に仕訳！

 減資の手続きを行い、[**資本金**]のうち30万円を[**資本準備金**]に振り替えた。

借方	資本金	300,000円	貸方	資本準備金	300,000円

さまざまな仕訳例

▶ 増資の決議（払い込み時→効力発行日）

例 株主総会で増資の決議を行った。[資本金]の払込期間中に出資者の1人から、100万円が会社の銀行口座に払い込まれた。

| 借方 | 普通預金 | 1,000,000円 | 貸方 | 新株式申込証拠金 | 1,000,000円 |

増資の場合、出資金の払込期間を定めて、その末日で増資の効力が発生します。その間に払い込まれた出資金はいったん、[新株式申込証拠金]として計上します。

例 資本金の払込期間の末日になり、[新株式申込証拠金]400万円を[資本金]に振り替えた。

| 借方 | 新株式申込証拠金 | 4,000,000円 | 貸方 | 資本金 | 4,000,000円 |

[新株式申込証拠金]は増資の効力発生日に[資本金]、あるいは[資本金]と[資本剰余金]に振り替えます。

▶ 会社設立時の[資本金]

例 会社を設立した。会社名義の銀行口座が出来上がっていないため、[資本金]100万円は発起人代表の銀行口座で預かったままである。

| 借方 | 別段預金 | 1,000,000円 | 貸方 | 資本金 | 1,000,000円 |

[資本金]は会社設立日に計上しますが、その時点ではまだ会社名義の口座がないため、いったん[別段預金]で計上しておきます。

プラスの知識　現物出資の場合は評価額の算出が必要

例えば、車両や不動産、ソフトウェアや在庫など、お金以外のモノを資本の出資対象にすることもできます。これを**現物出資**といいます。**現物出資の場合、対象物の評価額がいくらなのかを算出する必要がある**ので、税理士や司法書士などの専門家に確認しながら進めるとよいでしょう。

第3章 | B/S | 株主資本

資本剰余金
（資本準備金）

貸借対照表（B/S）

	流動資産	負債	流動負債
資産	有形固定資産		固定負債
	無形固定資産		
	投資その他	純資産	**株主資本**
	繰延資産		その他

- 消費税　課税　非課税　**対象外**
- 対象　法人　個人

借方 ← 減ったら　増えたら → 貸方

💡 出資金のうち、[資本金]に計上しなかった金額を計上

[資本剰余金]とは、資本として出資者から受けた金額のうち、[資本金]（→P.296）に計上しない金額を計上するものです。とくに株式会社では、[**資本準備金**]という勘定科目名を使用していますが、同じ意味です。[資本金]と[資本剰余金]の違いは、とり崩すときの決議方法の違いなどですが、経理処理においてはそれほど気にすることはありません。

| 摘要例 | ☐ 第三者割当の増資　☐ 株主割当の増資　☐ 新規社員の加入 |
| | ☐ 会社設立時の資本準備金　☐ 資本準備金の資本金への組み入れ |

仕訳の基本

 [資本剰余金][資本準備金]は純資産のため、
増える場合は貸方に仕訳！

例 株主総会で増資の決議をして、払込日に150万円が会社の銀行口座に入金された。そのうち50%を[**資本準備金**]に計上した。

| 借方 | 普通預金 | 1,500,000円 | 貸方 | 資本金 | 750,000円 |
| | | | | 資本準備金 | 750,000円 |

 [資本剰余金][資本準備金]は純資産のため、
減る場合は借方に仕訳！

例 [**資本準備金**]のうち、100万円を[**資本金**]に振り替えた。

| 借方 | 資本準備金 | 1,000,000円 | 貸方 | 資本金 | 1,000,000円 |

さまざまな仕訳例

▶ 増資の決議（効力発行日）

例 [資本金]の払込期間の末日になり、[新株式申込証拠金]480万円を[資本金]と[資本準備金]にそれぞれ50%ずつ振り替えた。

| 借方 | 新株式申込証拠金 4,800,000円 | 貸方 | 資本金 2,400,000円
資本準備金 2,400,000円 |

[新株式申込証拠金]（→P.297）として計上された金額は、増資の効力発生日に株主総会での決議内容に従って、[資本金]と[資本準備金]に振り替えます。

プラスの知識 [資本金]と[資本準備金]の割合はどう決める？

株式会社では、出資を受けた金額の50%以上は[資本金]に計上しなければならないルールがあります。この割合を満たしておけば、あとはどのような割合で振り分けても株主の権利は変わらないので、もっぱら税制などを考慮して決められます。**基本的に[資本金]が多いほうが税制上、不利になることも多いので、増資時に50%を[資本準備金]に計上することが一般的です。**

▶ 合同会社の[資本剰余金]

例 合同会社に新規の社員が加入し、90万円の出資を[資本剰余金]に計上した。

| 借方 | 普通預金 900,000円 | 貸方 | 資本剰余金 900,000円 |

合同会社では、とくに規制はないため、全額を[資本剰余金]に計上できます。

プラスの知識 減資には、有償減資と無償減資がある

[資本金]や[資本剰余金]を減少させることを減資といいます。減資には、**有償減資**と**無償減資**の2種類があります。中小企業の多くの場合、無償減資です。

有償減資 配当などの支払いが伴うもの。無償減資と配当手続きの組み合わせ。
無償減資 [利益剰余金]への振り替えなど、現預金を動かさずに減少させるもの。

第3章 | B/S | 株主資本

利益剰余金
利益準備金

- 消費税　課　税　非課税　**対象外**
- 対　象　法　人　個　人

企業が過去に積み上げた税引後の当期純利益を表す

　企業が過去に獲得した税引後の当期純利益のうち、配当などで外部に分配されていない利益の累積額を表すのが[利益剰余金]です。[利益剰余金]は計上するというより、損益計算書の当期純利益を積み上げていった結果の数字であり、貸借対照表と損益計算書をつなぐものといえます。[利益剰余金]にはほかに、配当を行った場合に株式会社に計上が義務づけられる[利益準備金]もあります。

摘要例	□ 当期純利益　□ 利益剰余金の資本金組み入れ　□ 利益剰余金の配当
	□ 利益剰余金配当による利益準備金の積み立て

仕訳の基本

増加　[利益剰余金][利益準備金]は純資産のため、
増える場合は貸方に仕訳!

例 決算で当期純利益が130万円と確定した。

借方	当期純利益	1,300,000円	貸方	繰越利益剰余金	1,300,000円

減少　[利益剰余金][利益準備金]は純資産のため、
減る場合は借方に仕訳!

例 [利益剰余金]のうち、80万円を[資本金]に組み入れた。

借方	利益剰余金	800,000円	貸方	資本金	800,000円

さまざまな仕訳例

▶ [利益剰余金]の[資本金]への組み入れ

例 [利益剰余金]のうち、220万円を[資本金]に組み入れた。

| 借方 | 利益剰余金 | 2,200,000円 | 貸方 | 資本金 | 2,200,000円 |

株式会社では株主総会の決議により、[利益剰余金]を[資本金]に組み入れることができます。合同会社では、このような組み入れはできません。

▶ 配当に伴う[利益準備金]の計上

例 配当を実施し、会社法の規定に従って[利益準備金]110万円を計上した。

| 借方 | 繰越利益剰余金 | 1,100,000円 | 貸方 | 利益準備金 | 1,100,000円 |

株式会社では配当を行う際に、[資本準備金]と合計して[資本金]の4分の1に達していない金額か、配当額の10分の1の金額かのうち、いずれか少ない金額を[利益準備金]として計上する必要があります。

プラスの知識 利益剰余金の種類

[利益剰余金]には、内容と目的によって下記の3種類の勘定科目があります。

項目	利益準備金	繰越利益剰余金	任意積立金
内容	会社法の規定によって計上された金額。	損益計算書の当期純利益の累計額のうち、配当やその他の利益剰余金に振り替えられていない金額。	法的な義務ではなく、経営判断によって企業が自由に積み立てる金額。
目的	利益準備金相当額について、配当を制限することによる財政基盤の強化を行う。	株主への配当や設備投資に使われる。	特定の目的や将来のプロジェクト、リスクへの備えなど、企業が独自に設定する。

第3章 | B/S | 株主資本

自己株式
自己株式処分差益
自己株式処分差損

- 消費税　課税　非課税　**対象外**
- 対象　法人　個人

貸借対照表（B/S）

資産		負債	
	流動資産		流動負債
	有形固定資産		固定負債
	無形固定資産	**純資産**	**株主資本**
	投資その他		その他
	繰延資産		

借方 ← 増えたら　減ったら → 貸方

💡 株主から買いとった自社の株式を計上する

　会社法では株式会社が自社発行した株を保有すること、いわゆる金庫株が認められています。こうして買いとった株式は［**自己株式**］として、純資産の部に計上します。［**自己株式**］は自社で保有していても株主資本とはいえないため、**純資産の部でマイナス表示します**。自己株式は、取得できる事由が会社法で定められています。いったん計上した［**自己株式**］は、新株発行と同じように株主に取得させる（自己株式の処分）か、消滅させる（自己株式の消却）ことができます。

摘要例
- □ 株主による自己株式の買いとり　□ 自己株式の処分　□ 自己株式の消却
- □ 自社株の買いとり　□ 出資の受け入れ時の自己株式の割り当て

仕訳の基本

 増加　［**自己株式**］は純資産のマイナスとして表示するため、**増える場合は借方**に仕訳！

例 自社の株式を100万円で買いとり、［**自己株式**］として計上した。

| 借方 | 自己株式 | 1,000,000円 | 貸方 | 普通預金 | 1,000,000円 |

 ［**自己株式**］は純資産のマイナスとして表示するため、**減る場合は貸方**に仕訳！

例 新規に株主からの出資を募ることになり、150万円の出資金が振り込まれ、［**自己株式**］150万円分を交付した。

| 借方 | 普通預金 | 1,500,000円 | 貸方 | 自己株式 | 1,500,000円 |

302

さまざまな仕訳例

▶ 自己株式の消却

例 [自己株式]70万円について、消却を行った。

| 借方 | その他資本剰余金 700,000円 | 貸方 | 自己株式 700,000円 |

[自己株式]を株主に交付せず、社内で消滅させる手続きを「自己株式の消却」といいます。この場合、[その他資本剰余金]を減少させます。[その他資本剰余金]が不足した場合、その不足分は[繰越利益剰余金](→P.301)を減少させます。[その他資本剰余金]とは、株式会社において、[資本準備金](→P.298)以外で純資産の部に計上すべき金額をいいます。[自己株式]を処分したときの差額である[自己株式処分差益]や、[資本金]を減少させたときの減資差益などが該当します。

▶ [自己株式]の処分（差益が発生する場合）

例 新規に株主から出資を募ることになり、100株を交付することになった。100株の出資金として120万円が振り込まれ、自社保有していた[自己株式]100株（その帳簿価額100万円分）を交付した。

| 借方 | 普通預金 1,200,000円 | 貸方 | 自己株式 1,000,000円
自己株式処分差益 200,000円 |

[自己株式]の処分により差益が生じた場合、[自己株式処分差益]として貸借対照表の純資産の部の「その他資本剰余金」に計上します。処分時に損益が発生すれば、損益計算書で計上するのではなく、貸借対照表に計上するのです。

▶ [自己株式]の処分（差損が発生する場合）

例 新規に株主から出資を募ることになり、80万円の出資金が振り込まれ、[自己株式]100万円分を交付した。

| 借方 | 普通預金 800,000円
自己株式処分差損 200,000円 | 貸方 | 自己株式 1,000,000円 |

[自己株式処分差損]が発生した場合は、貸借対照表の純資産の部の「その他資本剰余金」のマイナスとして計上します。

第3章｜B/S｜その他

新株予約権

- 消費税　課税　非課税　**対象外**
- 対象　　**法人**　個人

💡 新株予約権を発行した場合に計上する

新株予約権は将来あらかじめ定められた条件で新しい株式を購入することができる権利をいい、発行時に［新株予約権］という勘定科目を使って計上します。新株予約権は役員や従業員へのインセンティブや、外部の投資家に発行することによる企業の資金調達手段などとして利用されます。［新株予約権］は権利の行使によって［資本金］や［資本準備金］に振り替わるものであり、［資本金］と同様に純資産の部に計上します。

摘要例　□投資家に対する新株予約権の発行　□新株予約権の行使

仕訳の基本

 増加　［新株予約権］は純資産のため、**増える場合は貸方**に仕訳！

例　［新株予約権］100万円分を発行して、投資家から払い込みがあった。

借方	普通預金	1,000,000円	貸方	新株予約権	1,000,000円

 減少　［新株予約権］は純資産のため、**減る場合は借方**に仕訳！

例　［新株予約権］が行使され、50万円が払い込まれて新株を交付した。［新株予約権］の発行価額は100万円である。［資本金］と［資本準備金］は50%ずつ計上した。

借方	新株予約権	1,000,000円	貸方	資本金	750,000円
	普通預金	500,000円		資本準備金	750,000円

304

さまざまな仕訳例

▶［新株予約権］の行使（自己株式の処分）

例　［新株予約権］が行使され、200万円が払い込まれて［自己株式］250万円分を交付した。［新株予約権］の発行価額は100万円である。

借方	普通預金	2,000,000円	貸方	自己株式	2,500,000円
	新株予約権	1,000,000円		自己株式処分差益	500,000円

［新株予約権］の行使によって、［自己株式］（→P.302）を交付することもできます。［自己株式］の交付（処分）で差益が発生した場合は、［自己株式処分差益］として純資産の部に計上します。差損が発生した場合は、同様に［自己株式処分差損］として［その他資本剰余金］をマイナスさせます。この仕訳例でいえば、［新株予約権］の発行価額100万円、行使による払い込み額200万円の合計300万円に対し、［自己株式］250万円をあてているので、50万円の差益が発生しています。

▶［新株予約権］の失効

例　［新株予約権］の行使期間が満了し、80万円分が行使されずに失効した。

借方	新株予約権	800,000円	貸方	新株予約権消滅益	800,000円

［新株予約権］に行使期間が設定されていて、行使されずに失効した金額は［新株予約権消滅益］として損益計算書の特別利益に計上します。

プラスの知識　新株予約権は無償発行もできる

　新株予約権は有償発行のほか、既存の株主向けに無償で発行することもできます。**無償で新株予約権を発行した場合は、発行時には現金が動きませんので仕訳は必要ありません。** 株主へ新株予約権の無償割当を行った場合、新株予約権が行使されて払い込みを受けたときにはじめて仕訳が発生します。

COLUMN 4

繰延資産には大きく2種類がある

　繰延資産とは、すでに商品やサービスの提供を受けているにもかかわらず、その効果が将来にわたって発生するために、ひとまず資産計上された支出をいいます。「前払金」はすでにお金を支払っているけれども、商品やサービスの提供を受けていない場合に使用するものですが、それと混同しないようにしましょう。

　この繰延資産には、大きく分けて2つの種類があります。**①会計上の繰延資産**と、**②税法上の繰延資産**です。①会計上の繰延資産としては、創立費（→P.252）、開業費（→P.254）、株式交付費、社債発行費、開発費が挙げられます。簿記を学習したことがある人であれば、聞いたことがあると思います。繰延資産といえば、これらをイメージする人も多いかもしれません。

　一方、②税法上の繰延資産とは、法人税のルールで決められた繰延資産です。代表的なものとしては、オフィスや店舗を借りたときの礼金や更新料、フランチャイズに加入したときの加盟金などが挙げられます。

　①会計上の繰延資産はまさに決算書に計上する勘定科目そのものですが、②税法上の繰延資産は前払費用（→P.196）や長期前払費用（→P.250）で計上します。

　また、償却期間にも違いがあります。①会計上の繰延資産は5年などの均等償却か、任意の期に任意の金額を償却する任意償却が認められます。一方、②税法上の繰延資産は、税法で定められた期間で償却する必要があります。

　実務においては、①会計上の繰延資産よりも②税務上の繰延資産のほうが発生頻度は高いものです。簿記で学ぶよりも、広い範囲が含まれることを理解しておきましょう。

第4章

個人事業主特有の勘定科目と仕訳

- 事業主貸 事業主借　　　P.308～311
- 自家消費　　　　　　　P.312～313
- 専従者給与　　　　　　P.314～316

第4章 | B/S | 個人事業主特有

事業主貸
事業主借

- 消費税　課税　非課税　**対象外**
- 対象　　法人　**個人**

個人事業主の事業用資金と私用のお金のやりとりを計上する

個人事業主の事業用資金を私用のために引き出したり、資金の補塡のために私用のお金を事業用口座に入金したりしたときに使用するのが[**事業主貸**]と[**事業主借**]です。**個人事業主の場合、事業用資金も私用のお金も個人事業主本人のものですが、事業用と私用でお金のやりとりがあったと考えて計上します。**「貸」や「借」という言葉がついていますが、個人事業主本人のお金を動かしているだけであり、貸し付けや借入れをしているわけではありません。

| 摘要例 | ☐ 事業用資金の預け入れ　☐ 生活費の引き出し　☐ 売上代金の現金回収
☐ 国民年金保険料の支払い　☐ 国民健康保険料の支払い
☐ 生命保険料の支払い　☐ 利息の受けとり |

仕訳の基本

 [**事業主貸**]は資産のため、**増える場合は借方**に仕訳！

例 生活費とするため、事業用口座から20万円を引き出した。

| 借方 | 事業主貸 | 200,000円 | 貸方 | 普通預金 | 200,000円 |

 [**事業主借**]は負債のため、**増える場合は貸方**に仕訳！

例 仕入代金の支払いのため、事業用口座に50万円を預け入れた。

| 借方 | 普通預金 | 500,000円 | 貸方 | 事業主借 | 500,000円 |

さまざまな仕訳例

▶ 私用のお金での経費の支払い

例 取引先とカフェで打ち合わせして、コーヒー代500円を支払った。

| 借方 | 会議費 | 500円 | 貸方 | 事業主借 | 500円 |

個人事業主が個人の財布やクレジットカードで経費を支払った場合は、[事業主借]で計上します。事業用資金を手元において残高も管理している場合は[現金]を使用することもあります。また、クレジットカードの場合も、完全に事業用のみで使用していれば、クレジット会社への[未払金](→P.262)で計上することもあります。

▶ 兼用口座からの引き落とし

例 事業用兼私用の銀行口座から、国民健康保険料1万円が引き落とされた。

| 借方 | 事業主貸 | 10,000円 | 貸方 | 普通預金 | 10,000円 |

国民健康保険料や国民年金保険料、生命保険料、地震保険料などは確定申告時に所得控除の対象となりますが、個人事業主の経費にはなりません。兼用の口座で管理している場合は[事業主貸]で計上し、区別できるようにしておきましょう。

▶ 事業用口座での利息の受けとり

例 個人事業主の事業用口座で利息として、10円を受けとった。

| 借方 | 普通預金 | 10円 | 貸方 | 事業主借 | 10円 |

個人事業主の場合は利子所得として別途課税されるので、[事業主借]で計上します。

▶ 個人事業主が[現金]で受けとった売上

例 売上として3万円を[現金]で受けとり、口座に入れずに手元に残した。

| 借方 | 事業主貸 | 30,000円 | 貸方 | 売上高 | 30,000円 |

手元で事業用の現金を管理している場合、[現金]を相手科目にすることもできます。

▶ 事業と私用の混在する支払い（事業用口座の場合）

例 自宅兼事務所の家賃10万円を事業用口座から支払った。事務所として使っている割合は30%である。

借方	地代家賃	30,000円	貸方	普通預金	100,000円
	事業主貸	70,000円			

事業用口座から事業用と私用が混在した費用を支払った場合、私用部分を[**事業主貸**]で計上します。

▶ 事業と私用の混在する支払い（私用口座の場合）

例 自宅兼事務所の家賃10万円を私用口座から支払った。事務所として使っている割合は30%である。

借方	地代家賃	30,000円	貸方	事業主借	30,000円

私用口座から事業用と私用が混在した費用を支払った場合、事業用部分は[**事業主借**]を使って事業分だけを費用に計上します。

▶ 所得税の支払い

例 事業用口座から、所得税30万円を支払った。

借方	事業主貸	300,000円	貸方	普通預金	300,000円

所得税や住民税は費用にはなりませんので、[**事業主貸**]で計上します。

実務のコツ！ 事業用と私用の両方で使っているものは按分して計上する

個人事業主の必要経費について、事業でも使っている自宅の家賃や自動車など、事業用と私用が混在しているものは、事業分のみを計上します。**その使用時間や使用面積の割合で按分した額を計上するのです**。例えば、月曜日から金曜日は完全に仕事用、土日は完全に私用としている車があれば、それにかかる自動車税は7分の5が経費になるといったことが当てはまります。

▶ 確定申告時の仕訳

例 確定申告を行い、[事業主貸]の残高は50万円、[事業主借]の残高は60万円だった。

借方	事業主借	600,000円	貸方	事業主貸	500,000円
				元入金	100,000円

[事業主貸]と[事業主借]の残高は確定申告が終了するごとに0円になるように仕訳し、差額は[元入金]という勘定科目を使用します。[元入金]は差額を調整するために使用するための勘定科目であり、会社の資本金のような深い意味はありません。

プラスの知識 個人事業主で必要経費になるもの、ならないもの

必要経費に該当するかどうかは営む事業の種類によっても異なりますが、とくに判断に迷いそうなものを下記にまとめました。

	必要経費になるもの	必要経費にならないもの
税金関係	●消費税（税込経理を採用している場合） ●事業共用分の固定資産税 ●事業用車※の自動車税	●住民税 ●延滞税等のペナルティ ●プライベート用の車の自動車税
保険関係	●事務所※の火災保険料 ●事務所※の地震保険料 ●労働保険料	●生命保険料 ●自宅の火災保険料 ●自宅の地震保険料 ●国民健康保険料 ●国民年金保険料
公課関係	●道路使用料	●罰金（駐車違反金など） ●過料
医療関係	●顧客の医療費を負担した場合	●自分や家族の医療費
家賃関係	●他者から賃借している事務所（自宅として賃借している物件の事業用部分を含む）の家賃	●自分や親族が所有する不動産の家賃

※事業用と私用が混在している場合は事業部分のみ。

第4章 | P/L | 個人事業主特有

自家消費

損益計算書（P/L）

費用	売上原価	収益	売上高
	販売管理費		営業外収益
	営業外費用		
	特別損失		特別利益
	税金等		

- 消費税　**課税**　非課税　対象外
- 対象　　法人　**個人**

増えたら → **貸方**

棚卸資産を私用に消費した場合に使用する

　例えば、個人事業主が飲食店を経営していて、仕入れた食材を使って家族や知人に食事をつくった場合、[仕入高]は計上しているのに、それに対応する[売上高]が計上されません。このアンバランスをふせぐために、使用するのが[自家消費]です。[自家消費]の分は外部に販売したと考え、収益に計上します。自家消費の対象は棚卸資産、つまりモノの消費だけです。マッサージ店を経営する個人事業主が通常3,000円のマッサージを家族に行っても、その代金は[自家消費]で計上する必要はありません。また、[自家消費]は代金が動くわけではないので、相手科目は[事業主貸]（→P.308）で計上します。

摘要例
- ☐ 商品のプライベート使用　☐ 家族用のまかない　☐ 商品を知人に贈与
- ☐ 従業員用のまかない　☐ 商品を自分のために使用
- ☐ 商品を従業員に低額販売

仕訳の基本

 [自家消費]は収益のため、**増える場合は貸方**に仕訳！

例 飲食店を経営する個人事業主が、自分と家族のまかないとして3,000円相当の料理をつくった。

借方	事業主貸	3,000円	貸方	自家消費	3,000円

減少　収益専用の勘定科目であるため、[自家消費]が減ることはない！

さまざまな仕訳例

▶ 自家消費（計上金額の計算方法）

例 販売価格1万円の商品を自宅で使うことにした。仕入値は5,000円である。

| 借方 | 事業主貸 | 7,000円 | 貸方 | 自家消費 | 7,000円 |

［自家消費］に計上する棚卸資産は以下のいずれかの数字のうち、大きいほうの金額で計上すればよいことになっています。本来は外部への売価で計上すべきところですが、［自家消費］は多少大目に見てもらえるということです。
①売価の70%
②仕入れたときの金額

▶ 知人等への低額での譲渡

例 販売価格1万円の商品を、知人に特別に1,000円で販売した。仕入値は5,000円である。

| 借方 | 現金 | 1,000円 | 貸方 | 売上高 | 1,000円 |
| | 事業主貸 | 6,000円 | | 自家消費 | 6,000円 |

知人などへの売価の70%未満による販売も、［自家消費］となります。この場合、販売額を［売上高］、差額を［自家消費］として計上します。なお、セールで30%以上値引きすることは［自家消費］に該当しません。特定の相手に、特別に低い金額で売却した場合が［自家消費］の対象となるのです。

▶ 飲食店のまかない

例 仕入れた食材を使用したまかない料理を、1ヵ月あたり家族3人で2食分、20日に渡って提供した。1食あたり外部に販売するとしたら500円である。

| 借方 | 事業主貸 | 42,000円 | 貸方 | 自家消費 | 42,000円 |

店頭のメニューにないまかないについては、外部に販売するであろう定価を決めて、それをもとに計算します。上記の例では、500円×3人分×2食分×20日×70%＝4万2,000円と計算します。まかないの［自家消費］を毎日計上するのは大変なので、1ヵ月など期間を区切って計上するとよいでしょう。

第4章 | P/L | 個人事業主特有

専従者給与

- 消費税　課　税　非課税　**対象外**
- 対　象　法　人　**個　人**

💡 家族に対して給与を支払った場合に計上する

　個人事業主が生計を同じくしている配偶者やその他の親族に対して給与を支払った場合、原則としてその金額は必要経費には算入できません。家族への給与を認めると、容易に利益調整ができるためです。ただし、税務署に対して届出書を提出することで、届け出た内容に従って家族への給与を必要経費として計上することができます。これが［専従者給与］です。［専従者給与］は家族からみれば給与所得に該当します。そのため、所得税の源泉徴収も必要ですし、年末調整の対象にもなります。

| 摘要例 | □夫への給与　□妻への給与　□子への給与　□父母への給与 |

仕訳の基本

 増加　［専従者給与］は費用のため、**増える場合は借方**に仕訳！

例）事務作業を担当している子どもに対して、税務署に届け出た金額の通り8万円の給与を支払った。

| 借方 | 専従者給与 | 80,000円 | 貸方 | 普通預金 | 80,000円 |

 減少　［専従者給与］は費用のため、**減る場合は貸方**に仕訳！

例）税務署に届け出ていない家族に対して、給与5万円を計上していたため、取り消した。

| 借方 | 事業主貸 | 50,000円 | 貸方 | 専従者給与 | 50,000円 |

さまざまな仕訳例

▶ 専従者への給与（計上時→支払い時）

例 青色事業専従者への給与として、10万円を計上した。給与は月末締め・翌月25日支払いである。

| 借方 | 専従者給与 | 100,000円 | 貸方 | 未払金 | 100,000円 |

［**専従者給与**］も［**給与手当**］（→P.42）と同様に、締め日や支払日を設定します。

例 前月末に計上した青色事業専従者への給与10万円を支払った。その際に所得税1,000円を源泉徴収した。

| 借方 | 未払金 | 100,000円 | 貸方 | 普通預金 | 99,000円 |
| | | | | 預り金 | 1,000円 |

青色事業専従者への給与も所得税の対象となりますので、金額によっては所得税の源泉徴収が必要です。ただし、雇用保険についてはほかに従業員がいるなどの一定の要件を満たさなければ加入することはできないため、そのような場合ではないかぎり、雇用保険料の天引きまでは必要ありません。

▶ 専従者への賞与

例 専従者への賞与として、15万円を支払った。

| 借方 | 専従者給与 | 150,000円 | 貸方 | 普通預金 | 150,000円 |

税務署に届け出ることで、月給以外に賞与を支払うこともできます。賞与についても、［**専従者給与**］の勘定科目で計上します。

▶ 専従者給与の取り消し

例 青色事業専従者として税務署に届け出ていない家族に対し、今月の給与として13万円を支払い、計上していたので、同額を取り消した。

| 借方 | 事業主貸 | 130,000円 | 貸方 | 専従者給与 | 130,000円 |

税務署に届け出ていない家族への給与は、家計の引き出し（私用）と同じであり、[事業主貸]（→P.308）で処理します。

プラスの知識 どんな人が専従者給与の対象となる？

[専従者給与]の対象となる家族従業員を、青色事業専従者といいます。青色事業専従者の適用要件は以下の通りです。なお、白色申告の場合、青色事業専従者の制度は使えません。ただし、一定の要件を満たすことで、給与の支払いの有無にかかわらず控除が認められる事業専従者控除という制度があります。
- 青色申告者と生計を一にする配偶者その他の親族であること。
- その年の12月31日現在で、年齢が15歳以上であること。
- 原則として年間6ヵ月を超える期間、事業に専属的に従事していること（副業ではないこと）。

▶ 専従者給与以外の家族への支払い

例 自宅をオフィスとしても利用しているため、自宅の所有者である同居の父に事業用の口座から賃料5万円を支払った。

借方	事業主貸	50,000円	貸方	普通預金	50,000円

生計を同じにしている家族に対して給与以外のお金を支払う場合、家族内でお金をやりとりしただけという扱いになり、必要経費にはなりません。受けとった家族にとっても個人所得にはなりません。同様に専従者給与の届出を提出していない青色申告者が家族に給与を支払っても、家族からみれば給与所得には該当しません。

▶ 税務署に届け出た金額を超えて給与を支払った場合

例 青色事業専従者への給与として、15万円を支払った。税務署に届け出ている給与額は10万円である。

借方	専従者給与	100,000円	貸方	普通預金	150,000円
	事業主貸	50,000円			

税務署に届け出た金額を超えた部分は専従者給与として認められないため、家族に家計費を渡したのと同様に考えて[事業主貸]で計上します。

用語・勘定科目名 さくいん

英数字
B/S ... 22
P/L ... 18

ア行
青色事業専従者 ... 316
預り金 ... 278
預け金 ... 208
洗替法 ... 131
一年基準 ... 24
一括償却資産 ... 230
一括評価金銭債権 ... 129
インボイス制度 ... 213
受取手形 ... 178
受取配当金 ... 136
受取利息 ... 134
打歩発行 ... 295
売上原価 ... 19、37
売上総利益 ... 19
売上高 ... 19、28
売上値引 ... 141
売上返品 ... 141
売上割引 ... 140
売上割戻し ... 141
売掛金 ... 182
営業外収益 ... 19
営業外費用 ... 19
営業利益 ... 19
オペレーティング・リース契約 ... 111

カ行
買掛金 ... 258
会議費 ... 76
開業費 ... 254
外注加工費 ... 65
外注工賃 ... 65
外注費 ... 64
家事按分 ... 310
貸方 ... 10、13
貸倒れ ... 125
貸倒損失 ... 124
貸倒引当金 ... 125、129、214
貸倒引当金繰入額 ... 128、214
貸倒引当金戻入 ... 128、214
株主資本 ... 22
仮受金 ... 284
仮受消費税 ... 271、286
借換え ... 292
借方 ... 10、13
仮払金 ... 206
仮払消費税 ... 210、271、287
為替差益 ... 144
為替差損 ... 144
為替手形 ... 179
簡易課税 ... 289
関係会社株式 ... 186
関税 ... 212
間接法 ... 121、235
機械装置 ... 226
期首商品(製品／材料)棚卸高 ... 30
寄付金 ... 118
期末商品(製品／材料)棚卸高 ... 36
給与手当 ... 42
給与の見込み計上 ... 44
業績連動給与 ... 40
繰越利益剰余金 ... 301
繰延資産 ... 22
繰延資産償却 ... 252
軽減税率 ... 212
経常利益 ... 19
減価償却 ... 121
減価償却費 ... 120
減価償却累計額 ... 121、157、234
現金 ... 164
現金過不足 ... 166

317

現金主義	15
原材料	188
減資	299
検収基準（売上高）	29
検収基準（仕入高）	35
研修教育費	62
建設仮勘定	238
源泉徴収	47、66、281
原則課税	289
現物出資	297
工具器具備品	228
公告	73
広告宣伝費	70
交際費	74
構築物	222
子会社株式	158、186
小口現金	168
固定資産	22、23、123
固定資産除却損	156
固定資産売却益	150
固定資産売却損	150
固定負債	22、23
個別評価金銭債権	129

サ行

債務免除益	293
採用教育費	62
採用研修費	62
採用費	62
差額補充法	131
差入保証金	246
雑給	46
雑収入（雑益）	146
雑損失	148
雑費	132
三分法	191
仕入諸掛	35
仕入高	32
仕入値引	33
仕入返品	33

仕入割引	34、140
仕入割戻し	33
仕掛品	188
自家消費	312
敷金	244
事業主貸	308
事業主借	308
自己株式	302
自己株式処分差益	302
自己株式処分差損	302
資産の部	22
事前確定届出給与	40
実現主義	16
支払期日経過電子記録債権	181
支払手形	256
支払手数料	102
支払保険料	112
支払利息	138
資本金	296
資本準備金（資本剰余金）	298
資本的支出	94
事務用品費（事務用消耗品費）	90
社債	294
社債発行差金	295
社債利息	294
車両運搬具	224
車両費	104
収益	18
修繕費	92
出荷基準（売上高）	29
出資金	242
出資金売却損	243
純資産の部	22、23
少額減価償却資産	153
償却債権取立益	127
消費税の申告回数に関する特例	272
商品	188
消耗品費	88
賞与	48
諸会費	100

仕訳	10、12、14
新株式申込証拠金	297
新株予約権	304
新株予約権消滅益	305
新聞図書費	98
水道光熱費	96
税込経理方式	211
正常営業循環基準	23
税抜経理方式	211
税引前当期純利益	19
製品	188
接待交際費	74
接待費	74
専従者給与	314
創立費	252
租税公課	114
その他資本剰余金	303
その他有価証券	186
ソフトウェア	240
ソフトウェア仮勘定	241
損益計算書	18

タ行

貸借対照表	22
退職給付会計	60
退職給付引当金	61
退職給付費用	60
退職金	50
耐用年数	123
他勘定振替高	34、87
立替金	194
建物	216
建物付属設備	220
棚卸資産	188
短期貸付金	200
短期借入金	260
短期転がし	261
単式簿記	10
地代家賃	106
中間消費税	271

中間納付	268
長期貸付金	248
長期借入金	290
長期前受金	274
長期前払費用	250
長期未払金	262
直接法	121
貯蔵品	188
賃借料	110
通信費	84
定額法	122
定期積金	176
定期同額給与	40
定期預金	174
定率法	122
手形貸付	261
電子記録債権	178
電子記録債権売却損	180
電子記録債務	256
当期純利益	19
当座借越	171
当座預金	170
投資有価証券売却益	158
投資有価証券売却損	158
投資有価証券売却手数料	159
動力水道光熱費	96
特別損失	19
特別利益	19
土地	236

ナ行

荷造運賃	68
入荷基準(仕入高)	35
任意積立金	301
納品基準(売上高)	29

ハ行

売買目的有価証券	186
発生主義	15、43
発送費	68

販管費	20
販売管理費	20
販売促進費	86
販売費および一般管理費	19、20
備品・消耗品費	88
備忘記録	127
費用	18
評価替え	187
費用収益対応の原則	16
費用配分の原則	17
ファイナンス・リース契約	111
複式簿記	10
福利厚生費	56
負債の部	22、23
普通預金	172
不渡手形	181
分記法	191
平価発行	295
別段預金	297
法人税等（法人税、住民税及び事業税）	19、160
法定繰入率	130
法定福利費	54
簿記	10
保険積立金	147
保険料	112
保証金	246

マ行

前受金	274
前受収益	282
前払金	192
前払費用	196
前渡金	192
満期保有目的債券	186
未収金（未収入金）	204
未収収益	198
未払金	262
未払消費税等	270、287
未払費用	264

未払法人税等	266
見本品費	86
無償減資	299
元入金	311

ヤ・ラ・ワ行

役員賞与	39
役員報酬	38
有価証券	184
有価証券売却益	142
有価証券売却損	142
有価証券売却手数料	143
有価証券評価益	186
有価証券評価損	186
有姿除却	156
有償減資	299
預託金	208
リース契約	111
リース料	110
利益準備金	300
利益剰余金	300
リサイクル預託金	209
リスケジュール	293
リベート	33
流動資産	22、23
流動負債	22、23
旅費交通費	80
割引発行	295
割引料	138
ワンイヤールール	24

摘要
さくいん

英数字

10万円未満の改良費　**修繕費**	92
EMS利用料　**荷造運賃**	68
Eラーニング利用料　**採用教育費**	62
FAX利用料　**通信費**	84
FX決済　**有価証券売却益(損)**	142
ICカードへのチャージ　**旅費交通費**	81
NPO法人への寄付　**寄付金**	118
SNS運用代行料　**広告宣伝費**	70
SNS運用費用の前払い　**前払金**	192
SNS広告の出稿料　**広告宣伝費**	70
Wi-Fi利用料　**通信費**	84

あ

預り敷金　**預り金**	278
預り保証金　**預り金**	278
アプリ利用料の未収分　**未収収益**	198
アプリ利用料の未払い分　**未払費用**	264
アルバイト給与　**雑給**	46
暗号資産の売却　**有価証券売却益(損)**	142

い

異業種交流会の参加費　**会議費**	76、79
一括償却資産の減価償却　**一括償却資産**	231
一括評価貸倒引当金の繰り入れ　**貸倒引当金繰入額**	128
一括評価金銭債権の貸倒損失　**貸倒損失**	125
一定期間ごとの利益シェア　**未収収益**	199
違約金の支払い　**雑損失**	148
違約金の返金　**雑収入**	148
医療保険料　**保険料**	112
インクカートリッジの購入　**事務用品費**	90
印紙税　**租税公課**	114
インフルエンサー報酬　**広告宣伝費**	70

う

ウェブ広告の出稿　**広告宣伝費**	71
受取手形の決済　**当座預金**	170
受取利息の入金　**普通預金**	172
受取利息の返金　**受取利息**	134
打ち合わせ時の飲料代　**会議費**	58
打ち合わせ時の弁当代・食事代　**会議費**	76
打ち合わせのためのカフェ利用代　**会議費**	76
埋め込み式エアコン設置工事　**建物付属設備**	220
売上計上　**売掛金**	182
売上原価に含む外注費　**外注費**	65
売上代金の現金回収　**事業主貸**	308
売上の現金入金　**現金**	164
売上割引　**売上割引**	140
売掛金回収不能による貸倒れ　**貸倒損失**	124
売掛金入金時の為替差益(差損)　**為替差益(差損)**	144
売掛金の一部免除　**売上割引**	140
売掛金の回収　**現金**	164
売掛金の貸倒れ　**貸倒引当金**	214
売掛金の貸倒引当金の繰り入れ　**貸倒引当金繰入額**	128
売掛金の貸倒引当金の繰り入れ　**貸倒引当金**	214
売掛金の早期回収による割引料　**売上割引**	140
売掛金の入金　**普通預金**	172
売掛金免除　**寄付金**	118

え

エアコンの購入　**工具器具備品**	228
営業代行会社への未払い分　**未払金**	262
営業代行報酬　**外注費**	64
延滞税の納付　**法人税等**	160

お

応接セットの購入　**工具器具備品**	228
置物の購入　**工具器具備品**	228
屋上看板の設置　**構築物**	222
お中元・お歳暮　**交際費**	74
夫への給与　**専従者給与**	314

321

項目	勘定科目	ページ
オフィス家具レンタル料	**賃借料**	110
オフィス家賃の家事按分（個人事業主）		
	地代家賃	108
オフィスクリーニング代	**雑費**	132
オフィス兼自宅の水道光熱費の支払い		
	水道光熱費	97
オフィス光熱費	**水道光熱費**	96
オフィス周辺の緑化工事	**構築物**	223
オフィス清掃費の未払い分	**未払金**	262
オフィス退去時の原状回復費用	**修繕費**	92
オフィス賃貸契約の解約時の返金		
	地代家賃	106、109
オフィス賃貸に伴う保証金の支払い		
	敷金	244
オフィスの清掃料	**外注費**	64
オンラインミーティングツール利用料		
	会議費	78
オンラインミーティングツール利用料		
	通信費	84

か

項目	勘定科目	ページ
カーポートの設置工事	**構築物**	222
海外居住者や海外企業への家賃の支払い		
	預り金	281
海外渡航費	**旅費交通費**	80、83
海外渡航保険料	**保険料**	112
買掛金支払い時の為替差益（差損）		
	為替差益（差損）	144
買掛金支払いのための手形の振り出し		
	支払手形／電子記録債務	256
買掛金と相殺による振り替え	**売掛金**	182
買掛金の一部免除	**仕入割引**	140
買掛金の支払い	**買掛金**	259
買掛金の支払い	**普通預金**	172
買掛金の早期支払いによる割引料		
	仕入割引	140
絵画の購入	**工具器具備品**	228
会議時の弁当代・食事代	**会議費**	76
会議のための備品購入	**消耗品費**	79
会議費の仮払い	**仮払金**	206
会議費の精算	**小口現金**	168

項目	勘定科目	ページ
会議用資料の印刷代	**会議費**	76
開業費の償却	**開業費**	254
開業前の事業計画作成費用	**開業費**	254
開業前の市場調査費用	**開業費**	254
開業前の従業員研修費	**開業費**	254
開業前のチラシ製作費	**開業費**	254
開業前の店舗家賃	**開業費**	254
開業前のホームページ作成費	**開業費**	254
開業前の法律相談費用	**開業費**	254
会計参与報酬	**役員報酬**	38
外国法人税	**法人税等**	160
外国法人による配当から控除された		
外国税額	**受取配当金**	136
解雇予告手当の支払い	**退職金**	50、53
会社設立時の資本金	**資本金**	296
会社設立時の資本準備金	**資本準備金**	298
会場レンタル料	**賃借料**	110
回数券の販売	**前受金**	274、276
外注エンジニア費用	**買掛金**	258
外注加工費	**買掛金**	258
外注費の減額	**外注費**	64、67
街路樹の設置工事	**構築物**	222
夏季賞与の計上	**賞与**	48
掛け取引での販売	**売上高**	29
掛け取引での販売	**売掛金**	182
火災保険料	**保険料**	112
火災保険料	**長期前払費用**	250
貸会議室の利用料	**会議費**	76
貸会議室レンタル料	**賃借料**	110
貸株金利	**受取利息**	134
貸倒懸念債権の貸倒引当金繰入額		
	貸倒引当金繰入額	128
貸倒損失の回収	**貸倒損失**	124、127
貸倒損失の発生による振り替え		
	売掛金	182
貸倒れによる貸倒損失の計上		
	長期貸付金	248
貸倒引当金の減額	**貸倒引当金繰入額**	128
貸倒引当金の増減（洗替法）		
	貸倒引当金繰入額	131

貸倒引当金の増減（差額補充法）
　　貸倒引当金繰入額　　　　　　　　　　131
貸倒引当金の戻し入れ　貸倒引当金　　　214
貸付金回収不能による貸倒れ
　　貸倒損失　　　　　　　　　　　　　124
貸付金と利息の設定　短期貸付金　　　　201
貸付金の貸倒れ　貸倒引当金　　　　　　214
貸付金の貸倒引当金繰入額
　　貸倒引当金繰入額　　　　　　　　　128
貸付金の貸倒引当金の繰り入れ
　　貸倒引当金　　　　　　　　　　　　214
貸付金の振り替え　長期貸付金　　　　　249
貸付金の返済　短期貸付金　　　　　　　200
貸付金の返済　長期貸付金　　　　　　　248
貸付金の返済免除　長期貸付金　　　　　248
貸付金利息　受取利息　　　　　　　　　134
ガス配管工事　建物付属設備　　　　　　220
ガス料金　水道光熱費　　　　　　　　　96
課税期間の特例適用時の消費税の仕訳
　　仮払消費税　　　　　　　　　　　　210
画像加工ソフトの購入　消耗品費　　　　88
家族用のまかない　自家消費　　　　　　312
ガソリン代　車両費　　　　　　　　　　104
ガソリン代　旅費交通費　　　　　　　　80
花壇の設置工事　構築物　　　　　　　　222
割賦手数料の支払い　長期前払金　　　　250
株主による自己株式の買いとり
　　自己株式　　　　　　　　　　　　　302
株式の購入　有価証券　　　　　　　　　184
株式の売却　有価証券　　　　　　　　　184
株式の売却　有価証券売却益（損）　　　142
株式配当　受取配当金　　　　　　　　　136
株主割当の増資　資本金　　　　　　　　296
株主割当の増資　資本剰余金　　　　　　298
壁紙の張り替えや塗装のための費用
　　建物　　　　　　　　　　　　　　　95
加盟金の支払い　長期前払金　　　　　　250
カメラの購入　工具器具備品　　　　　　228
借入金の借換え　長期借入金　　　290、292
借入金の振り換え　短期借入金　　　　　261

借入金の振り換え　長期借入金　　　　　292
借入金の返済　短期借入金　　　　　　　260
借入金の返済　長期借入金　　　　　　　290
借入金の返済　普通預金　　　　　　　　172
借入金の返済免除
　　長期借入金／債務免除益　　　　　　293
借入金のリスケジュール　支払利息　　　293
借入金利息　支払利息　　　　　　　　　138
過料の支払い　雑損失　　　　　　　　　148
為替手形の引き受け
　　支払手形／電子記録債務　　　　　　256
簡易課税による消費税の仕訳
　　仮受消費税　　　　　　　　　　　　288
関係会社株式の売却
　　投資有価証券売却益（損）　　　　　158
関係会社への立替金　立替金　　　　　　194
監査役報酬　役員報酬　　　　　　　　　38
勘定科目の未確定　仮払金　　　　　　　206
関税　仕入高　　　　　　　　　　　　　32
還付加算金　雑収入　　　　　　　　　　146
関連会社への貸し付け　短期貸付金　　　200

き

機械装置減価償却費の計上
　　減価償却費　　　　　　　　　　　　120
機械装置減価償却費の計上
　　減価償却累計額　　　　　　　　　　234
機械装置の使用中止　固定資産除却　　　156
機械装置の廃棄　固定資産除却損　　　　156
機械装置売却　固定資産売却益（損）　　150
企業版ふるさと納税　寄付金　　　　　　118
機器レンタル料　賃借料　　　　　　　　110
記事購読料の前払い　前払金　　　　　　192
期首商品（材料・製品・仕掛品）の振り替え
　　期首商品棚卸高　　　　　　　　　　30
期首商品（材料・製品・仕掛品）棚卸高
　　商品　　　　　　　　　　　　　　　188
切手代　通信費　　　　　　　　　　　　84
祈祷料　寄付金　　　　　　　　　　　　118
期末外貨建て売掛金の評価替え
　　為替差益（差損）　　　　　　　　　144

323

期末外貨建て買掛金の評価替え		
為替差益（差損）		144
期末商品（材料・製品・仕掛品）の振り替え		
期末商品棚卸高		36
期末商品（材料・製品・仕掛品）棚卸高		
商品		188
期末未使用の梱包資材の振り替え		
荷造運賃		68
キャッシュレス決済　売掛金		182
キャッシュレス決済導入時の口座確認入金		
雑収入		146
求人サイト掲載料　採用教育費		62
給水管・排水管工事　建物付属設備		220
給与の計上　預り金		279
給与の計上　給与手当		42、44
給与の支払い　給与手当		43
給与の見込み計上　給与手当		42
給与の未払い分　未払金		262
給与の未払い分　未払費用		264
業界紙購入費　新聞図書費		98
教材・テキストの仕入れ　買掛金		258
協賛金　広告宣伝費		70
行政サービス手数料　支払手数料		102
業績賞与の計上　賞与		48
供託金　預け金／預託金		208
業務委託料　外注費		64
業務執行社員報酬（合同会社）　役員報酬		38
業務用マンションの購入　建物		216
許認可取得費用　開業費		254
勤怠管理ソフトの購入　ソフトウェア		240
金融機関からの短期借入れ		
短期借入金		260
金融機関からの長期借入れ		
長期借入金		290
金融機関からの手形貸付　短期借入金		261

く

空調設備の新設工事　建物付属設備		221
区分所有建物の取得　建物		216
組合年会費　諸会費		100
繰延資産の計上　長期前払費用		251

クレーム解決金　雑費		132
クレジットカード決済　売掛金		182
クレジットカード手数料　支払手数料		102
クレジットカード年会費　支払手数料		101
クレジットカード利用の未払い分		
未払金		262

け

軽減税率の仕訳　仮払消費税		212
経済同友会会費　諸会費		100
形式上の貸倒れ　貸倒損失		127
経団連会費　諸会費		100
経年劣化した資産の修理　修繕費		93
経費精算のための引き出し　現金		164
経費の仮払い　仮払金		206
経費の支払い　現金		164
契約解除による保証金の返還		
差入保証金		246
契約金　建設仮勘定		238
軽油税　車両費		104
決算時の為替レートの為替替え		
為替差益（差損）		145
決算時の消費税仕訳　仮受消費税		286
決算時の消費税の仕訳　仮払消費税		210
決算賞与の計上　賞与		48
減価償却費の計上　減価償却費		120
減価償却費の減額　減価償却費		120
減価償却費の毎月計上　減価償却費		122
現金売上の預け入れ　普通預金		172
現金過不足の発生　現金		166
健康診断費用　福利厚生費		56
健康保険料の計上　法定福利費		54
減資　資本金		296
研修受講料　採用教育費		62
原状回復費用の支払い　敷金		245
源泉所得税の納付　預り金		117、278
源泉所得税の納付　法人税等		160
建設のための許認可費用　建設仮勘定		238
建設用外注費　建設仮勘定		238
建設用材料費　建設仮勘定		238
現場材料仕入　仕入高		32

現物給与の支給	給与手当	45
原料の仕入れ	仕入高	32
原料の仕入れ	買掛金	258

こ

講演開催時の講師代	買掛金	258
講演登壇料	売上高	28
公共施設利用料	租税公課	114
公共料金の支払い	当座預金	170
公共料金の支払い	普通預金	173
工具器具備品の減価償却費	減価償却費	120
工具器具備品の減価償却費	減価償却累計額	234
工具器具備品の減価償却費	工具器具備品	228
広告掲載料	広告宣伝費	70
広告掲載料の翌期分への振り替え	前払費用	70
広告費の前払い	前払金	192
広告看板の設置工事	構築物	222
広告用の動画制作費用	広告宣伝費	70、73
交際費の仮払い	仮払金	206
交際費の精算	小口現金	168
口座間の資金移動	当座預金	170
口座間の資金移動	普通預金	172
合資会社への出資	出資金	242
工事代金支払いのための手形の振り出し	支払手形／電子記録債務	256
工事代金の入金	売掛金	182
工場の建設	建物	216
公証役場での定款認証費用	創立費	252
控除対象外消費税のうち交際費対応分	交際費	74
更新料の計上	地代家賃	106、109
更新料の計上	長期前払費用	251
厚生年金保険料の計上	法定福利費	54
構築物の減価償却費	減価償却費	120
構築物の減価償却費	減価償却累計額	234
構築物の減価償却費	構築物	222
交通費の精算	小口現金	168

合同会社の資本剰余金	資本剰余金	299
合同会社の持分譲渡	有価証券売却益（損）	142
合同会社への出資	出資金	242
後納郵便料金	通信費	84
公募債の発行	社債	294
合名会社への出資	出資金	242
子会社株式の売却	投資有価証券売却益（損）	158
子会社への立替金	立替金	194
小切手の決済	当座預金	170
顧客管理ソフトの購入	ソフトウェア	240
国外配当	受取配当金	136
小口現金の廃止	小口現金	169
小口現金の補充	小口現金	168
国債の購入	有価証券	184
国債の売却	有価証券売却益（損）	142
国債利息	受取利息	134
国民健康保険料の支払い	事業主貸	308
国民年金保険料の支払い	事業主貸	308
個人事業主の生活費への転用	事業主貸	167
個人事業主の生命保険料の支払い	保険料	113
個人事業主への外注（源泉徴収あり）	外注費	66
個人事業主への外注（源泉徴収なし）	外注費	67
個人の士業への報酬	預り金	280
固定式陳列棚の設置	建物付属設備	220
固定資産購入のための手形の振り出し	支払手形／電子記録債務	256
固定資産税の納付	租税公課	114
固定資産税の還付	租税公課	114
固定資産の下取り		
固定資産売却益（損）		152
固定資産の取得	工具器具備品	233
固定資産の除却	減価償却累計額	234
固定資産の売却	減価償却累計額	151、234
固定資産の売却（間接法）	固定資産売却益（損）	151

325

項目	勘定科目	ページ
固定資産売却に伴う未収金	未収金	204
誤入金のための仮受処理	仮受金	284
誤入金のための返金	仮受金	284
コピー機のパーツ交換代	修繕費	92
コピー用紙の購入	事務用品費	90
個別貸倒引当金の繰り入れ		
	貸倒引当金繰入額	128
個別評価金銭債権の繰り入れ		
	貸倒引当金繰入額	129
子への給与	専従者給与	314
ごみ回収費用	雑費	132
顧問報酬	役員報酬	38
雇用保険料の計上	法定福利費	54
雇用保険料の従業員負担分	預り金	278
ゴルフ会員権	預け金／預託金	208
ゴルフ場利用税	交際費	74
ゴルフプレー料金	交際費	74
コンサルティングサービス料の未収分		
	未収収益	198
コンサルティング料	外注費	64
コンサルティングサービス料の未払い分		
	未払費用	264
梱包資材の購入	荷造運賃	68

さ

項目	勘定科目	ページ
サーバー利用料	通信費	84
サービス代金の入金	売掛金	182
サービス販売	仮受消費税	286
債権の免除	寄付金	119
サイト利用料の前払い	前払金	192
裁判所保管金	預け金	208
採用サイト利用料	採用教育費	62
材料の仕入れ	買掛金	258
材料の仕入れ	仕入高	32
先払いしていた商品の納品	前払金	192
先物決済	有価証券売却益（損）	142
作業代	外注費	64
雑誌購入費	新聞図書費	98
サブスクリプション形式のソフトウェアの利用	ソフトウェア	241
残業時の食事代	福利厚生費	58

項目	勘定科目	ページ
残存価額のない固定資産の売却		
	固定資産売却益	152
残高証明書発行手数料	支払手数料	102
残余財産分配によるみなし配当		
	受取配当金	136
サンプルの配布	広告宣伝費	34
サンプルの配布	販売促進費	87
サンプルの発送	荷造運賃	68

し

項目	勘定科目	ページ
仕入先への保証金の支払い		
	差入保証金	246
仕入時の購入手数料	仕入高	32
仕入時の輸送費用	仕入高	32
仕入諸費用	仕入高／仕入諸掛	32、35
仕入れの値引き	仕入高／仕入値引	33
仕入れの返品	仕入高	32
仕入れの割戻し	仕入高	33
仕入割引	仕入割引	34、140
シェアオフィス専有スペース料金		
	地代家賃	106
仕掛品の計上	仕掛品	189
資格試験受験料	採用教育費	62
資格取得費用（業務に関係ある場合）		
	採用教育費	59
資格取得費用（業務に関係ない場合）		
	給与手当	63
敷金の償却	地代家賃	106
敷金の償却	敷金	244
敷金の償却	長期前払費用	250
敷金の積み増し	敷金	245
敷金の返金	敷金	244
敷地権つきのマンションの購入	土地	237
敷引き特約による賃貸契約（敷金の償却）		
	敷金	108
事業開始時の保証金の支払い		
	差入保証金	246
事業所税	租税公課	114
事業用資金の預け入れ	事業主借	308
自己株式の消却	自己株式	302

自己株式の処分		
自己株式／自己株式処分差益（損）	302
試作費　開業費	254
地震保険料　保険料	112
自社株の買いとり　自己株式	302
自社建設経費　建設仮勘定	238
自社建設労務費　建設仮勘定	238
自社パンフレットの制作費用	
広告宣伝費	70
自社ビル売却　固定資産売却益（損）	150
自社ホームページの制作費用（予約・販売システムあり）　ソフトウェア	73
自社ホームページの制作費用（予約・販売システムなし）　広告宣伝費	70、73
自社保有ソフトウェア権利売却	
固定資産売却益（損）	150
システム利用料　支払手数料	102
慈善団体への寄付　寄付金	118
自治会費　諸会費	100
市町村民税の納付　未払法人税等	266
実費立て替え払い　立替金	194
自動車重量税　租税公課	114
自動車税　租税公課	114
自動車任意保険料　保険料	112
自転車の購入　車両運搬具	224
使途不明金　仮払金	206
自賠責保険料　長期前払費用	250
自賠責保険料　保険料	112
支払い先不明　仮払金	206
支払い遅延による保証金の充当	
差入保証金	246
支払利息の返金　支払利息	138
自販機設置手数料　雑収入	146
私募債の発行　社債	294
資本剰余金（資本準備金）の資本組み入れ	
資本金	296
資本剰余金（資本準備金）の資本金への組み入れ　資本準備金	298
事務所イスの購入　消耗品費	88
事務所清掃料　外注費	64
事務所賃貸に伴う敷金の支払い　敷金	244
事務所家賃　前払金	165
事務所家賃　地代家賃	106
事務所用デスクの購入　工具器具備品	228
事務所用デスクの購入　消耗品費	88
事務代行会社への未払い分　未払金	262
社員研修の昼食代　採用教育費	79
社員報酬（合同会社）　役員報酬	38
社員旅行費　福利厚生費	56
社会保険料の還付　法定福利費	54
社会保険料の支払い　法定福利費	54
社会保険料の従業員負担分　預り金	278
社会保険料の納付　預り金	278
社会保険料の引き落とし　普通預金	172
車検費用　修繕費	92
車検費用　車両費	104
社債の打歩発行　社債	294
社債の購入　社債	295
社債の購入　有価証券	184
社債の償還　社債	294
社債の発行　社債	294
社債の平価発行　社債	294
社債の割引発行　社債	294
社債売却　有価証券売却益（損）	142
社債利息の受けとり　受取利息	134
社債利息の支払い　社債利息	295
写真素材の購入　消耗品費	88
社宅の購入　建物	216
社宅家賃　地代家賃	106
社宅家賃の従業員負担分　雑収入	146
社長による会社資金の個人利用	
短期貸付金	202
社長による会社資金の個人利用（返済期間が1年を超える場合）　長期貸付金	249
社内新年会費　福利厚生費	56
社内忘年会費　福利厚生費	57
社有アパート売却	
固定資産売却益（損）	150
社有社宅売却　固定資産売却益（損）	150
社有土地売却　固定資産売却益（損）	150

327

社用車の購入　**車両運搬具**　224	商談までの空き時間で飲んだコーヒー代
社用車の洗車代　**雑費**　132	**会議費**　77
社用車の売却　**固定資産売却益（損）**　150	商店会会費　**諸会費**　100
社用車の売却　**未収金**　204	上棟式の費用　**建設仮勘定**　238
社用車の廃車　**固定資産除却**　156	消毒液の購入　**消耗品費**　88
社用車のリース料　**リース料**　110	消費税仕訳時の差額
車両運搬具の減価償却費　**車両運搬具**　224	**雑収入／雑損失**　146、148
車両充電代　**車両費**　104	消費税の受けとり　**租税公課**　114
車両修理代　**車両費**　104	消費税の受けとり　**仮受消費税**　286
車両修理代の家事按分　**車両費**　104	消費税納税額の計上　**未払消費税等**　270
車両の改造費用　**車両運搬具**　224	消費税の支払い　**仮払消費税**　210
車両の仕入れ（在庫として）　**商品**　227	消費税の支払い　**租税公課**　114
車両メンテナンス代　**車両費**　104	消費税の納付　**未払消費税等**　270
従業員経費の未精算分　**未払金**　262	消費税の返金　**仮払消費税**　210
従業員の結婚祝い金　**福利厚生費**　56	商品サンプルの配布　**販売促進費**　86
従業員への貸し付け　**短期貸付金**　200	商品代金の入金　**売掛金**　182
従業員への貸し付け　**長期貸付金**　248	商品の仕入れ　**買掛金**　258
従業員への給与前貸し　**前払金**　192	商品の仕入れ　**仕入高**　32
従業員への慶弔費の支払い　**福利厚生費**　59	商品の修繕　**修繕費**　93
従業員への立替金　**立替金**　194	商品の配送費　**荷造運賃**　68
従業員用のまかない　**自家消費**　312	商品の売買（三分法）　**商品**　191
住宅資金の貸し付け　**短期貸付金**　200	商品のプライベート使用　**自家消費**　312
住民税の立替金　**立替金**　194	商品の返品　**売上高**　28
住民税の特別徴収　**預り金**　278	商品の予約金の受けとり　**現金**　165
住民税の納付　**預り金**　278	商品の従業員や知人などへの低額販売
修理費用の返金　**修繕費**　92	**自家消費**　312
出資金の譲渡　**出資金**　243	商品配送費の未払い分　**未払金**　263
出資金配当　**受取配当金**　136	商品販売　**売上高**　28
出資の受け入れ時の自己株式の割り当て	商品販売　**仮受消費税**　286
自己株式　302	商品保管委託料　**外注費**　64
出張日当の支給　**旅費交通費**　81	商品を自分のために使用　**自家消費**　312
出張旅費の仮払い　**仮払金**　206	商品を知人に贈与　**自家消費**　312
取得時の建物取り壊し費用の支払い	情報サイト登録料　**新聞図書費**　98
土地　236	情報提供サイトの中途解約金
紹介手数料　**販売促進費**　86	**新聞図書費**　98
少額減価償却資産の減価償却費	照明設備工事　**建物付属設備**　220
一括償却資産　232	消耗品費の精算　**小口現金**　168
証券口座への預け金　**預け金／預託金**　208	賞与にかかる社会保険料の未払い計上
商工会議所年会費　**諸会費**　100	**法定福利費**　55
	賞与の減額　**賞与**　48

328

賞与の未払い計上　賞与	49
助成金　雑収入	146
助成金の交付決定　未収金	204
書籍購入費　新聞図書費	98
書棚の購入　工具器具備品	228
所得税の源泉徴収　預り金	278
処理すべき勘定科目不明による仮受処理	
仮受金	284
新株予約権の行使　新株予約権	304
新株予約権の失効　新株予約権	305
新幹線代　旅費交通費	80
新規社員の加入　資本金	296
新規社員の加入　資本剰余金	298
人材紹介手数料　採用教育費	62
人材紹介料の返金　採用教育費	62
人材派遣料　外注費	65
新聞購読料　新聞図書費	98
信用金庫の口座解約金　出資金	242
信用金庫への出資　出資金	242
信用組合への出資　出資金	242
信用保証料の支払い　支払手数料	102
信用保証料の支払い　長期前払費用	250

す

水道光熱費の製造原価への振り替え	
動力水道光熱費	96
水道光熱費の未払い分　未払費用	265
水道料金　水道光熱費	96
スキマ時間アルバイト給与　雑給	46
スキャナーの購入　一括償却資産	230
スクーターの購入　車両運搬具	224
スプリンクラー設置工事	
建物付属設備	220
スポーツジム解約による会費の一部返金	
福利厚生費	56
スマートフォンの購入　一括償却資産	230
スマートフォンの売却	
固定資産売却益（損）	150
スマートフォンの本体代の割賦払い	
工具器具備品／長期未払金	85
寸志の支払い　賞与	48

せ

生活費の引き出し　事業主借	308
税金還付に伴う未収金　未収金	204
税込経理方式の消費税額の計上	
租税公課	116
税込経理方式の消費税額の計上	
未払消費税等	116
清掃用品の購入　消耗品費	88
青年会議所会費　諸会費	100
製品の売上　売上高	28
製品の売上　仮受消費税	286
制服クリーニング代　雑費	132
生命保険料の支払い　事業主貸	308
税理士顧問料の支払い　支払手数料	102
税理士顧問料の未払い分　未払金	262
赤十字への寄付　寄付金	118
設計料　建設仮勘定	238
セミナー開催時の書籍購入　仕入高	99
セミナー開催による参加料　売上高	28
セミナー参加費用の前払い　前払金	192
セミナー受講料　採用教育費	62
専従者給与の取り消し　専従者給与	314
専従者への賞与　専従者給与	315
前期末商品（材料・製品・仕掛品）の	
振り替え　期首商品棚卸高	30
前所有者への立退料の支払い　建物	216
前所有者への立退料の支払い　土地	236

そ

ソーラーシステムの設置	
建物付属設備	220
倉庫家賃　地代家賃	106
増資　資本金	296
増資　資本剰余金	298
造成時の土地開発負担金の支払い	
土地	236
相談役報酬　役員報酬	38
創立費の償却　創立費	252
租税公課の精算　小口現金	168
粗大ごみ処理　雑費	132
袖看板設置工事　建物付属設備	220

ソフトウェア開発のための外注費の支払い	
ソフトウェア仮勘定	240
ソフトウェア開発のための人件費の支払い	
ソフトウェア	240
ソフトウェア減価償却費　**減価償却費**	120
ソフトウェア除却	
ソフトウェア／固定資産除却損	240
ソフトウェア追加開発　**ソフトウェア**	240
ソフトウェアの購入　**一括償却資産**	230
ソフトウェアの使用中止	
固定資産除却損	156
ソフトウェアの新機能追加　**修繕費**	95
ソフトウェアのプログラム修正　**修繕費**	92
損害賠償金の支払い　**雑損失**	148
損害賠償金の未収金　**未収金**	204

た

退会による年会費の一部返金　**諸会費**	100
第三者への貸し付け　**短期貸付金**	200
第三者への貸し付け　**長期貸付金**	248
第三者割当の増資　**資本金**	296
第三者割当の増資　**資本剰余金**	298
退職慰労金の支払い　**退職金**	50
退職給付引当金の計上　**退職給付費用**	60
退職給付費用の計上　**退職給付費用**	60
退職給付費用の減額　**退職給付費用**	60
退職給付引当金の追加計上	
退職給付費用	61
退職金の減額　**退職金**	50
退職金の支払い　**退職金**	50
退職金の支払い（退職給付会計を導入している場合）　**退職給付引当金**	61
退職金の支払いによる取り崩し	
退職給付費用	60
退職金の未払い計上　**退職金**	53
代表者からの借入れ　**短期借入金**	260
代表者からの借入れ　**長期借入金**	290
タイヤ交換費用　**車両費**	104
タイヤ交換費用　**修繕費**	92
代理店インセンティブの支払い	
販売促進費	86

代理店契約時の保証金の支払い	
差入保証金	246
タクシー代　**旅費交通費**	80
宅配便代　**荷造運賃**	68
立替金の受けとり　**立替金**	194
建物購入の仲介手数料の支払い　**建物**	216
建物の減価償却費　**減価償却費**	120
建物の減価償却費　**建物**	216
建物の減価償却費　**減価償却累計額**	234
建物の取得（在庫としての取得）　**商品**	219
建物の取得（自社建設）　**建物**	217
建物の売却　**固定資産売却益（損）**	218
建物の持分取得　**建物／土地**　216、236	
建物付属設備の減価償却費	
減価償却累計額	234
建物付属設備の減価償却費	
建物付属設備	220
タブレットの購入　**一括償却資産**	230
短期貸付金から長期貸付金への転換	
短期貸付金／長期貸付金	203
短期貸付金の貸倒れ	
短期貸付金／貸倒損失	203
単発アルバイト給与　**雑給**	46
段ボールの購入　**荷造運賃**	68

ち

知人への支払利息　**支払利息**	138
地鎮祭の費用　**建設仮勘定**	238
地方債の購入　**有価証券**	184
地方自治体への寄付　**寄付金**	118
地方法人税の計上　**法人税等**	160
地方法人税の納付　**未払法人税等**	266
地方法人特別税の納付　**未払法人税等**	266
着手金の受けとり	
前受金／長期前受金	274
着手金の支払い　**建設仮勘定**	238
着手金の支払い　**前払金**	192
チャットツール利用料　**通信費**	84
仲介手数料　**開業費**	254
中間金の支払い　**建設仮勘定**	238
中間金の支払い　**前払金**	192

中間消費税の納税　**仮払消費税**	210	定期預金への預け入れ　**定期預金**	174
中間納付　**法人税等**	160	定期預金利息　**受取利息**	134
中間納付　**未払消費税等**	271	デザイン売上　**売上高**	28
中間納付　**未払法人税等**	267	デザイン用ソフトの購入	
中間納付後の決算　**未払消費税等**	272	**ソフトウェア**	240
中間納付後の決算　**未払法人税等**	267	デジタルサイネージの購入	
中古車の購入　**一括償却資産**	230	**工具器具備品**	228
中古車の購入　**車両運搬具**	227	手形裏書譲渡	
駐車場の舗装工事　**構築物**	222	**受取手形／電子記録債権**	178
厨房機器リース料　**リース料**	110	手形借入れ　**短期借入金**	260
調査費用　**外注費**	64	手形での貸し付け　**短期貸付金**	200
町内会費　**諸会費**	100	手形の更改　**支払手形／支払利息**	257
調理器具の購入　**消耗品費**	88	手形の不渡り　**不渡手形**	181
直接法による減価償却　**減価償却費**	121	手形の割引による入金	
貯蔵品の計上　**貯蔵品**	188	**受取手形／電子記録債権**	178
チラシの制作費用　**広告宣伝費**	71	手形割引料　**割引料**	138
チラシ配布費用　**広告宣伝費**	70	適性検査利用料　**採用教育費**	62
賃借オフィスの内装工事　**建物**	216	手付金の受けとり	
賃借店舗の内装工事　**建物**	216	**前受金／長期前受金**	274
賃貸物件への造作工事　**建物**	218	手付金の支払い　**前払金**	192

つ

通勤手当　**旅費交通費**	80、82	鉄道運賃　**旅費交通費**	80
通勤定期券の中途解約金　**旅費交通費**	80	鉄塔の設置工事　**構築物**	222
通信費の精算　**小口現金**	168	テレビの購入　**工具器具備品**	228
通販サイトからの事務用品の購入		転勤費用　**旅費交通費**	80
事務用品費	91	展示会の出展費用の前払い　**前払金**	192
月極駐車場代　**地代家賃**	106	展示会の出展費用　**広告宣伝費**	70
妻への給与　**専従者給与**	314	展示会の来場者特典の購入　**販売促進費**	86

て

		電気設備工事　**建物付属設備**	220
データ入力料　**外注費**	64	電気料金　**水道光熱費**	96
テイクアウト売上　**売上高**	28	電子記録債権による売掛金回収	
定期積金の解約　**定期積金**	176	**電子記録債権**	178
定期積金の中途解約　**定期積金**	176	電子記録債権の決済　**当座預金**	170
定期積金の積み立て　**定期積金**	176	電子記録債権の支払い不能　**電子記録債権／**	
定期積金の満期解約　**定期積金**	177	**支払期日経過電子記録債権**	181
定期積金の利息　**定期積金**	176	電子記録債権の譲渡　**電子記録債権**	178
定期預金の開設　**定期預金**	174	電子記録債権の入金　**電子記録債権**	178
定期預金の部分解約　**定期預金**	174	電子記録債権の発生による振り替え	
定期預金の満期解約　**定期預金**	174	**売掛金**	182
定期預金の利息　**定期預金**	174	電子記録債権の割引による入金	
		電子記録債権	178、180

電子記録債権割引料　割引料	138
電子記録債務の処理　電子記録債務	257
電子決済サービスへの預け金　預け金	208
電子書籍購入費　新聞図書費	98
電子版新聞購読料　新聞図書費	98
電卓の購入　事務用品費	90
店内飲食売上　売上高	28
店舗賃貸に伴う保証金の支払い　敷金	244
店舗家賃　地代家賃	106
電話代行料　外注費	64
電話料金　通信費	84

と

当期純利益　利益剰余金／利益準備金	300
冬季賞与の計上　賞与	48
当期末商品(材料・製品・仕掛品)の振り替え　期末商品棚卸高	36
同業者団体への出資　出資金	242
同業団体会費　諸会費	100
当座借越　短期借入金	260
当座借越　当座預金	170
当座預金からの手形代金の支払い　支払手形／電子記録債務	256
倒産防止共済掛金　保険料	112
投資家に対する新株予約権の発行　新株予約権	304
投資信託受益証券の購入　有価証券	184
投資信託の収益分配金　受取配当金	136
投資信託売却　有価証券売却益(損)	142
灯油代　水道光熱費	94
登録免許税　租税公課	114
得意先へのキャッシュバック　販売促進費	86
匿名組合への出資　出資金	242
土地購入時の固定資産税相当額の支払い　土地	236
土地造成工事　土地	236
土地の購入　土地	236
土地の売却　土地	236
土地の舗装工事　構築物	223、237
都道府県民税の納付　未払法人税等	266

トナーの購入　事務用品費	90
トラックの購入　車両運搬具	224
トランクルーム賃料　地代家賃	106
取締役報酬　役員報酬	38
取引先からの短期借入れ　短期借入金	260
取引先からの長期借入れ　長期借入金	290
取引先の更生手続きによる債権切り捨て　貸倒損失	124
取引先の破産　貸倒損失	124
取引先の破産手続きの開始　貸倒引当金繰入額	129
取引先へのお祝い金　交際費	74
取引先への貸し付け　短期貸付金	200
取引先への貸し付け　長期貸付金	248
取引先への香典　交際費	74
取引先への接待費　交際費	74
取引先への贈答品　交際費	74
取引先への立替金　立替金	194
取引先への支払利息　支払利息	138
取引先訪問時の手土産代　交際費	74
取引終了による保証金の返還　差入保証金	247
ドローンの購入　工具器具備品	228

な

内装工事(電気工事など)　建物付属設備	221
内装工事(本体部分)　建物	221
内装工事の完成(建設仮勘定の振り替え)　建物	238
内装の工事撤去　固定資産除却損	156
内容不明入金　仮受金	284

に

入金のケタ間違い　仮受金	285
入金元不明のための仮受処理　仮受金	284

ね

値引きでの販売　売上高／売上値引	29
年間サブスクリプション料金の受けとり　前受収益	282
年間サブスクリプション料金の支払い　前払費用	196

年間購読料　新聞図書費	98	ファイルの購入　事務用品費	90

の

野立看板の設置　構築物	222	不動産会社への店舗光熱費　水道光熱費	96
ノベルティの購入　販売促進費	86	不動産取得税　租税公課	114

は

		不動産仲介手数料　支払手数料	102
バーチャルオフィス利用時の保証金の支払い		不動産の原状回復　修繕費	93
差入保証金	246	フェンスの設置工事　構築物	222
パート給与　雑給	46	フォークリフトの購入　車両運搬具	224
バイクの購入　車両運搬具	224	複合機のカウンター料金　事務用品費	91
バイク便代　荷造運賃	68	複合機の廃棄　固定資産除却損	156
賠償責任保険料　保険料	112	複合機の保守料金　修繕費	91、92
配送費のキャッシュバック　荷造運賃	68	複合機のリース料　リース料	110
配当から控除された所得税　受取配当金	136	普通預金への入金　現金	165
配当の未収金　未収入金	204	普通預金利息　受取利息	134
パソコン購入代金の未払い分　未払金	262	不納付加算税　法人税等	160
パソコンとセキュリティソフトの同時購入		父母への給与　専従者給与	314
工具器具備品	229	フランチャイズ加盟時の保証金の支払い	
パソコンの購入　工具器具備品	228	差入保証金	246
パソコンの購入　一括償却資産	230	フリーランスへの報酬	
パソコンの修理代　修繕費	92	未払金／預かり金	263、280
パソコンの廃棄　固定資産除却	156	振込手数料の支払い　支払手数料	102
パソコンの売却　固定資産売却益（損）	150	振込手数料の支払い　普通預金	172
パソコンリース料　リース料	110	プリペイドカードの配布　広告宣伝費	72
破損による固定資産の廃棄		プリンターの購入　工具器具備品	228
固定資産除却損	156	プレスリリース配信費用　広告宣伝費	70
初穂料　寄付金	118	ブロック塀の設置工事　構築物	222
反則金の支払い　雑損失	148	不渡りになった電子記録債権の貸倒れ	
反則金の支払い　租税公課	116	貸倒損失／支払期日経過電子記録債権	181
販売奨励金　販売促進費	86	文房具の購入　事務用品費	90
販売代行手数料　外注費	64		

ひ

へ

		返品時の送料負担分　荷造運賃	68

ほ

飛行機代　旅費交通費	80	ボーナスの計上　賞与	48
美術品の購入　工具器具備品	229	ホームページ用写真素材の購入	
筆記具の購入　事務用品費	90	広告宣伝費	70
備品購入代金の未払い分　未払金	262	ポイントを使用した備品の購入	
備品の購入　消耗品費	88	消耗品費	89
備品レンタル料　賃借料	110	法人契約の保険解約金の受けとり	
日雇い従業員給与　雑給	46	雑収入	146

ふ

		法人契約の保険金の受けとり　雑収入	146
ファイナンス・リース契約　リース料	111	法人事業税の計上　法人税等	160

333

法人事業税の納付　未払法人税等	266
法人住民税の計上　法人税等	160
法人税等の計上　未払法人税等	266
法人税等の納付　未払法人税等	266
法人税の還付　法人税等	160
法人税の計上　法人税等	160
法人設立時の司法書士費用　創立費	252
法人設立前の事務所賃料　創立費	252
法人設立前の事務所・店舗の契約金　創立費	252
法人設立前の事務所の仲介手数料　創立費	252
法人設立時の登録免許税　創立費	252
保険金の未収金　未収金	204
保険の中途解約金　保険料	112
保険料の立替金　立替金	194
保険料の納付　保険料	112
保守料金の前受け　前受収益	283
保証金の償却　敷金	244
補償保険料　保険料	112
保証料の返金　支払手数料	102
補助金の受けとり　雑収入	146
補助金の交付決定　未収金	204
補助金の返還　雑損失	148
ホテル宿泊費　旅費交通費	80
保有目的の国債売却　投資有価証券売却益（損）	158
保有目的の社債売却　投資有価証券売却益（損）	158
保養施設の持分取得　建物	216
本社ビルの取得　建物	216
本社ビルの取り壊し　固定資産除却	156

ま

毎月の棚卸資産の計上　商品	190
前受した商品の納品　前受金	274
前受収益の振り替え　前受収益	282
前払費用の振り替え　長期前払費用	250
間仕切り設置工事　建物付属設備	220
窓口払いのための引き出し　現金	164

マンション購入による敷地権の取得　土地	236

み

見込み客の接待　交際費	87
未収金回収不能による貸倒れ　貸倒損失	124
未収金の入金　普通預金	172
未払外注費　買掛金	258
未払金支払いのための手形の振り出し　支払手形／電子記録債務	256
未払金の支払い　普通預金	172
見本品の配布　販売促進費	86

む

無形固定資産の減価償却　減価償却費	121
無形固定資産の売却　固定資産売却益（損）	155
無申告加算税の納付　法人税等	161

め

名刺の購入　消耗品費	88
面接者への交通費の支払い　採用教育費	62

も

持分会社への出資　出資金	243

や

役員が被保険者となる生命保険料の支払い　保険料	113
役員から会社への貸付金の返済　短期借入金	139
役員からの借入れ　短期借入金	261
役員からの借入れ　長期借入金	290、292
役員退職金の支払い　退職金	50
役員への貸し付け　短期貸付金	200
役員への貸し付け　長期貸付金	248
役員への立替金　立替金	194
約束手形による売掛金回収　受取手形	178
約束手形の受領による振り替え　売掛金	182
約束手形の取り立て　受取手形	178
家賃＋水道光熱費の支払い　水道光熱費	97
家賃の前払い　前払費用	197
家賃の未収分　未収収益	198

家賃の未払い分　**未払費用**	264

ゆ

有価証券による出資	
資本金／有価証券	187
有価証券売却に伴う未収金　**未収金**	204
有価証券の期末評価　**有価証券**	184、186
有給休暇の買いとり　**退職金**	50
融資利息の支払い　**支払利息**	138
ゆうパックの発送　**荷造運賃**	68
輸出費用　**荷造運賃**	68
輸入消費税の納税　**仮払消費税**	210
輸入代金の一部先払い　**前払金**	193

よ

翌期分火災保険料の支払い　**前払費用**	196
翌期分顧問料金の受けとり　**前受収益**	282
翌期分コンサルティング料金の受けとり	
前受収益	282
翌期分コンサルティング料金の支払い	
前払費用	196
翌期分システム利用料の支払い	
前払費用	196
翌期分自賠責保険料の支払い	
前払費用	196
翌期分保証料の支払い　**前払費用**	196
翌月開催のセミナー料金の受けとり	
前受金	274
翌月仕入れ分の前払い　**前払金**	192
翌月出荷分の商品代金の受けとり	
前受金	274
翌月提供分のコンサルティング代金の	
受けとり　**前受金**	274
翌月提供分のサービス代金の受けとり	
前受金	274、276
翌月分家賃の受けとり　**前受収益**	282
翌月分家賃の支払い　**前払費用**	196
予防接種費用　**福利厚生費**	56
予約キャンセル代　**雑損失**	148
予約キャンセル代　**雑費**	132
予約金の受けとり　**前受金**	274
予約金の支払い　**前払金**	192

ら

ライセンス料の未収分　**未収収益**	198
ライセンス料の未払い分　**未払費用**	264

り

リース契約　**リース料**	111
利益剰余金の資本金組み入れ　**資本金**	296
利益剰余金の資本金組み入れ	
利益剰余金／利益準備金	300
利益剰余金の配当	
利益剰余金／利益準備金	300
利益剰余金配当による利益準備金の	
積み立て　**利益剰余金／利益準備金**	300
リサイクル預託金　**預託金**	208
リスティング広告費用　**広告宣伝費**	70
利息から控除された所得税　**支払利息**	138
利息の受けとり　**事業主借**	308
利息の未払い分　**未払費用**	264
リヤカーの購入　**車両運搬具**	224
旅費日当　**旅費交通費**	80
臨時従業員給与　**雑給**	46
臨時賞与の計上　**賞与**	48

れ

礼金の支払い　**地代家賃**	106、109
礼金の支払い　**長期前払費用**	250
冷蔵庫の購入　**工具器具備品**	228
レンタル器具の中途解約金　**賃借料**	110

ろ

労働者派遣料　**外注費**	64
労働保険料の支払い　**法定福利費**	54
労働保険料の納付　**預り金**	278

わ

割引分の控除を含む売掛金の入金	
売上割引	141

●著者紹介

渋田 貴正（しぶた たかまさ）

2007年、東京大学経済学部卒業。大学卒業後、上場企業である大手食品メーカーや、外資系専門商社で経理部や人事部の業務に従事。経理部では、経費精算から月次決算まで経理の業務を経験。在職中に税理士、司法書士、社会保険労務士の資格を取得。2012年に独立し、司法書士事務所を開設。2013年にV-Spiritsグループに合流。著書に『はじめてでもわかる簿記と経理の仕事』（成美堂出版）、共著書に『トコトンやさしい 決算書の読み方』（ナツメ社）がある。V-Spiritsグループでは資金繰りや会社運営などの経営相談（初回相談無料）を受け付け中。

V-Spiritsグループ ホームページ
https://v-spirits-startup.com/

●STAFF

デザイン・DTP：
　株式会社ウエイド（土屋裕子）
編集協力：株式会社234／パケット
企画・編集：成美堂出版編集部

本書に関する最新情報は、下記のURLをご覧ください。
https://www.seibidoshuppan.co.jp/support/

※上記URLに掲載されていない箇所で正誤についてお気づきの場合は、書名・発行日・質問事項（ページ数等）・氏名・郵便番号・住所・FAX番号を明記の上、郵送かFAXで成美堂出版までお問い合わせください。※電話でのお問い合わせはお受けできません。
※ご質問到着確認後10日前後に回答を普通郵便またはFAXで発送いたします。
※本書の正誤に関するご質問以外にはお答えできません。

勘定科目と仕訳がわかる本

2024年9月10日発行

著　者	渋田貴正（しぶた たかまさ）
発行者	深見公子
発行所	成美堂出版
	〒162-8445　東京都新宿区新小川町1-7
	電話(03)5206-8151　FAX(03)5206-8159
印　刷	大盛印刷株式会社

©SEIBIDO SHUPPAN 2024 PRINTED IN JAPAN
ISBN978-4-415-33411-0

落丁・乱丁などの不良本はお取り替えします
定価はカバーに表示してあります

- 本書および本書の付属物を無断で複写、複製（コピー）、引用することは著作権法上での例外を除き禁じられています。また代行業者等の第三者に依頼してスキャンやデジタル化することは、たとえ個人や家庭内の利用であっても一切認められておりません。